興亡の世界史

人類文明の黎明と暮れ方

青柳正規

講談社学術文庫

目次

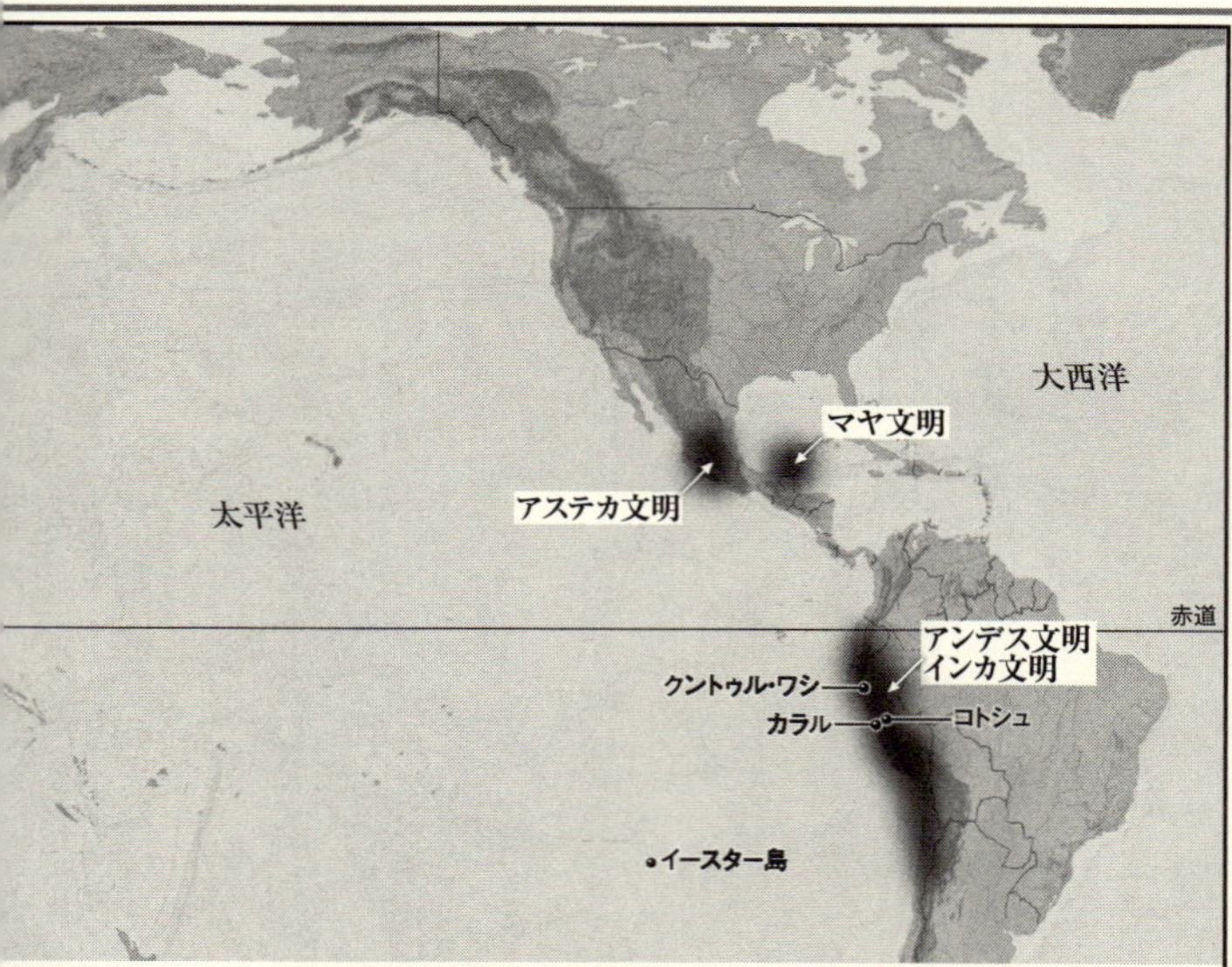

おもな文明の発祥地と古代遺跡

約 600 万年前、アフリカに誕生したヒトの祖先は、猿人・原人・旧人の段階でいくつもの絶滅を経験した。やがて生き残った新人＝現生人類は地球上のほとんどの陸地に拡散し、数々の文明を築いてきたが、どれほど栄えた文明もいずれは滅んでいった。人類の長大な歩みを物語る各地の遺跡から学ぶべきことは、まだ無限に残されている。

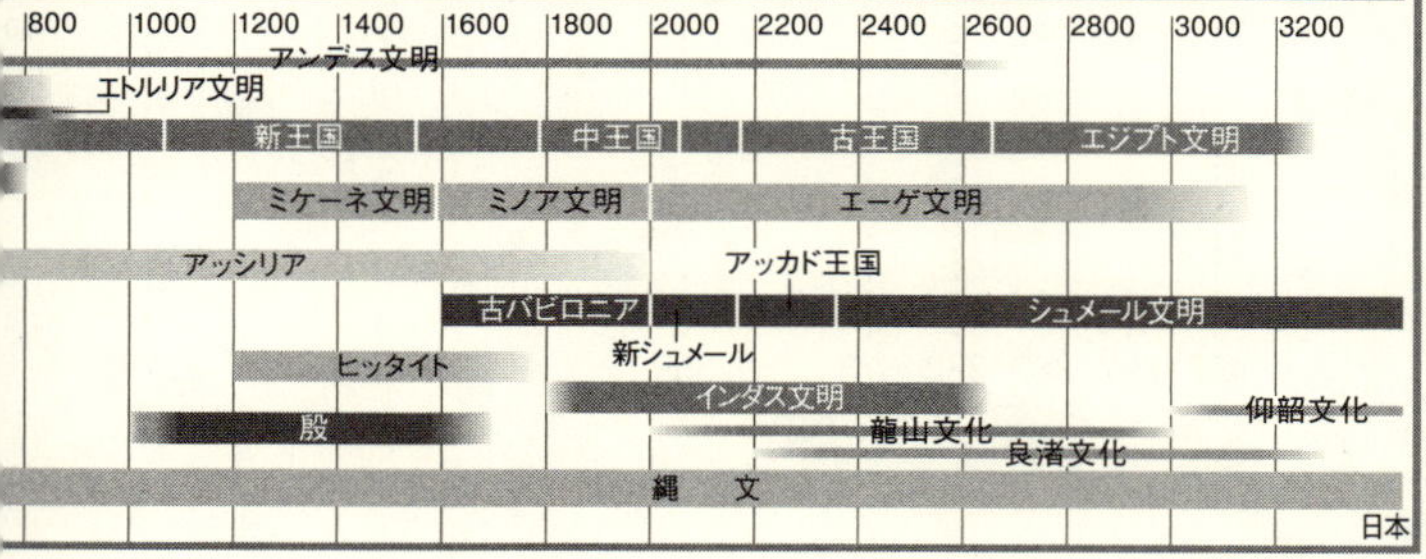

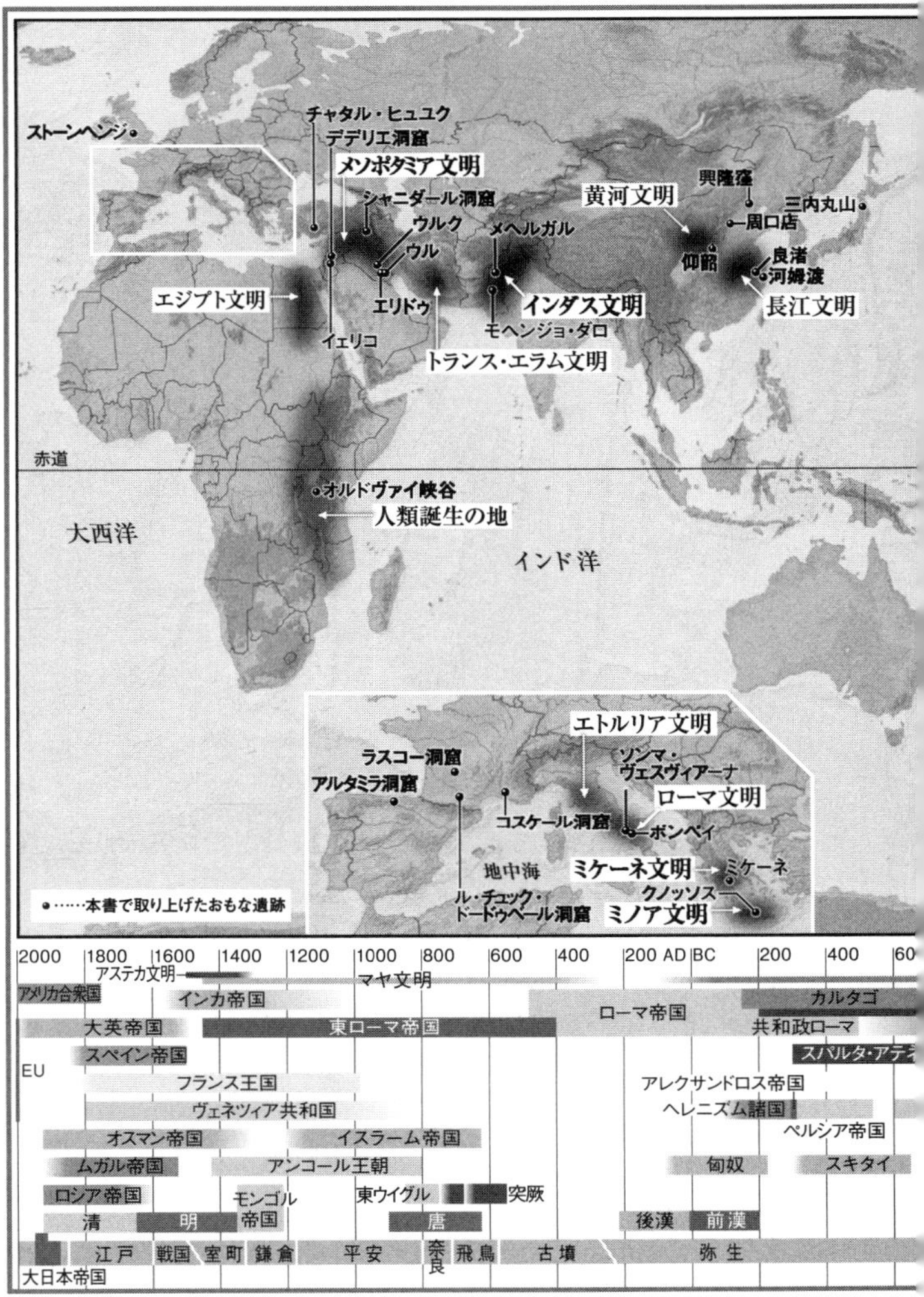

ストーンヘンジ
チャタル・ヒュユク
デデリエ洞窟
メソポタミア文明
シャニダール洞窟
ウルク
ウル
エリドゥ
イェリコ
エジプト文明
トランス・エラム文明
メヘルガル
インダス文明
モヘンジョ・ダロ
黄河文明
興隆窪
周口店
三内丸山
仰韶
良渚
河姆渡
長江文明
赤道
オルドヴァイ峡谷
人類誕生の地
大西洋
インド洋
エトルリア文明
ラスコー洞窟
アルタミラ洞窟
ソンマ・ヴェスヴィアーナ
ローマ文明
コスケール洞窟
ポンペイ
地中海
ミケーネ文明
ミケーネ
クノッソス
ル・チュック・ドードゥベール洞窟
ミノア文明
●……本書で取り上げたおもな遺跡
2000
1800
1600
1400
1200
1000
800
600
400
200 AD
BC
200
400
60
アステカ文明
マヤ文明
アメリカ合衆国
インカ帝国
ローマ帝国
カルタゴ
大英帝国
東ローマ帝国
共和政ローマ
スペイン帝国
スパルタ・アテナ
EU
フランス王国
アレクサンドロス帝国
ヴェネツィア共和国
ヘレニズム諸国
ペルシア帝国
オスマン帝国
イスラーム帝国
ムガル帝国
アンコール王朝
匈奴
スキタイ
ロシア帝国
東ウイグル
突厥
モンゴル帝国
清
明
唐
後漢
前漢
江戸
戦国
室町
鎌倉
平安
奈良
飛鳥
古墳
弥生
大日本帝国

地図・図版作成
ジェイ・マップ
さくら工芸社
編集協力
芳賀　満
武内孝夫

興亡の世界史

人類文明の黎明と暮れ方

序章　文明史を学ぶということ

「文明」を感じるとき

遺跡に立って思うこと

筆者は二〇代後半からイタリアのローマ時代の遺跡発掘に携わってきた。人生のほぼ半分を遺跡発掘に費やしてきたといえる。

現在継続中の発掘調査は、ナポリの南東約二〇キロのソンマ・ヴェスヴィアーナという町にあるローマ時代の遺跡で、二〇〇二年八月、最初の鶴はしを入れた。日本では「鍬《くわ》を入れる」というところだが、イタリアの土は硬く、鶴はしでないと歯がたたない。その最初の鶴はしを入れたとき、あらためて次のような感慨をもった。遺跡発掘というのは、単純このうえない即物的な作業の連続ではあるけれども、その作業は過去という時にさかのぼり、過去という空間の中に入っていく、この仕事以外ではけっして経験することのできないものであると。

目の前には土の塊《かたまり》があり、それを丹念にとり除いていくと、ローマ時代のコンクリートでできた壁体が現れる。その壁体は、砂や石、それに天然セメントを混ぜたコンクリートと、

ソンマ・ヴェスヴィアーナ遺跡の発掘風景　上は出土したディオニュソス像の半身を調査する筆者、下はブドウ酒を醸造するための大甕の出土状況　松山聡撮影

その表面を装飾する漆喰《しっくい》という、すべてがモノからなっている。それらのモノを掘り出す作業は、いわば過去を覆っている深い霧を少しずつ薄くしていく作業といえるが、その過程で、ときどき不思議な感覚に襲われることがある。

それはおそらく、遺跡それ自体がもつ魅力や、発掘作業を続けることで遺構が少しずつ浮かび上がってくる実感などが渾然一体となって生まれる感覚であり、一種の陶酔感のようなものである。遺跡発掘に携わっていると、そんな不思議な瞬間がある。

おそらく感性豊かな、あるいは想像力豊かな人であれば、ローマ時代に生きた人々の姿までイメージできるのかもしれないが、残念ながら筆者にはそうした経験も能力もない。しかし、いま発掘している遺構がかつて宗教的な性格も部分的にそなえていて、往時そこは静謐《せいひつ》崇高な空気が満ちており、神々への信仰が当時の人々に心の安寧をもたらしたであろうこと、さらに祠堂《しどう》の前に立つ人々の敬虔《けいけん》な気持ちはなんとなく感じとることができる。同時に古代遺跡と向き合って感じるのは、われわれ現代人と明確に異なる古代人たちの感性と常識である。その感性と常識とは、たとえば死というものに対して、一かけらの感傷もなく真正面から向き合ったり、あるいは奴隷を奴隷として扱うといった、現代人とは大きく異なる人間性にもとづくものである。われわれの感覚や感情とは明らかにかけ離れたものなのである。

きわめて即物的な単純作業でありながら、そのようなことを感じさせてくれる魅力とおもしろさがあるからこそ、これまで発掘を続けてこられたのであろう。

文明を「手触り」で理解する

遺跡発掘の魅力についてもう少し語らせてもらうなら、目の前の土に向かってひたすら手を動かし続ける単純作業をとおして概念操作という知的作業が生まれてくるところにも、この仕事のおもしろさがある。誤解のないようにいえば、ひたすら手を動かし続ける単純作業がつまらないのではない。それどころか、これはこれでひじょうに楽しいのである。その楽しさというのは、たとえばジョギング愛好者が走ることそのものに快感を覚え、どこまでも走り続ける状態になるのと似ている。出土品があろうとなかろうと、手にしたスコップやコテを動かし続ける作業が止まらなくなるのである。

そうした単純作業を続けていると、あるところで知的作業である概念操作の必要が出てくる。土中から何かが見つかると、なぜこれが出てきたのかを考え、何も出ないときはなぜ出ないのだろうかと考える。このあたりから単純作業に知的作業がからみ始める。それがさらに進み、前述のソンマ・ヴェスヴィアーナの遺跡のように、モニュメンタルな遺構が見つかると、頭の中の概念操作が大きく膨らみ、古代人の考え方や宗教観、さらにはこの時代の文明はどういうものであったかを考えるようになる。

ここで重要なのは、このような頭の中の概念操作は、その前提として土に向かって手を動かし続ける単純作業の繰り返しがあって初めて具体化するということである。別のいい方をするなら、即物的な単純作業の積み重ねをしていればこそ、さまざまな古代文明に向き合ったとき、ある程度、その文明のありようについて自分の手触りで実感できるのである。考古学者は文明を頭ではなく、手触りで理解する研究者であるといえるのかもしれない。

時代空間をトータルにとらえる

文明の理解のしかたにはさまざまな方法がある。ある特定の文明を軸に他の文明を考えたり、文明の構成要素の一つをとりあげて、他のさまざまな文明と比較したりする方法である。筆者の方法は、他の文明との比較によるものではなく、それぞれの文明のあるがままの姿にせまり、それぞれの特質をより具体的に理解するというものだ。少なくとも筆者にとって、文明の優劣を論じたり、農耕の起源はどこがもっとも早いかといった文明の比較論には抵抗を感じる。

また通常、歴史を語るときにつきまとう物語性とも距離をおいている。われわれ文明史を研究している者からすると、以前の歴史学は起承転結が強調されすぎていた。いわばヒストリーの中にストーリーが入り込みすぎており、歴史を「語る」ことが歴史学の重要な役割になっていた。事実、それによって多くの人々が歴史に魅了されたのであるが、物語で語られる歴史は、ある時代のごく一部を時間経過とともに選び出して紡いだものにすぎない。もちろん、チューダー朝の王や女王を有名にしたシェークスピアの役割、つまりストーリーがヒストリーへの関心を増大させる、その役割を否定するわけではないが、両者を混同してはならないということである。

じつは、とりあげられることなく捨てられた中に、大切なものやことがらがたくさん含まれているはずである。人ならば貴族もいれば、騎士もその従者も、町民も農民も、さまざまな人々が同じ時間で輪切りにした空間の中にいた。しかし、それらすべてに目配りしながら時代の推移を叙することはひじょうに難しい。そのため歴史は、ある時間の推移を軸にして、物事の変化、あるいは原因と結末を選び出していかに記述するかに主眼がおかれている。これを経時的（ディアクロニカル）方法という。

だが、文明を考える場合、物語性よりも、ある時代空間をそのまま写しとる作業が重要な場合も多くある。たとえばカエサルがルビコン川を渡る前に宴会を張って国に対する謀反心はないという振りをしながら、翌朝早朝には出発して「賽《さい》は投げられた」というようなドラマチックな話よりも、カエサルと部下たちの身なりはどう違っていたか、ルビコン渡河の前に宴会を開いたのなら、何を食べて、どんな酒を飲んだのかといった、歴史物語からこぼれた些事《さじ》を含むトータルな歴史空間の把握をより重要とする考え方である。これを共時的（シンクロニカル）方法という。

筆者には歴史上のヒーローよりも、過去のある時間と空間を充満させていた文明の様相を知ることのほうが興味深いし、また、それを知ることは現代文明を考えるときにも、より多くの示唆《しさ》を与えてくれるような気がするからである。

現代文明に欠けているもの

そこで、これまでの数十年間を古代文明と向き合ってきた者として、いまわれわれが生きている現代文明を眺めると、明らかに欠けているものがあるように思えてならない。

それは、人々が共有する人間の知恵といったものである。現代は、とくに発達した科学技術において多様に広がったさまざまなパートがそれぞれ得意とする方向に進んでしまい、全体をうまくコントロールできない状態にある。全体を概観して調和を図りながら各パートを制御できるシステムを超える知恵がない（システムとは現状のより円滑な運営でしかない）。あるいは全体像をとらえて語ることのできる知恵者がいない。現代文明は、いわば統合的な機能不全に陥っているといえる。

ある物事を構成する小さな要素に還元すればするほど、全体を見ていたときにはわからなかった本質的なものが見えてくる。現在の科学技術の基盤になっているこの要素還元主義を唱えたのは、一七世紀フランスの哲学者デカルトである。

デカルトは、ある総体を、構成している根源的な要素に分解していき、その最小の要素から全体を再構築することによって本当の姿が見えてくるとした。しかし、その最小の要素に分解したときも、つねに全体を忘れてはならないと『方法序説』の中で強調している。

いまは、その「全体」がおろそかにされている。科学技術の進歩は、iPS細胞や核融合、エイズ治療薬などさまざまな成果をもたらしているが、その進歩に相当するだけの人類の幸せが増大しているわけではなく、そもそも人類がどこへ向かっているのか、その指標すら見えてこない。個々の科学技術はめざましい進歩をとげているけれども、その進歩がはらむ危険性や副作用を指摘し、制御し、ある場合には異なる方向へと向かわせる、人間が本来もっているはずの知恵が相対的に大きく後退し、その知恵の有効性が現代文明の中で発揮できなくなっているのである。

現代ほどに国際化やグローバル化が進んでいなかった時代、アメリカでさえ孤立主義を主張できた時代、それぞれの国や地域は、直接の利害関係をもつ範囲だけを考えればよく、その範囲を全体とみなしていた。限定された全体ではあるが、全体像の把握による一定の知恵を発揮できた。しかし、国際化とグローバル化の進捗により、世界ははるかに拡大し、その拡大した世界全体を把握することが非常に難しくなっている。自分たちの属する世界の全体が見えないために、自分たちの将来像が見えなくなり、現代人に漠とした不安を抱かせる。途上国ならば先進国の背中を追うことで前進エネルギーをもちうるが、その先進国では、多くの若者が将来への夢や自分自身を何かに奉じる対象を見つけられずに、さまよっている。

これは要素還元主義が科学技術のみならず社会全体に浸透した結果、思想さえも還元論となり、われわれが近未来の像をとらえることができなくなっているからであろう。本来ならば、大きな世界観というものがあって初めてわれわれはどう生きるべきか、いま自分たちは幸せなのかそうでないのかが判断できるが、それができなくなっている。

そうした状況だからこそ、過去の文明をとらえ直して、いにしえの人々が何を考え、どんなことをしていたのかを知ることはおそらく意義のあることであろう。すくなくとも、限定された範囲を全体として把握していた人々なのであるから。そのように過去を知ることが、その延長線上にあるいまのわれわれが置かれた位置をつかむ一つの方策になるのではないだろうか。

思えば日本も少年たちが「鉄腕アトム」に夢中になっていた時代、人々は将来に明るい未来像を描いていた。「鉄腕アトム」は、科学技術がもたらすバラ色の将来の象徴であった。しかし今、あのような明るい未来を描く漫画もアニメも映画も見あたらない。たかが漫画、アニメと軽く見ないほうがいい。これらの大衆文化は、その時代その時代の空気を的確にとらえ、近未来をきちんといい当てていることが多いからである。

もしそうなら、現在の大衆文化が提示しているように、いまの日本、いまの世界の将来は、けっして明るいとはいえない。であるなら、この先どんな未来が待っているのか、その像をつかむためにも、いま一度、過去の文明のありようをたどってみるのも無駄ではないだろう。将来を見通す適切な方法を見つけられずにいるのであるから、小さな可能性しかなくとも、点検しておきたいと考えるからである。

その試みを、農耕以前の人類の歩みから初期の古代文明をとおしておこない、考察していこうというのが本書の目的である。

文明や文化の多様性

そのような試みの前提として、そもそも文明とは何かということについて考えておこう。文明を考えるにあたり、まず注目したいのは多様性という概念である。近年、多様性は現代社会を読み解くキーワードになっているが、それは文明や文化を考えるうえでも例外ではない。そうではあるが、多様性という概念が注目を集め、キーワードとして浮上してきた背景には、多様性が危機に瀕している状況があることを忘れてはならない。

多様性というものの重要性をわかりやすいかたちで私たちに教えてくれるのは、生物の世界である。生物の多様性とは、生態系の多様性、種の多様性、遺伝子の多様性から構成されている。自然界には食物連鎖という生物の維持・生存システムがあるが、これはさまざまな種類の生物が同時に存在しているからこそ機能することができる。また、熱帯の湿地帯で見られるマングローブは、海水につかるような厳しい環境の中で、いろいろな種類の植物が群生して相互に助け合って生きており、さらにそのマングローブを舞台に、じつに多様な動物が生息している。つまり個々の生物はそれ自体では弱くとも、その多様性ゆえに、自然環境に適応できる強さ、しぶとさをもちえているのである。

この自然界の教えは、おそらく人類にもそのままあてはまる。これまで人類が生存し続けてこられたのは、さまざまな言語や宗教、あるいはさまざまな生活様式といった多様性を維持してきたからこそである。さらにいえば、多様性を維持することで、われわれ人類もその他の生物も、この地球上で将来も生存し続けることが可能であろうという漠然とした期待を抱かせてくれる。すくなくとも多様性以上に期待をもたせてくれるものは現状では見当たらない。

ただし、われわれが文明や文化の多様性というとき、生物の多様性と同じように認識しているかどうかは疑問である。生物の多様性は、動物図鑑や植物図鑑に網羅された膨大な種族・種類によってある程度客観的に裏付けられている。といっても、現在判明している二〇〇万種類の数倍もしくは十数倍は存在すると推定されているので、多様性の実体が完全に把握されているわけではないが。それに比べると、文明や文化の多様性は、多分にわれわれが経験的、あるいは感覚的にとらえているにすぎない。近年「世界遺産」という人類共有の普遍的価値を認定する制度によって、文明や文化の多様性を知るカテゴリーができつつあるが、これとて、これまで人類が築いてきた多種多様な文化のほんの一端をうかがい知るものでしかない。

たとえば、いま地球上で使われている言語は数千あり、このうち毎年三〇以上の言語が消滅しているといわれている。では、その数千にのぼる言語を整理分類して網羅し、二〇〇〇番目の言語と二〇〇一番目の言語はどこがどう違うのかといった研究はまだ十分になされていない。言語一つとっても、これが現実である。まして、言語よりもさらに曖昧《あいまい》な概念である、生活様式や気候風土や自然に対する向き合い方などをないまぜにした「文化」というものをすべて整理分類して網羅することなど、ほとんど不可能に近い。

したがって、われわれが文明や文化の多様性というとき、期待をこめた、漠然としたイメージで語っているにすぎないが、そのイメージはけっして的外れではないはずである。

実際、人類の文化の多様性については早くから指摘されてきたが、最近は文化だけでなく、文明の多様性を認めようという傾向が研究者のあいだで強まっている。たとえば従来の「世界四大文明」といったとらえ方は、われわれ人類が営々と築いてきた文明の中で、あまりにも限定化、矮小化した考えではないかと指摘されるようになった。文化の多様性を認める立場からすると、これは当然の疑義である。最近では、世界の「七大文明」とか「九大文明」などといわれるようになり、なかにはトインビーのように二六もの文明を識別した人もいる。さらに『文明の衝突』を書いたサミュエル・P・ハンチントンは、世界の現代文明は日本を入れて七つあると指摘したが、これも文明の多様性という認識から生まれた考察であろう。

文明と文化の違い

では、ともに多様性によって継続と発展をとげる「文明」と「文化」は、どう違うのだろうか。

　文明のなりたちについては従来、次のように考えられていた。ある集落が徐々に成長して農業生産活動がさかんになり、余剰農産物ができるようになる。大規模集落に成長したその内部で、いろいろな階級や分業ができ、やがて集落は一つの都市に発展する。こうして多くの人々が暮らすなかでシナジー効果が生まれて文明の素《もと》になるようなエネルギーが蓄積されていく。その蓄積されたエネルギーは、ある時点でちょうど水が沸騰して気化するように、それまで続いた営みから一段階異なる局面に入る。そうなったとき、人間の創造力がさまざまな分野で一気に発揮され、しかもそれは一プラス一が二ではなく、三にも五にもなって、より大きな発展をとげていく。そのようにして築かれるのが文明であるというふうに考えられていた。

　しかし、これは文明発生に至る、ごく単純化した図式にすぎない。世界最古の文明といわれるメソポタミア文明などは、この図式にある程度あてはまるが、世界の各地で興ったさまざまな文明を点検していこうとするとき、この図式だけでは文明の興りは説明がつかないのである。

　さらに、文明と文化はどこで一線を画すべきか、これもはっきりしたことはいえない。たとえていうなら、二つの違いは、とても意欲のある人とあまり意欲のない人、あるいは教養のある人とあまりない人の差に似ている。これらの両者は、どこまでが意欲のある人で、どこからが意欲のない人か、どこまでが教養のある人で、どこからが教養のない人かを線引きすることはできない。この場合、視覚的にいうと、意欲も教養も多い人から少ない人へ、濃度がしだいに淡くグラデーションのように変化しており、文明と文化も、ちょうどこれと同じように区別するのは難しいのである。

ただし、次のようなことはいえるのではないだろうか。まず文化とは何かといえば、「その地域や時代の環境に人々が適応するための方法もしくは戦略である」と定義することができる。したがって、人々をとりまく環境が急激に変わると、それまで確立されていた文化が無意味になってしまうことが往々にしてある。つまり文化というのは、基本的に変化に対して保守的である。

しかし、その一方で、ある文化を保有する集団内で世代交代などによって文化が刷新されていくこともある。この場合、その文化は成長力をもち、新しい変化に対応できる可能性をもっている。とはいえ、文化が一定の環境に適応するための方法である以上、その保守性ゆえに、刷新よりも洗練されたり質を高めようとする方向へ向かうことが多い。それは文化の魅力であるけれども、人間をある一定の静止した状態にとどめる要因にもなる。

それゆえに人類は異文化との交流によって、閉鎖的で硬直化しやすい独自文化の改変や打破をおこなってきた。それはおそらく最初は偶発的になされたものであったが、やがて自分たちの文化を継続させるためには異文化との交流が不可欠であることが集団内で認識されるようになったからであろう。

こうして継承されていった文化は、やがて、その集団内にすっかり馴染み、浸透して空気のようになっていく。ある文化が確立し定着したとき、その構成員は自分たちの文化の存在をほとんど認識しなくなる。その段階での文化は、構成員にとって、倫理観であり価値観となるのである。文化は環境適応のための方法であり戦略であるといったが、その環境適応への努力から解放された段階を「文明」と呼べるのではないだろうか。

文明も文化と同様に、一定の環境や地域、あるいは時代の許される範囲でしか存在しないが、自分たちを環境に適応させていこうという段階が社会的構築も含めてほぼ終わり、さらに統合的な可能性に拡大していこうという段階になったときに文明が誕生すると考えられるのである。

このように文明は文化にもとづいているので、文化が崩れてくると、文化によって支えられている文明も揺らぎはじめる。ただし、崩れるのはつねに文化が先であり、したがって文明と文化では崩壊するまでにタイムラグがある。第三章で詳述するが、灌漑《かんがい》農業で繁栄を築いたシュメール文明は、その中心であったティグリス・ユーフラテス両大河の下流域の耕作地に塩害が広がったことで衰退へ向かった。そのためシュメール人は、中心地を大河の中流域に徐々に移動させることで文明の延命を図ったが、最後はそれも限界になり滅亡している。

というように文化と文明の興亡にはつねにズレがあるということを両者の違いの一つとして書き留めておこう。

現代文明は進歩の賜物か

進化論への誤解

文明や文化を考えるうえで、多様性とともに、もう一つ注目したい言葉に「進歩」がある。

たとえば二〇〇〇年前の古代社会と比べて現在の社会は進歩したかというと、答えはそう簡単には出せない。二〇〇〇年前の世界人口は二、三億人だったと推定されているが、現在は七六億人（二〇一七年現在）。二〇〇〇年間で二〇倍以上に膨れ上がり、依然として飢えに苦しんでいる人々がいる一方で、これだけのボリュームになっても、多くの人々は、どうにか食べていける状況にある。

この状況をもって「進歩」といえるかどうかはわからないが、もっと別の観点から見てみよう。かつて世界には、奴隷として使役される人々が当たり前に存在したが、現在では、「奴隷制度」を公的に維持している社会は著者の知る限りではほとんど見当たらなくなった。これは、その部分だけに限定すれば人類の進歩といえよう。

一方で、日本ではかつての赤線といった売春の公認地帯はなくなったが、いまは一般社会と風俗営業の境界線がひじょうに曖昧になっている。これは社会的に見て、はたして進歩といえるだろうか。つまり、赤線で働いていた人たちを社会的な弱者と考えた場合、公娼制度を廃止したことは社会制度としては進歩であるし、そのような社会制度自体廃絶するのは当然である。しかし、いま普通の市民の中に、かつての赤線で働いていた人たちと実質的に同じことをしている人々がけっして少なくない。これをどう見るか。

要するにわれわれの社会は明らかに進歩した部分もあるが、そうでない部分もあり、うかつに「進歩」という言葉を使うのをためらわざるをえないのである。

ともすると、われわれは時間の経過とともに社会や文明が進歩していると安易に考えがちで、一時期「社会進化論」という言葉がもてはやされたことがある。これはダーウィンの進化論からとったものだが、社会進化論の信奉者たちは、ダーウィンの説を曲解していたといわざるをえない。ダーウィンは、生物が時間の経過とともに低級なものから高級なものへと進歩していくと説いたわけではない。生物は不変ではなく、いろいろな環境に適合してつねに変化していくと説いたのである。そこには進歩も後退もなく、あるのは違う状態になっていく変化なのである。

つまり進化論の誤解から、われわれの社会も文明も進歩してきたとする大いなる錯覚に陥ってしまったのである。しかし現実は、前述のとおり進歩した部分もあるが、そうでない部分もある。ただ、はっきりいえることは、昔と現在とでは、文明のありようが明らかに変化しているということである。

過去への時間認識の縮小

現代文明の特徴とはいったい何であろうか。

現代人は通信網と交通手段の発達により、たいへんに大きな利便性を手に入れた。携帯電話とパソコンがあれば、どこにいても誰とでも通信可能だし、飛行機に飛び乗れば、すぐに地球の裏側へでも連れていってくれる。この通信と交通の発達によって現代人が手に入れたのは、活動できる空間の拡大である。しかし、この空間の拡大とは裏腹に大きく縮小もしくは萎縮したものがある。それはわれわれがもつ時間認識である。とくに過去への時間認識が、現代人は昔の人々に比べて大幅に縮小したとしか思えない。

どういうことかというと、イエというものがまだ健在だった昭和三〇年代ごろまで、人々は自分の父母、祖父母、さらに仏壇におさめられている曾祖父、曾祖母くらいまでをイエの構成員として認識していた。ところが高度成長期に核家族化が進むと、イエ意識が急速に希薄になった。ふだん過去をさかのぼるのは父母までとなり、同居でなければ祖父母は年に一度か二度顔を合わせるだけの特別な存在になった。日常的に二代前、三代前の考えや振る舞いに触れる機会がなくなり、過去に思いを馳せることも減り、そうした結果、人々の時間軸が短くなったのである。

現代人は自分と社会をとりまくさまざまな係累のうち、同時代の係累を重視するため、過去にさかのぼる係累への意識が希薄となる。これは意識が希薄というよりも、過去に向けるだけの余裕がないといったほうが適切なのかもしれない。複雑化した社会の中で生きていくために、情報の洪水の中で溺れないために、水平方向へさまざまに張り出した係累に忙殺され、過去のほうは年に一度の墓参りくらいでもはや手一杯となってしまう。

このような状況は昔の人間からすると、ひじょうに薄っぺらな時間軸の中で、ひどく刹那的に生きているようにみえることだろう。実際、現代人は、長くゆったりした時間軸の中で物事に共鳴したり思考したりすることがまれになっている。われわれが心を揺さぶられるものといえば、センセーショナルな日々のニュースとスポーツ中継、あるいは一喜一憂のハリウッド映画である。考えてみると、かつては新聞のスポーツ欄は一ページしかなかった。それがいまは通常で四ページ、どうかすると四ページ以上になることもある。今日、世界的にスポーツイベントがさかんになった要因の一つは、短時間で起承転結を楽しめるからであり、人々の時間認識の縮小に対応しているからである。寸詰まりの時間軸の中で刹那的な感動を求めるにはスポーツがちょうど手ごろだからである。

このように時間認識の縮小は現代文明の特徴であるが、これは日本においてとくに顕著な現象といえる。なぜなら、東京という都市を考えてみればわかりやすい。日本の首都である東京には、近代以降だけで明治維新、関東大震災、第二次世界大戦という大きな節目を何度もくぐったせいもあって、今日まで残る江戸時代の建造物はひじょうに少ない。明治初期の東京を写した写真を見ると、整然とした家並みが続く景観が広がり、見事な都市であったことがわかる。

しかし今日、そうした誇るべき過去を想起させるような遺産はほとんど残っていない。京都や奈良には歴史的な建造物はたくさんあるが、圧倒的な人口を有する日本の首都で、過去と現在の連続性を教えてくれる遺産があまりにも少ないのである。そうしたこともあって、人々はある程度のスパンをもった時間軸の中で思考したり感じたりすることが実感をもってできなくなっているのではないだろうか。その点、もともと石造りの文化で、日本と違って地震も少ないため歴史的建造物が立ち並ぶヨーロッパのほうがはるかに長い時間軸をもちやすい環境にある。

その一方で、陶磁器や漆器、截《き》り金《かね》細工や染織のように三〇〇年、四〇〇年以上継承されてきた伝統工芸がある。身の回りにあって日常に使う茶碗や漆の椀、着物や帯締めには、うけつがれてきた巧みの気も遠くなるような時間がある。にもかかわらず時間の経過を意識できないのは、工芸品がもつ時間性が見えにくいためである。逆に建造物は一〇〇年たっているのか、三〇〇年たっているのか建築様式の違いではっきりとわかる。経過した時間には見えやすい時間と見えにくい時間とがある。

日本のような見えにくい時間性と時間軸の短い社会にいると、過去からの実感のあるイメージをもちにくくなっている。このために、将来への実感ある構想力をもつことがむずかしい。縮小した時間軸をいかに回復させるかは、現代人に課せられた重要なテーマの一つである。

ヒマラヤの温室植物と資本主義

現代文明のもう一つの特徴は、資本主義があまりにもいびつな形に増長してしまったことである。本来、資本主義というのは一種の保険制度のようなもので、多くの人から小さなお

温室植物の一種セイタカダイオウ　ヒマラヤの標高4300mの峰に咲く。黄白色で半透明の苞葉が花を包み、温室状態をつくる。勝山輝男撮影

金を集めて、その蓄積の力で大量生産してより安い商品を提供し、利益をあげる。得られた利益は、新しい事業や新商品開発に振り向けることで多くの人々に還元していく。この資本主義の一連のサイクルの中で、「利益をあげる」という部分だけが異様に膨らんでいるのが現代の資本主義の特徴といえるのではないだろうか。

企業家はひたすら利益を追い求め、その利益をさらに膨らませるために実体経済をともなわないマネーゲームがおこなわれる。日本のバブル期がまさにそうであり、例えば二〇〇〇年代初頭のサブプライム・ローン問題に端を発して世界経済に大打撃をもたらしたアメリカの金融機関などは、あまりにもいびつに増長した資本主義の象徴といえよう。

最近の経済のありかたや経済学者たちの言動を見るにつけ思い浮かべるのは、ヒマラヤの高地に生息する「温室植物」である。極寒希薄の環境に適応するために、大きな葉で花をすっぽり包み込んでみずから温室状態をつくりあげることから、そう呼ばれている高山植物の一種である。ヒマラヤの高地を生き抜くために、わずかな太陽光線を吸収することだけに特化して進化したきわめて特異な植物で、大きいものは高さ一・五メートルほどもあるが、体そのものはひじょうに弱い。一つのことだけに特化しているぶん、それ以外のことには弱い

植物である。

最近の先進国のマネーゲームと化した経済のありようは、この奇妙な温室植物の姿と重なる。そのマネーゲームの先陣を切ってきたアメリカは、現代文明を語るとき抜きにすることはできない存在である。

アメリカン・スタンダードの限界

アメリカはかつてのローマ帝国と似ているといわれるが、どちらも異民族を吸収しながら大いなる多様性をエネルギー源として発展した共通項がある。そのアメリカの強みはアメリカン・スタンダードをもちえていることで、みずからが規定し取り入れた基準や規範によって現在の地位と繁栄を維持しているといってよい。この状況がさらに進むと、アメリカン・スタンダードが世界のさまざまな分野でのスタンダードになる可能性が高いが、もしそれが本当に実現したらどうなるか。そうなったとき、いちばん困るのは当のアメリカであろう。

いま現在、アメリカを基準とすることから生じる格差が多かれ少なかれアメリカ以外の国々にはあることから、アメリカン・スタンダードそのものであるこの国が世界の優位に立っている。ところがグローバリゼーションが進み、世界中にアメリカン・スタンダードが完全に行き渡った時点で、アメリカン・スタンダードは真のグローバル・スタンダードとなりアメリカはその単なる一員と化し、それまでの優位性は消滅するからである。

いまのアメリカのやりかたを続けていけば、必ず限界がやってくる。この国を世界の繁栄国に仕立てたアメリカン・スタンダードとグローバリゼーションが、次には衰退へみちびく両輪になりかねない。というよりも、おそらくなるであろう。

そのアメリカの繁栄に象徴される現代文明の起点をどこに求めるかは、いろいろな見方があるが、一つ注目したいのは一九世紀のイギリスとフランスである。

大きくみれば、どちらの国もほぼ同じ時期に産業革命が興っているが、一方のイギリスが大英帝国として世界の七つの海を支配することができたのはなぜだろうか。それは一八世紀から一九世紀にかけて植民地戦争でフランスに勝ち、自国で生産した工業製品を植民地に売り込むことができたからである。かたや、フランスは売り込み先である植民地を失ってい き、それが両国の明暗を分けることになった。と同時に、このイギリスの成功例が世界に広がり、世界の国々が帝国主義の道を歩み始め、このときから「弱肉強食」が世界の潮流の一つになったのである。

弱肉強食はいまグローバリゼーションと名を変えて地球上にその勢力を拡大しているが、これに人口増加と環境問題を加えた三つが現代文明を語るキーワードであろう。

現在の世界人口約七〇億人が生きていくために、地球というこの惑星にどれほどの負担を強いているのであろうか。そのことを明らかにするのが怖いほどである。このしっぺ返しは必ずやってくる。もちろん、人口がさらに増え、環境がさらに悪化しても、地球自体が消滅することはない。地球自体が経験してきた天変地異からするなら、環境悪化はごくごく些細な変化でしかない。一方、人類にとっては生死をかけた変化なのである。それほど人類にとって重要であるにもかかわらず、なお経済成長率は三パーセントを維持しなければならないなどと経済学者や政治家は主張している。日本の三パーセントとは、約一億の人口を擁するフィリピン全体を一つ、丸々あらたに生み出すことである。アメリカの三パーセントはフィリピン二つ半をこの地球に新たに負担させることであり、その膨張、拡大、加重な負担を毎年この地球に要求しようというのである。経済成長をどこまでも続けた果てに、資源の枯渇と環境破壊と飢えが待っているにもかかわらずである。最近の異常気象は地球の大きな気候変動の一環と見る説があり、これも完全には否定できない。しかし、さまざまなシミュレーションによると、一九七〇年代からの地球温暖化は気候変動だけでは説明がつかないという。これは毎年何パーセントか膨張する世界経済と人口増大とそれにともなう二酸化炭素の排出増大の結果であることは、ほぼ間違いない。

端的にいえば、豊かさをどこまでも追求していくと人類は自分たちの首をみずから絞めることになるということである。というよりも、なお経済ボリュームを増大させることだけを主張する経済学者に耳を傾けるのであれば、すでにかなりの圧力で首を絞めはじめているのである。この矛盾とどう向き合い、相反するものにどう折り合いをつけていくか。この難題を前にして大切なことは、根本から発想を変えることではないだろうか。

「植物型文明」と「心地よい停滞」

かつて地球上の社会を「熱い社会」と「冷たい社会」の二つに分類したのは、レヴィ＝ストロースだった。熱い社会は、階級のような社会格差を設けて、それを乗り越えようとするエネルギーによって前進していく社会で、欧米がそれにあたる。これに対して冷たい社会は、比較的おだやかな社会で、民衆がためこむ社会的ストレスを非日常の祭りで解消する特色があり、日本はこちらに分類される。この「熱い社会」と「冷たい社会」を競争の「激しい社会」と「穏やかな社会」と呼び直すことにしよう。

これにつけ加えるなら、欧米型の激しい社会は石造建築に象徴される「蓄積型文化」であり、日本型の穏やかな社会は、伊勢神宮の二〇年ごとに御神体を遷す式年遷宮に象徴される「循環型文化」という区分けもできる。

こうした二つの分類のうち、これまで世界をリードしてきたのは「激しい、蓄積型の社会」だった。そこでは格差を乗り越えるために激しい競争が繰り広げられ、食うか食われるかの弱肉強食の世界が展開されてきた。これはいうなれば「肉食動物型文明」と呼ぶにふさわしい。この文明は今日の先進国の繁栄をもたらしたが、前述のような負の遺産も生み出した。

そこで、これからの文明のありようとして提唱したいのが「植物型文明」もしくは「草食動物型文明」である。これは、もっと穏やかに、地球になるべく負担をかけないようにやっていこうというスタイルである。では、動物型から植物型に転換するには、われわれはどうすればよいのだろうか。結論をいえば、それは「心地よい停滞」を受け入れられるかどうかにかかっている。

日本のバブルが崩壊した一九九〇年以降、経済学者をはじめとする識者はみな一様に「日本は停滞期に入った」と指摘した。たしかに九〇年代に入って日本の経済成長は鈍化したが、依然として世界でトップクラスの経済大国であることに変わりはない。すると、あまり変化を好まず平穏に暮らしたい人にとっては、この状況はけっして悪いことではない。「停滞期」というから、このままではいけないと力み返ることになるのであって、「安定期」といえばいいのである。

ところが、現代人は成長の呪縛からなかなか逃れられず、ことに経済の世界では、前年と同等の業績であることは停滞とみなされ、由々しきこととされる。しかも経済分野は結果や予測が数値化されやすく、それゆえに人々に対して説得力をもつ。数字で示されると人はあそうかと納得するが、そこにじつは大きな落とし穴がある。数値化されないところに、重要なものが隠れているからである。

たとえば自由に使えるお金が一〇万円あるとして、義理がらみの団体旅行に使ってしまうか、それとも自分が前から行きたかった史跡めぐりに使うか。同じ旅行に費やす一〇万円でも、それによって得られる満足度はまるで違う。つまりお金の価値は満足度で決まるが、経済学にその満足度をあらわす指標はない。テレビの視聴率がそうで、どれだけの人がその番組を見たかというデータは得られても、視聴者がその番組によってどれだけの満足を得たかというデータをつかむのは難しい。視聴率にとってかわる、満足度をはかる数値の必要性は以前から指摘されているが、いまだに視聴率だけが大手をふって闊歩し、その結果が民放のあの劣悪な番組のオンパレードなのである。これと同じで、経済の世界など数値化しにくいものは切り捨ててしまう。実際は、消費動向であれ株価変動であれ、人々の気分あるいは心理というひじょうに移り気な要因で経済が動いているにもかかわらずである。

気分で左右されるのは経済だけではない。時代も文明も、じつは人の気分で大きく左右される。ローマ帝国末期の四世紀頃、ローマ人はこんな嘆きを書き残している。「昔は夏になると、あれほど太陽がまぶしかったのに、いまは太陽の光がなくなってしまった」と。この時代に異常気象が地中海世界を襲ったわけではなく、これは人々の沈んだ気分が暗い世界観を生み出していたためである。

われわれはこれまで進歩、成長、拡大、イノベーションといった、いわば肉食動物型文明の原理をあたりまえのものとして受け入れてきた。しかし、その先に待っているのは、おそらく破滅である。このあたりで「気分」を変えるためにも、穏やかな植物型文明にシフトしてみてはどうか。われわれが「心地よい停滞」を抵抗なく受け入れるようになったとき、新しい繁栄の形が見えてくるような気がする。

「心地よい停滞」を是とするには、経済成長率がゼロもしくはマイナスでもどうにかやっていける社会的な仕組みをつくり直さねばならない。現在のしくみが一定の成長拡大を前提としているからである。経済が縮小の傾向に入っても、質の向上と満足度の増大を、数値化できないときは言葉で、さまざまなメディアを通して訴え、多くの人々の合意を形成することが大切である。

そして、もう一つ現代人が自戒すべきは、近視眼に陥らないことであろう。二〇〇八年秋に始まった金融危機により、日本では「百年に一度の不況」といわれているが、本当に歴史に刻まれるような世紀の大不況であるかどうかは、のちの世になってみないとわからない。

かつてゴードン・チャイルドが「新石器革命」という言葉を使って注目された。チャイルドは農業の始まりによって爆発的に生産が増え、人口が増大したことを「革命」と表現したが、この革命という言葉の概念自体、近現代的なものである。新石器革命は現在も使われている言葉であるが、狩猟採集から農耕への移行は、数千年という長い時間をかけて起きたものであり、とても「革命」と呼べるような急激な変化ではなかった。

むろんいまは変化のスピードが速くなっているけれども、われわれ現代人も、ゆっくりとうねるように変化している人類史の中では点の存在でしかないことを自覚すべきだろう。以下、本書で人類初期の文明をたどるにあたり、あえてわれわれの祖先である原人の特性や文化から稿をおこしたのも、人類の長大な歩みをあらためて認識してもらうためにほかならない。

第一章　ヒトから人類へ

直立したヒト、ホモ・エレクトゥス

二足歩行による「両手の解放」

生物としてのヒトの進化に関しては、ダーウィンの進化論以来、驚くべき事実が数多く明らかにされてきたが、いまなお解明されていない事柄も多く、新発見によってそれまでの通説がくつがえされることもしばしばである。しかも、進化の原因についてもさまざまな説がある。以前は自然淘汰によって起こるとする説が有力だった。しかし現在は、生物の生存にとって有利でも不利でもない分子レベルの突然変異のうち、たまたま集団の中に広まり定着した変化にすぎないと考える、中立進化説が提起されている。

ここでは進化論そのものを考えるのではなく、のちに文明を築くことになるヒトの、生物としての特殊な部分に焦点をあてながら、進化の推移をたどることにする。そして同時に、文明を築く特殊な生物に進化したものの、私たち人間はあくまでも生物の一種であることを確認しながらこれまでの推移をたどることにしよう。

いまから六〇〇万年ほどさかのぼるある時点で、ヒトはゴリラやチンパンジーの祖先たちと訣別し、ヒト独自の展開を開始した。その時点でのヒトのもっとも大きな特徴の一つは、直立して二本の足で歩行するようになったことである。

直立二足歩行への移行は、大きなリスクをともなった。猛禽類を除くなら、ほとんどの肉食動物は四足歩行である。四本足のほうが、獲物である動物を捕獲するうえでも、また外敵から身を守るうえでも有利である。直立二足歩行に移行すれば、両方の条件を放棄し、肉食動物の格好の餌食《えじき》となるリスクを負うことになる。事実、南アフリカのスワルトクランス遺跡では、ヒョウに襲われた痕跡をもつ最初期のヒト（アウストラロピテクス）の骨が発見さ

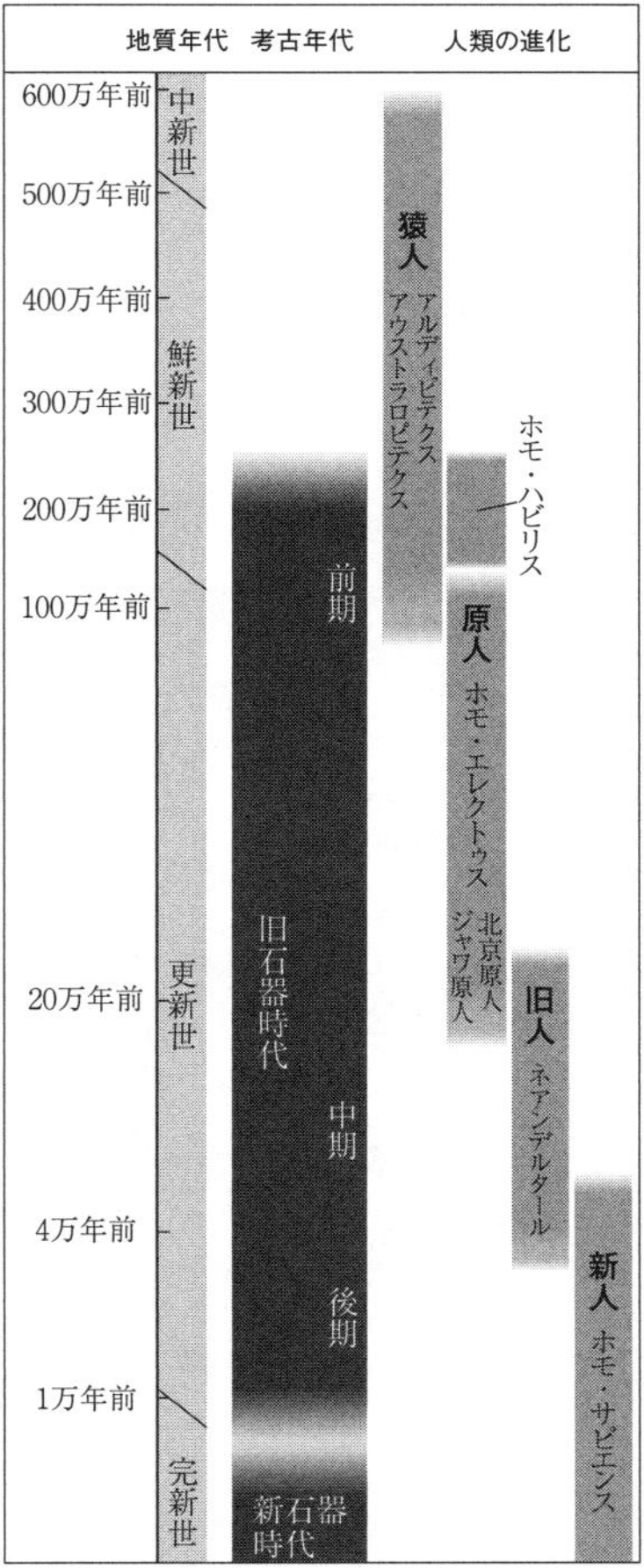

人類の進化と時代区分

れている。そのような危険に直面しながらもなお、直立二足歩行に移行した原因がどこにあるのかはいまだ十分には解明されていない。解明されてはいないが、直立二足歩行の開始によって、ヒトの両手は体重を支えながら歩行するという役割から解放されたことは確かである。

自由になった両手は道具の造作や使用に適しており、文化を発達させる原動力になったとする説がある。しかし、チンパンジーも食物の採集にごく初歩的ではあるが道具を用いており、道具がヒトだけに固有のモノでないことが明らかになっている。もちろんつねに二足歩行であるヒトのほうが、より複雑な道具をより長時間にわたって使用できる、という相対的な違いがあることはいうまでもない。二六〇万年前にホモ・ハビリスというタイプのヒトが石器を作り出すようになったのは、この相違が主な要因だった。また、両手と肩もしくは背中を用いての運搬に二足歩行が適しているのも確かである。捕獲した獲物や採集した食物を、捕食者のいない、より安全な場所まで運んで食べる、という捕食者リスク回避にとって大きな利点となった。

筆者は以前、アキレス腱を二度切断し、三ヵ月間、松葉杖に頼らざるをえなかったことがある。松葉杖での歩行自体は、はたで見るほど不自由というわけではない。しかし、松葉杖で歩くときは両手を使用中なので、モノをもっての移動ができない。茶碗一つ、ペットボトル一つ、普段であれば無造作に運ぶことができるにもかかわらず、かなり難儀な作業となる。二足歩行による両手の解放がいかに大きな変化であったかをはからずも再認識する体験だった。

二足歩行によって獲得された両手を使っての自在な運搬能力は、食料をたずさえてより長い距離を移動することを可能とした。トナカイのような草食動物が季節によって長距離移動する習性があることはよく知られているが、それに劣らぬ距離をヒトも移動できるようになった。そればかりか、短期間であれば食料を携帯することによって、食料があるのかないのかわからない未知の土地へ出かけることも可能となったのである。最近、二足歩行による移動が四足歩行での移動よりもはるかに効率的で、エネルギーの消費も少ないとする説が発表された。二足歩行の効率性こそが長距離移動を可能にしたのであれば、のちのアウト・オブ・アフリカが実現したのも二足歩行に移行していたからということになる。

直立歩行と音声言語

一方、直立していると太陽光線をうける体表面積が四足歩行の場合よりも少なく、しかも胴部が地表面の反射熱を直接受けることも少なくなる。この利点がヒトを二足歩行へ移行させた原因であるとする説もある。アフリカのような熱帯地方で生まれたヒトにとって、灼熱の太陽をいかに回避するかは重要な課題であったが、いまだに決定的な説というわけではない。直立二足歩行への移行の理由は明らかではないが、移行してからの展開は明らかである。

直立して歩行することになったヒトは、気管と食道が垂直方向に位置するようになり、水

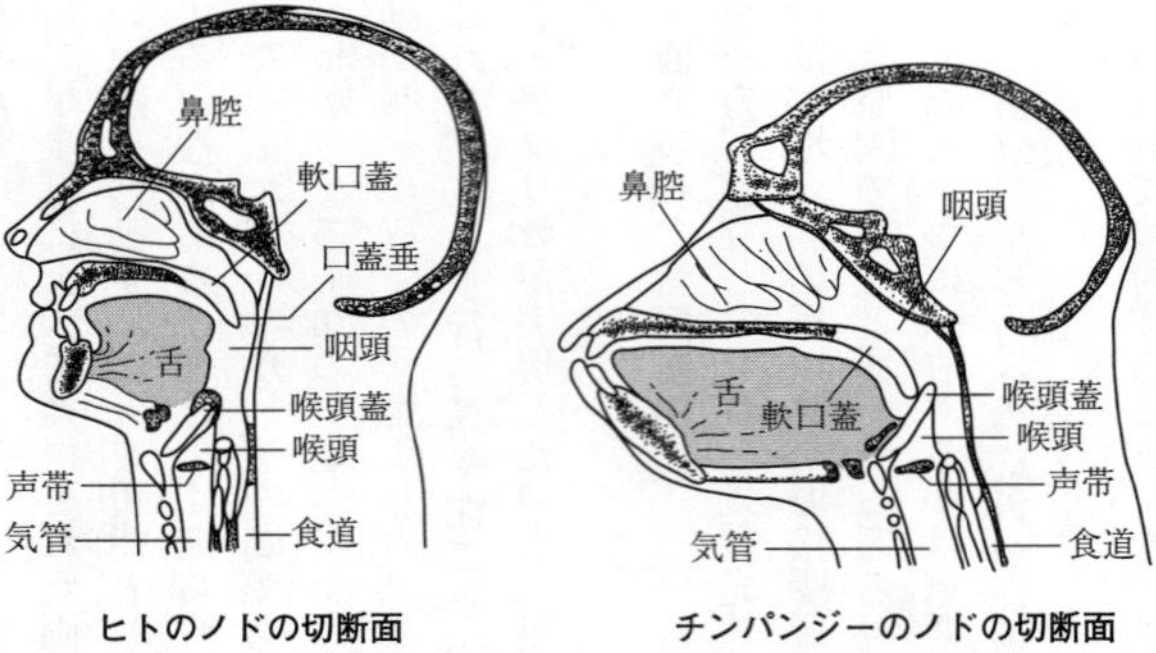

ヒトの成人とチンパンジーのノドの形態の比較　正高信男『０歳児がことばを獲得するとき』（中公新書、1993年）をもとに作成

平状態のときよりもモノや空気を通過させるパイプとしての機能をより微妙に、しかも円滑に発揮できるようになった。ノドを構成しているパイプの垂直化は喉頭《こうとう》と声帯への横からの負荷を軽減し、声を出すという機能を十分に発揮できる条件を生み出した。また、モノをくわえたり獲物に嚙みつくという重要な役割を割り当てられていた口が、二足歩行への移行によって、その役割を両方の手にゆだねるようになると、口腔内が広がり、舌が自由に動かせるようになる。食事と呼吸以外に音声をコントロールする器官の一つとなったのである。そのことによって微妙かつ多様な音声を発することが可能となり、将来の言語が発生する道を切り開いたのである（言語がヒトの歴史のどの時点で発生したかはいまだ解明されていない）。もちろん類人猿も喉頭をもっているが、微妙な筋肉の動きを制御して強弱さまざまな音声を発することができるほどには発達していない。この筋肉

の微妙な動きを可能にした要因の一つが直立歩行なのである。

　とはいっても、二〇万年前にようやく出現するネアンデルタールでさえも、現代人に比べるなら声帯の位置がより低く、このため気道が現代人よりも長くなっていた。音声言語は音素の組み合わせで単語を形成する二重分節構造からなっており、音声を発するためには、呼気の量を自在に調整するだけでなく、音節の長短をコントロールしながら気道内の空気を振動させて口腔に伝えなければならない。したがって、気道は長すぎても短すぎても音声を調整することは難しく、ネアンデルタールでさえ叫び声や呻《うめ》き声ぐらいの叫声しか発することができなかったと考えられている。ところが、気道は異なっても舌骨の形はほぼ同じなので言葉を話せたとする説もある。また、フィンランドのウラル・アルタイ系言語を専門とするヤンフネン・ユハ氏によると、コーカサス地方に最近まで一つの母音しかもたないウブへ語という言語が存在していたという。発声機能と並んでどのような概念を伝える必要があったかという点も言語を考える場合、重要な要素と思われる。

　ともかくネアンデルタールが出現するはるか以前の段階では、将来の音声言語を可能とするごく準備的な段階にすぎなかった。そのような段階とはいえ、ノドの周囲にある筋肉が頑強さよりも微妙な動きを可能とする構造へと変わったことは、一方で外敵と戦う際の最大の弱点をつくることにもなった。

ホモ・エレクトゥスの出現

この直立二足歩行するヒトがさらに進化をとげて、「直立したヒト」を意味するホモ・エレクトゥスというタイプが出現する。前期更新世から中期更新世（いまから一八〇万～二〇万年前）にかけて生存した、原人と呼ばれるタイプである。彼らは以前のタイプのヒトと比べるならはるかに大きな身体と脳をもち、ハンド・アックス（握斧《にぎりおの》）をはじめとする打製石器をつくり、狩猟で捕獲した動物あるいは屍肉《しにく》と化した動物の皮を剝いで食料の一部とするようになった。

ホモ・エレクトゥスは、彼らに先行するタイプのヒトに比べるなら、身体が大型化し、現代人とくらべても遜色がないほどの体格をもつようになる。以前は身長一三〇センチ、体重三〇キロ程度であったのが、身長は一四〇～一八〇センチ前後、体重は六〇キロ前後となる。身体の大型化によって、脳が大型化し、脳を収納する頭蓋骨も以前よりもちろん大型化した。化石化する過程で頭蓋骨に歪みや膨張・縮小が起こった可能性もあるので一定の誤差があることを考慮しても、原人の脳容量が平均約一〇〇〇cc（ほぼ七五〇～一二五〇ccの範囲に分布）であることは、以前のタイプ（アウストラロピテクスなど、平均五〇〇cc以下）と比べるなら五割以上増加していることになり、大幅な変化ということができる。

身体が大型化したのであるから脳が大型化するのは当然である。むしろ、大型化した結果として、脳容量が体重に対してどれほど大きくなったか、つまり相対的脳容量が増えたかどうかである。その比較は図に示すとおりであり、以前のタイプと大きく違っていないだけで

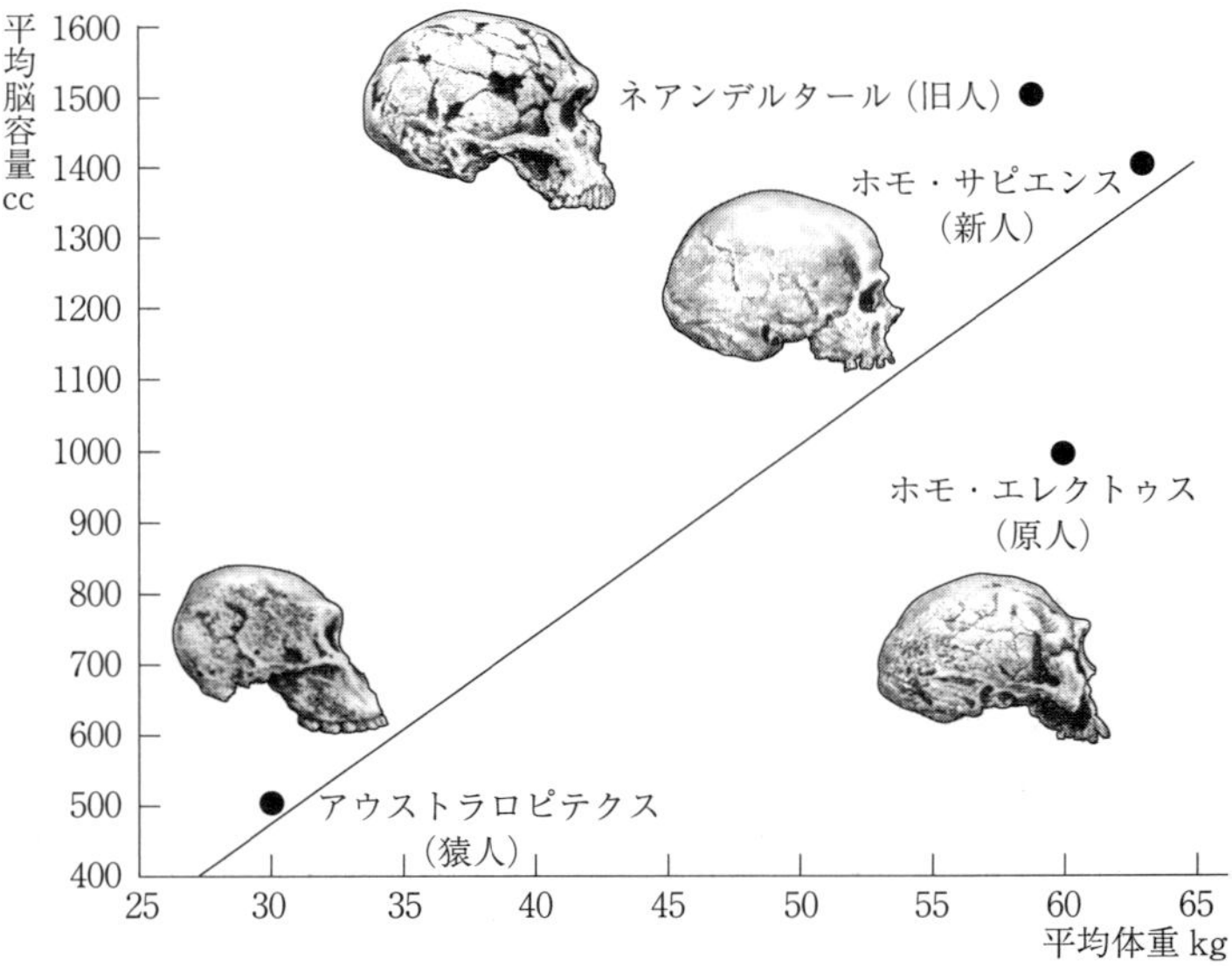

ヒト属の体重と脳容量の関係

なく、現代人と比べるなら、脳は三割ほど小ぶりである。つまり、身体は現代人とほぼ同じだったが、その身体ほどに脳は発達していなかったといえるのである。

そうではあったが、脳と頭蓋骨の大型化にともない、現代人と共通する深刻な問題が浮上した。大きな脳を収納するために大型化した頭蓋骨をもつ胎児を出産するということは、母体にそれまでとは比較にならないほどの負担をかけることになったからである。しかもヒトは二足歩行に適した骨格へと変化する過程で、骨盤の構造も変化し、女性の産道は以前よりも縮小していた。この産道縮小と胎児の大型化した頭蓋骨によって、胎児は母親の骨盤を安全に通過することが難しくなった。もちろん女性の骨盤自体も身体全体の大型化にともない以前よりも大きくなり、胎児の頭蓋骨の大きさに適応しようと変化するが、骨盤の拡大だけでは大型化した頭蓋骨に対応することはできなかった。

このため、頭蓋骨が十分成長していない未熟な段階で胎児を出産するようになるのである。ほかの動物に比べれば未熟児といってよい段階で、ヒトの胎児は母親の胎内から出るようになった（有袋類も未熟児で出産するが、カンガルーの場合、育児嚢《のう》で約八ヵ月をすごしたあとは、ほかの哺乳類と同様の成長をとげる）。胎内で十分に成長していない段階で生まれた幼児はきわめて脆弱なため、手厚く、行き届いた養育を長期に必要とするようになる。滋養供給のすべてを親に依存し、親の保護なくしては生存できない期間、つまり幼児期の長期化は原人たちの生活そのものにも変化を強いることになった。

独り立ちするまでにより多くの時間が必要となることを成長遅滞という。霊長類でも成長遅滞の傾向を見ることができる。しかし、ヒトの成長遅滞は霊長類とは比較できないほど顕著である。草食動物であれば生まれてから数十分で立ち上がり歩くことができる。それに対してヒトの新生児がしっかり歩けるようになるまでには少なくとも数年を要する。二足歩行に加えて身体と脳の大型化がもたらした結果であり、ヒトの生存にとって大きなリスクになった。このため、ヒトはほかの動物には見ることのできない独特の対応をこのリスクに対して生み出すのである。その結果、ほかの動物とはさらに明確な一線を画すことになる。

リスクへの対応が「文化」を生んだ

霊長類から別れて草原におり立ったヒトは、霊長類のように樹木の上で身を守ることができなくなる。草原を闊歩《かっぽ》する肉食動物の捕食対象となるリスクに対しての生存戦略が必要となった。しかも成長遅滞という幼児の生存にとっては致命的ともいえる欠陥をもつヒトは、幼児の死亡率上昇に対する戦略として、多産と、多産後の幼児をできるだけ多く生存させる共同保育を選択したのである。

多産であるためには母親の授乳期間を短くしなければならない。事実、ゴリラは四年、チンパンジーは五年、オランウータンは七年であるにもかかわらず。ヒトは一年から長くとも一年半という短時間である。その一方で、授乳期間は短いがヒトが親離れして独り立ちするには生後一〇年以上は必要であり、授乳期間後に母親が妊娠した場合、母親以外の誰かが幼児の面倒を見なければならない。このため何家族かが集まった共同体が形成され、その構成員たちが幼児の養育に関わったのである。こうすることによって、多産と独り立ちまでの長い年月という課題を解決した。

離乳後の幼児は、母親だけでなく共同体の構成員によって養育してもらうため、空腹などの状態を周囲に知らせる方法を身につけていなければならなかった。言葉を習得する以前は泣き叫ぶという手段であり、共同体の中での社会的な伝達手段でもあった。

このような伝達手段を可能としたのは幼児を生存可能とする環境があったからである。その環境とは、成長遅滞と密接な関係を持っていた。直立したヒトの骨盤は皿状に変形していたため、頭の大きい子を産むことはできなかった。生まれてから脳を大きくする必要があり、摂取する栄養の多くを脳に振り分けるので身体の成長が遅れた。しかも離乳が早いので、離乳後の一定期間は幼児食が必要だった。手間のかかる幼児の養育のため、ヒトは複数の家族からなる共同体を形成し、その成人構成員が幼児たちの養育に関わることになり、社会性という機能を持つ持つ共同体が形成されたのである。

この社会性の中には、相互依存や食糧分配などを可能とする互酬《ごしゅう》性が、早い段階から芽生えたと推定される。また、構成員同士の相互理解や構成員に共通する認識などから生まれる向社会性も含まれていた。

幼児期の長期化にともなうもう一つの変化は、親にとっては幼児に対する教育期間が長期化したことを意味し、幼児の側から見れば、外部からの影響の受容期間が長期化したことになる。つまり、幼児が独り立ちするまでの学習期間が長期化したため、成長遅滞が始まる以前ではわずかだった個体ごとの学習能力の優劣や環境の違いが、成長過程に作用して拡大し、多様な個体をつくりだすことになった。

成人間の個体差が明らかになったころから個々の存在が認識されるようになる。現代の意味とは異なるが、個体の存在が認識されるようになるのである。このことは、大型動物の狩猟など高度な作業を協力しておこなうときにさらに強く認識されたものと推定され、個体という存在に対する認識をいっそう明確にしたと考えられる。学習期間の長期化による個体の多様化と、高度な共同作業の過程で明らかとなる個の能力差が相互に作用して増幅した結果、それぞれに異なる個体の存在が認識されるようになったのである。

集団の中で獲物を見つけるのが得意な者や、殺傷にすぐれた者は、集団の中で尊重されると同時に、ほかの者の模倣の対象となり、次第に集団全体の狩猟能力が向上した。環境適応の過程で蓄積された経験による知だけでなく模倣による集団共有の知的な財産の拡大と継承、そして記憶能力がヒトの生存と生活に大きな役割を占めるようになった。その結果、ヒト本来の遺伝子上にたくわえられた生存本能のプログラムよりも、学習で獲得された生存のためのさまざまな工夫と方法が、ヒト一人一人が生存していくために大きな価値をもつようになるのである。つまり、世代をこえて蓄積される生存のための記憶が集積装置として機能を開始し、継承されるべき一種の文化を形成するようになるのである。

発情期の随意化

幼児期の長期化により、母親と共同体は幼児の養育にかなりの時間と労力を割かなければならなくなった。特に授乳期間の途中で母親が発情期を迎えるようなことがあれば、幼児は放置されてしまい、たちまちのうちに命を失ってしまう。この危険を避けるために、ヒトは発情期という特別な時期をもたなくなった。ほかの動物が年一回もしくは二回といった周期的な発情期をもっているのとは大きな違いである。

種の保存、あるいはヒトという種の繁栄という観点から見るなら、発情期の消滅は性欲の周期的な高まりによる旺盛な性交の減退につながる可能性がある。減退を防ぎ、種の保存を確実なものとするために、女性の性的魅力が身体に付加されるようになる。このことによって発情期の消滅を補うばかりか、性交可能な期間を大幅に拡大したのである。性交期間の拡大は、性交の相手を男女とも冷静に選択できる期間が拡大することを意味する。発情期になると性交相手を限定された選択肢の中からいわば自動的に選択しなければならない周期的な発情期をもつほかの動物とは、異なる段階に達したのである。

家族の誕生および数家族からなる共同体の形成は、種の繁栄という意味で、大きな価値をもっていた。分業による仕事量の効率的な増加、幼児や子供に対する教育、家族という単位によるほかの家族との共同作業、そして家族のつながりに発する情愛、それらが生存をおびやかす出来事や攻撃に対処し、しりぞける原動力の一つとなったのである。家族および共同体という単位がいつごろから形成されたかは明らかではないが、おそらく原人の活動が活発化する一五〇万年前からすでに存在していたのではないだろうか。

家族および共同体という単位が出現すると、それに付随する問題も新たに発生する。その一つがインセスト（近親相姦）である。両親と子供たちが親密に生活する家族の中でインセストはきわめて発生しやすい状況にある。しかも発情期から解放されており、似通った学習を経験したヒトの集まりであるから性交相手として家族の一員を選択する蓋然性は高いといえよう。何世代、何十世代にもわたるインセストの経験と結果から、ある時点でインセスト・タブーが生まれ、家族の安定した継続と複数家族があつまる共同体の価値が認識されるようになったのであろう。インセスト・タブーは、ヒトがつくりあげた最初の集団＝社会の規範の一つであるが、原人の段階ですでに存在したかどうか、明らかではない。性に関する事柄とタブーのような集団が共有する規範は、考古学的な資料として残らないため、蓋然性でしかないことはいうまでもない。

直立二足歩行を中心にヒトの進化を以上のようにたどるなら、家族と共同体の結び付きが誕生することに直立二足歩行が大きく関与していることがわかる。つまり、直立二足歩行によって頭部を垂直方向に支えればよくなったときから、頭蓋骨と脳の大型化が可能となった。しかし、大型化は、母体を守るための早産という未熟児出産を必要とし、その結果、長期にわたる幼児期間中の育児が家族と共同体の結び付きを生むことになったのである。この推移をたどるなら、直立二足歩行の獲得がヒトにとっていかに重要な出来事であったかがわかる。

ヒトの繁殖力

地球上の動物は、自分たちの種を残し続けるために、繁殖という基本的な方法を用いてきた。この繁殖に関して進化生物学者たちは二つのパターンがあるという。一つは「r戦略者(r-strategist)」、他方は「K戦略者(K-strategist)」と名付けられている。両者は対照的な特徴をもっており、r戦略者の特徴をあげるなら次のようになる、と人類生態学者の大塚柳太郎氏は指摘する。

①一回の出産（産卵）で生まれるコドモ（卵）の数は多く、出産時（産卵時）のコドモ

（卵）は小さい（小卵多産戦略）。
②コドモ（卵）の成長は早く成熟も早い。
③内的増加率（捕食者など外部からの干渉がないときの個体数の増加率）が高い。
④死亡率はその種の個体数密度（ヒトの場合は人口密度）に依存することはなく、捕食者など外部の干渉次第で種自体の生存が危機にさらされることもある。
⑤個体数の変化が大きく、その種が一定環境内で利用できる食料資源が許容する生存可能な個体数よりもはるかに少ない。

以上の特徴からすぐに思い出されるr戦略者の代表例が魚類や昆虫であり、K戦略者はほぼ反対の特徴をもつ。その典型が哺乳類である。しかし、このような特徴はあくまでも相対的なものであり、哺乳類でもネズミはr戦略者の特徴をかなりもっているといえるのである。

K戦略者の典型がヒトである。一回の出産で生まれるコドモは通常一個体という最小単位であり、成長は遅く、成熟するのに一〇年以上を要する。では、一人の女性がその生涯で何人ぐらいのコドモを出産するのであろうか。生涯出産数とも完結出産力とも呼ばれる数である。この数を決定付けるのは、女性が最初に出産する年齢つまり初産年齢と、何歳ぐらいまで出産可能で、その間どの程度の間隔で出産できるかということである。

私たち現代人の生殖能力と私たちの遠い祖先とを比較することはできないが、狩猟採集という生活をしている現代人であれば参考になる数値を得ることができるかもしれない。そしてそのような観点からの調査が、アフリカのカラハリ砂漠の狩猟採集民サンに関しておこなわれている。かつてブッシュマンと呼ばれた狩猟採集民である。この調査は、四〇歳以上の女性七五名について実施されている。四〇歳以上で出産する例がなかったからであり、出産の上限年齢だからである。その結果、最初の出産はサンの女性の場合一九歳で、出産間隔の平均は四年程度、平均生涯出産数は四・四だった。この数値は、近代医療や栄養のある食料などに恵まれているわけではないサンの女性たちのものとしてはかなり高いように思われる。その点を、大塚氏は、調査時点で四〇歳に達することなく死亡した女性が除外されているので平均生涯出生数が大きくなっている可能性があると指摘している。しかも、七五名の中には少数ではあるが、出産したコドモの数が八人だったり九人だったりする例もある。この高い数値はK戦略者であるヒトがr戦略者的な特性を獲得した結果ではないかという可能性がある。なぜそのようなことが起きたのかについて、次のように推定している。食料の改善など生存環境が向上することによるヒトの「自己家畜化」の結果とみなされるというのである。

ヒトの「自己家畜化」の最大の要因は文化であると大塚氏は考える。つまり、食料獲得を農耕によって安定化する以前の狩猟採集生活の段階から、狩りのための投げ槍や弓矢を発明・改良し、火を使うことでドングリやトチの実などに熱を加えてアクをとり、果実を乾燥させて保存食料にかえた。また、岩陰や洞窟によって寒さと雨風を防ぐだけでなく、のちの話ではあるが、竪穴《たてあな》住居をつくることによってより効果的な環境適応のためのシェルターを獲得するのである。住居が不動産のシェルターであるとするなら、毛皮や植物繊維による布でつくる衣服は動産としてのシェルターであった。このほか大型動物の狩猟に際しての役割分担という分業や共同作業は社会的なシステムを進展させた。このような文化によってヒトは自らを家畜化させていき、人口を増加させながら種の保存をより確実なものとしていったのである。つまりK戦略者であったヒトが魚類のようなr戦略者に近づくことによって地球上で最強の動物となったのである。

火の使用開始

原人たちの生活を自然の脅威から守り、継続的な生存をより確かなものにした画期的な出来事として、身体と脳の大型化や共同作業による大型動物の捕獲、複数家族の集住などのほかに、火の使用がある。現在判明しているところでは、火が使用された証拠が現れるのは一五〇万年前頃からであり、一気に増加するのが三五万年前頃からである。その頃、恒常的な火の使用が開始されたようである。

火の使用に関して、原人が摩擦熱を利用して火をおこすことができたかどうか、確かなことは判明していない。ただし、彼らが火山の噴火や天然ガスの噴出、もしくは乾燥した草木の自然発火による火を利用してごく初歩的な火の使用をおこなっていたことは、北京原人が住んでいた周口店《しゅうこうてん》の石灰岩洞窟や南アフリカのトランスバールでその痕跡が発見されていることから確実視されている。いったん使用されるようになった火によって原人たちの生活の

北京原人　上は周口店遺跡の発掘風景。1929年10月。下は頭骨の模型。実物は日中戦争中に行方不明になったままである

あり方が根底から変わり、食べることのできる植物の種類が拡大した。このため、原人たちの生活にとって火はなくてはならないものになり、自然界から獲得した火をいかに燃やし続けるか、それが原人たちの生死にかかわる重大事となったのである。

火をつねに確保するため、火に関する経験と知識の豊富な年配者が火の管理をになうようになったと筆者は推測する。老化による身体能力の減退は、狩猟や食物の採集には適さなくなるが、一ヵ所で火を守るような仕事にはむしろ好都合な条件になるからである。火という、新たに獲得した資源を介して、集団を構成する世代ごとの役割分担という垂直分業がおこなわれると同時に、性別による水平分業が、集団を社会的に構造化していったのである。

加熱したり焼くことによってそれまで食べることのできなかった植物が食べられるようになった。なぜなら野生植物は動物によって簡単に食べつくされることがないよう、動物にとっての有毒成分を含んでいる種類があったからである。トリプシンやシアングリコーゲンのような有毒成分を含有するマメ科の植物、穀物、それに根菜などである。しかし、加熱することによりこれらの有毒成分を破壊することができた。原人の段階で土器は発明されていないので煮炊きはできなかったが、火にかざすだけでも摂取可能な食物が大幅に増大した。

火の使用は食物を増やしただけではない。動物の棲みかには適していたが、ヒトには適していなかった洞窟も火によっていっきょに快適な居住空間に変化したのである。もともと雨風を遮断するシェルターとしてはすぐれた条件をそなえていたにもかかわらず、洞窟は低温多湿なため、毛皮で守られた動物の棲みかとしてはすぐれていたが、体毛の少ないヒトにとって適当な居住空間ではなかった。ところが、火を導入することによってそれまでの棲みかに比較するなら飛躍的な快適さを洞窟が提供することになった。捕食者リスクを回避する場所としてもすぐれており、入手した食料を安全に食することができた。

共同作業と環境への適応能力

原人たちが食した大型動物として確認されているのは、ゾウ、ウマ、シカ、バイソン、マンモスなどである。これらの動物は、屍肉で食されたのか、それとも狩猟によって捕獲されたのかは明らかではないが、おそらくその両方であった可能性が高い。とするなら、大型動物を捕獲もしくは運搬できるだけの複数の原人による狩猟もしくは採集という共同作業がおこなわれていたことになる。狩猟に関しては、ライオンのような肉食獣が草食動物を数頭で協力して捕獲する例もあるが、身体能力が圧倒的に劣る原人が大型動物を捕獲するのは、より多くの組織的な共同作業が必要であり、ライオンとは大きく異なるレベルでの共同作業だった。

たとえばナウマンゾウ一頭を捕獲すると約二トンの肉や内臓がとれる。現在、成人男子の一日平均カロリー摂取量は約二〇〇〇キロカロリーである。これをすべて肉や内臓で摂取するなら、一〇〇グラムあたり一五〇キロカロリー程度として一・三キロとなる。つまり二トンの肉と内臓があれば、一五〇〇人分の必要カロリーを確保することができる。狩猟参加者が三〇人、その「扶養家族」が六〇人とするなら、一六日分の食料を丸々確保したことになる。

大型動物の捕獲は人数が多ければ多いほど効率的であり、獲物を逃す危険が少なくなる。このためできるだけ多くの原人が共同して作業できるよう、複数の家族が一定範囲の土地に居住する集住生活がはじまる。ホームベースと呼ばれる複数家族の居住地は、獲得した獲物の運搬先であり、安全に食する場所であった。彼らが食したと推定される動物の種類は、ホームベースと推定される場所から出土した骨の化石にもとづいている。

動物の肉を食するようになり、原人は雑食へ移行する。タンパク質を肉から摂取することによって、より効率のよいカロリー摂取が可能となった。このため原人は草食動物のように日中の大部分を食料摂取に費やす必要がなくなるだけでなく、摂取可能な植物が少ない場合でも、捕獲可能な動物が生息している土地であるなら生きていくことが可能となった。これによって原人の居住範囲は大きく拡大したが、肉食だけの原人はごく一部と推定される。現在、地球上で肉だけの食生活を送っているのは北極圏のイヌイットなどごく限られているが、その状況と変わりはなかった。多くは植物性食物を日常的に採集し、ときおり捕獲に成功する動物の肉を食べるという生活であったと推定される。

原人の文化の特徴は、居住する環境にいかに適応するかという目的に集約していた。この明確な文化戦略のゆえに、中国、ジャワ、東アフリカ、北アフリカ、ヨーロッパというきわめて広く、気候条件も異なる地域で生息できたのである。しかも原人の文化戦略を支えたのは、男女の性別による水平分業と世代ごとの垂直分業によって構造化した集団＝社会の組織的な強さと、個性ともいえる個体の多様性によるものであった。そのうえ、集団として蓄えたさまざまな経験から獲得した情報や知識が、共同の記憶として蓄積され、さらなる環境への適応力を培っていったのである。

イースター島での「負の連鎖」

集団が保有するある環境への適応能力は、その環境が継続する限り有効だった。しかし、短期間に環境が大きく変わるような場合、蓄積された適応能力はかえって弱点となることがあった。たとえば西暦九〇〇年頃まで下るイースター島でのできごとが、その典型的な例である。

J・ダイアモンドが指摘するように、ポリネシアの東端にあるイースター島は、フィジー、トンガ、サモアのような西ポリネシアの島々に比べるなら降水量が少なく、周囲の海水温度が低いため魚の種類だけでなく漁獲量そのものが限られていた。このような環境条件が異なる島に移住してきたポリネシア系の住民にとって、その環境に適応するのはかなり難しいことであり、祖地での文化をイースター島に向いた文化に変えるにはかなりの時間を要した。ある環境に不適切な文化の活動は、環境破壊という結果をもたらすのである。移住当初、この島には高さ二〇メートル弱、直径一メートルにもおよぶヤシが生えており、ポリネシアのほかの島でもカヌー用の材木として使用される高さ一〇メートルを超す樹木があったことが、柱状堆積物試料の分析から明らかになった。つまり再生能力は脆弱だったが、亜熱帯性雨林の島だったのである。

イースター島のモアイ像　ポリネシア系の住民たちが移住し、生活していた痕跡がのこる

　イースター島の動物に関しても西暦九〇〇年頃の状況がダイアモンドによって紹介されている。それによれば、現在は在来種の陸鳥が皆無であるにもかかわらず、かつては六種類の鳥が棲息しており、この島に営巣する海鳥は二五種にもおよんだという。さらに脊椎《せきつい》動物としてはネズミイルカの骨が貝塚からかなりの数発見されたという。ネズミイルカを捕獲するには外海に出て自由な航海を可能とする大型のカヌーが必要であり、そのための大木がイースター島には存在していたのである。

このころの食物としての動物には、ネズミイルカ、魚類、甲殻類、陸鳥と海鳥、ネズミ、ウミガメなどがあったという。ポリネシアのほかの島と遜色のないレパートリーである。そのほとんどがこの島から姿を消してしまったのである。消滅していった理由はまさに負の連鎖である。祖地での文化として移住者たちはカヌーを操ることのできる人々であり、カヌーを自由に操ることによって生活の糧を得ていたのである。移住前の文化にならって、大木がカヌーの製造や家屋の建設のために切り倒されていき、やがてまだ十分に生長していない樹木も生活の必要から次々と伐採されていった。

樹木が伐採によって絶対的に不足するようになると、燃料としての薪さえ不足しはじめ、大量の燃料を要する火葬がミイラ葬に変わっていった。食料が激減したため人口が減少するだけでなく、カニバリズムさえおこなわれるようになった。正式の埋葬地だけでなくゴミ捨て場からも骨髄をとりだすために砕かれた人骨が多数でているのである。島には巨大な石像であるモアイが部族ごとにつくられ、部族の力を誇示するためより巨大化していったが、やがてほかの部族のモアイを次々と地面に引き倒すようになる。部族相互の救いのない武闘抗争が続いたからである。このようにしてイースター島はポリネシア全体でもっとも貧しい島になったのである。

この種の負の連鎖の例は、ほかの地域や時代においても見ることができるが、やがて新たな環境に適応した文化が育つこともあるだけでなく、正の連鎖例のほうが地球上では圧倒的に多く、それゆえにヒトが繁栄しているのである。したがって、文化の変化を環境へ適応するための過程とみなすことは、少なくとも先史時代（イースター島もヨーロッパ人が一八世紀に到来する以前は先史時代だった）に関しては適切なアプローチの方法といえるのである。

絶滅した人類・ネアンデルタール

遺体の埋葬

いまから二〇万年ほど昔に、原人に代わって旧人と呼ばれる人々が出現する。アフリカ、ヨーロッパ、アジアに生存した旧人は、原人よりもはるかに進んだ石器を使用し、より高度な文化をつくりあげた。なかでもとくに研究が進み、よく知られているのがネアンデルタールである。

二〇万年前、ヨーロッパに姿を現したネアンデルタールの、最初の化石人骨が発見されたのはいまから一五〇年ほど前の一八五六年、ダーウィンが『種の起源』を著す三年前である。神による天地創造がなお信じられていたキリスト教社会での発見だったため、謎の化石人骨は「ノアの洪水」で犠牲となった人々の骨、あるいは頭に障害をもつ現代人の骨とみなされてしまった。当時としては当然ともいえる解釈だったが、絶滅したヒトの一種であるとする少数意見が認められるようになるのは一九世紀も末になってからである。

最初の発見から現在までネアンデルタールの骨は三〇〇体以上発見されている。もちろんその多くは断片にしかすぎないが、ホモ・エレクトゥスなどそれ以前の化石人骨の数と比べるなら大幅な増加である。その理由をネアンデルタールの人口増加に求める説がある。確かに人口増加が寄与している可能性は否定できないものの、直接の理由は、ネアンデルタールが自分たちの遺体を埋葬したからである。埋葬という保存のための手当てをほどこしたからこそ、しかもしばしば彼らが居住する洞窟内に埋葬したからこそ、遺体がほかの動物の餌食とならずに保存されたのである。

埋葬という行為は、ネアンデルタールの骨を現代に伝えてくれたという意義をもつだけではない。ヒトの進化の過程ではじめての概念にもとづく行動の例証として重要な意義を有しているのである。彼らの埋葬法がどのようにおこなわれたのか十分に解明されていないが、埋葬の状況から推定するなら、地面の窪みの中に遺体を置き、土石でおおった。遺体は、通常、膝を胸の位置まで折り曲げた、いわゆる屈葬によっている。

簡素な埋葬法ではあったが、遺体を放置したままの状態にしておく場合とでは大きな違いがあった。たとえば、子供ザルは二〇パーセント近くが大人になる前に死ぬというニホンザルの場合、子供ザルが死ぬと、その死を認識できない母親は、生前と同じように子供ザルを抱き続けるという。当然子供ザルの死骸は腐敗してゆき、生きていたときの子供ザルとは似ても似つかない状態になる。そのときはじめて母親は子供ザルの遺体を放棄するという。息が絶えている、心臓が動かない、まぶたが固く閉ざされ微動だにしない、体温が異常に低いといった生者と死者の違いを示すいくつかの要素が生死につながるという認識がサルにはないからであろう。

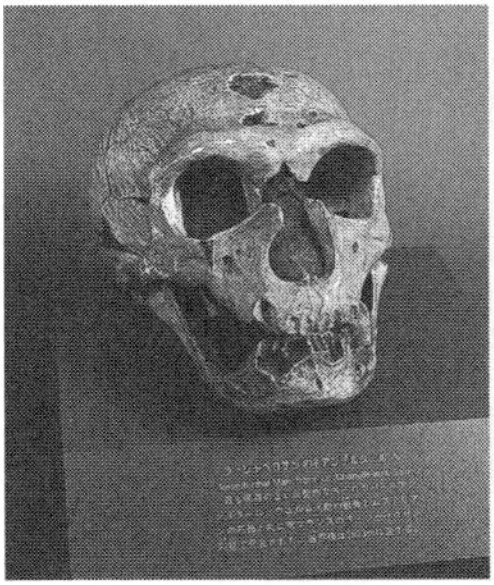

ネアンデルタールの骨　左はフランスのラ・シャペル・オ・サン洞窟出土の頭骨。国立科学博物館蔵。右は埋葬された大人の人骨。イスラエルのケバラ洞窟出土

生者と死者の違いはネアンデルタール以前のヒトも認識していたのであろうか。厳しい自然に対面しながら生きていくためには生死という境界をつねに認識しておく必要はあった。しかし、呼吸を止め、生命活動を停止した個体の亡骸を放置したのか埋葬したのか、このどちらかによってしかわれわれは生死の認識の有無を知ることはできない。

生命活動を終えた個体つまり遺体は完全なモノであり、放置されているにせよ埋葬されているにせよ本質的な相違はない。しかし、地面の窪みを利用してあるいは窪みをつくってその中に遺体を置き、土石でおおう行為には、モノとなった遺体に対する認識が単なるモノではないことを示している。放置しておけば腐乱し、動物に食べ散らかされてしまうため、そうならないよう土のなかに埋められたのかもしれない。あるいは、死んだ直後の

状態を覚めることのない眠りと認識し、その状態を守るための方策として埋葬したのかもしれない。いずれにせよ、遺体を単なるモノとしてではなく生前の属性の一部をなお保持している個体とみなしているのである。つまり遺体にかかわる生前の思い出によって、共に生活していたネアンデルタールが特別なモノ＝遺体と認識し、埋葬という特別な処置をほどこしたのである。

そのことをさらに証明するかのような状況が発見されている。たとえばサマルカンド近郊のテシク・タシュ洞窟では、埋葬された子供の遺体の周囲を動物の角が囲んでいた。魔よけなのか、あるいは一種のトーテムを示しているのかは明らかではないが、何らかの概念行為であることは確かだろう。

抽象的な思考能力

また、イラクのシャニダール洞窟では花とともに埋葬されていた可能性のある遺体が発見されている。遺体周辺から、ノコギリソウ、スギナ、アザミ、ヤグルマソウ、ムスカリ、タチアオイの花粉が検出されたのである。それらは現在でも地元住民が薬草として使用している植物であった。このことから、埋葬された男性はシャーマンのような特別の力を保持していた個体であり、それゆえに花とともに埋葬されるという丁重な扱いを受けたと考えられている。一方、花粉は洞窟に棲むネズミがもたらしたと考える研究者もいる。もしそうであるなら同じ洞窟内のほかの遺体周辺からも花粉が検出されるはずだが、現時点では検出されていないことから、花とともに埋葬されたと考えるほうが適切であろう。

花粉の検出よりもさらに興味深い事実がネアンデルタールの埋葬状態から判明した。それは、シャニダール洞窟で発見された四〇歳を超える男性の骨である。ネアンデルタールで四〇歳といえばかなりの高齢であり、しかも手足が不自由なばかりか左目を失っていたことが骨の状態から判明した。身体に障害をもつ高齢のネアンデルタールは、仲間の助けがなければ生存できなかったはずである。弱者を切り捨てることなく集団の構成員として認知していたネアンデルタールは、さまざまな個体によって構成された集団という社会的認識と自分以外の個体を構成員と認識する仲間意識をすでにもっていたと推定される。

埋葬を通じて知りうるネアンデルタールの精神世界と社会生活の一端は、これまでのタイプのヒトとは数段進んだ抽象思考が介在していたことを示している。そのような思考能力をもつネアンデルタールとはどのようなタイプのヒトであったのかを考えてみることにしよう。

アウト・オブ・アフリカ

三〇〇体以上もの骨が発見されていることから、ネアンデルタールの実相はそれ以前のタイプのヒトに比べるならはるかに詳細に解明されている。身長と体重、それに脳の大きさは現代人と大きく変わることはなかったが、その体軀は骨太でがっしりとしており、胴長だった。氷河期の寒冷な気候に対応した結果と考えられる。頭部は現代人よりも平坦で前後に細長く、後頭部には髷《まげ》のような膨らみがあった。鼻を中心とする顔の中央部分は前方に突出し、両目の上にアーチ状に張り出した眼窩《がんか》上隆起があった。

このような身体的特徴をもつネアンデルタールの居住範囲は、ヨーロッパを中心に中近東から中央アジアに限定されており、その最大人口は五〇万程度とみなされている。現在、この地域の人口は、おおまかに見積もって約七億なので、一〇〇〇分の一以下ということになる。ユーラシア大陸の四分の一を占める広大な範囲に個体数が五〇万という数は、種の存続という観点からもけっして十分というわけではなく、事実、四万年前もしくは三万年前にネアンデルタールは地球上から姿を消している。絶滅したのである。ネアンデルタールの絶滅に関してはのちに述べることとし、ここでは彼らがどこからやってきたのかを中心に考えることにしよう。

ネアンデルタールの起源をたどるには、ヒトの起源を考えなければならない。その考察のポイントとなるのが「アウト・オブ・アフリカ」である。つい最近まで、ヒトの起源に関しては「多地域進化説」と「アフリカ単一起源説」が並立していた。

「多地域進化説」は、アフリカに出現したホモ・エレクトゥス（原人）が一〇〇万年以上前にアフリカを出てユーラシア大陸のさまざまな土地に住みつき、彼らが住みついた各地でその後の進化を繰り広げたとする説である。したがって、ホモ・サピエンス（新人）の起源は、各地に拡散移住した原人にまでさかのぼるとするのである。アジアではジャワ原人や北京原人が確認されており、彼らがアジアの旧人、新人へと進化し、その延長線上にモンゴロイドと称される現代のアジア人が生まれ、その一員がわれわれ日本人、ということになる。

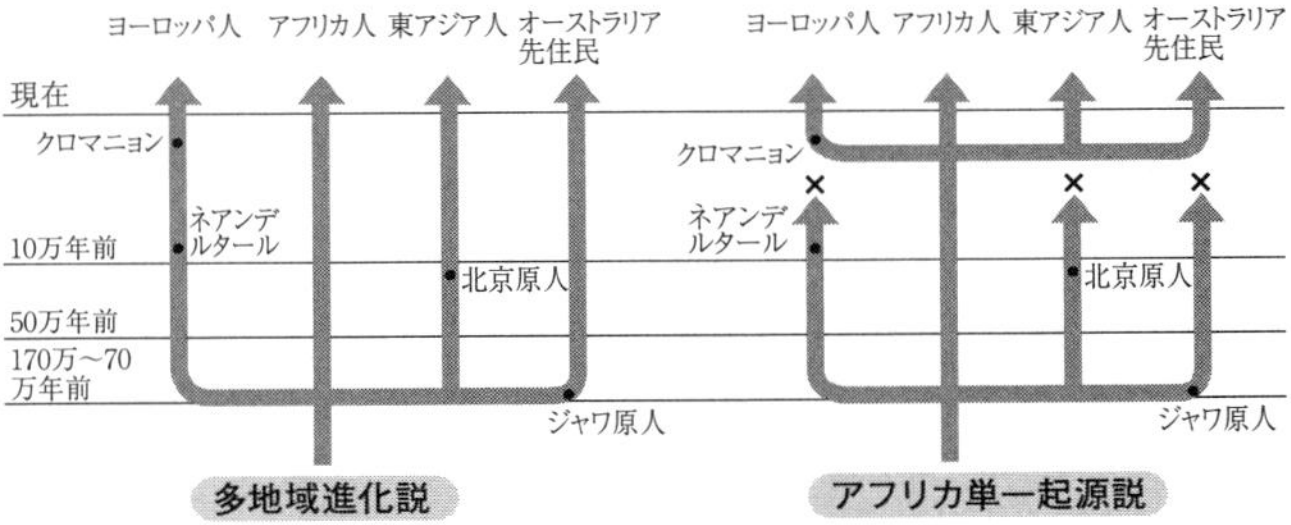

人類の起源の二つの説　現在では「アフリカ単一起源説」が有力とみなされている

一方の「アフリカ起源説」の場合、ホモ・エレクトゥスが、一〇〇万年以上前にアフリカを出てユーラシア大陸のさまざまな土地に住みついた。それらの原人は、古いタイプのホモ・サピエンス、つまりネアンデルタールに代表される旧人に進化する。ここまでは「多地域進化説」と同じである。しかし、各地に住みついた旧人はそれぞれの地で死に絶えてしまう。現代人の祖先は各地に住みついた原人やその後の旧人ではなく、アフリカで新たに出現したホモ・サピエンスが移り住み、各地の新人になったとする説である。

つまり、ヒトはアフリカに出現してホモ・エレクトゥスの段階で一度アフリカを出立しており、ホモ・サピエンスの段階でもふたたびアフリカを出立している、という現代人の「アフリカ起源説」が遺伝子の研究によって主張された。その骨子は、現代人のミトコンドリアDNAの研究によって、数十億人にものぼる現代人すべてに共通する太古の母親は、二〇万年前のアフリカにいた一人の女性、というものである。「アフリカ起源説」は、その後、ネアンデルタールの骨からDNAが抽出されるというきわめて困難な作業が成功することによっていっそう強化され、現在に至っている。つまり、ネアンデルタールから抽出されたDNAは現代人のものとは異なっているため、ネアンデルタールは現代人の祖先ではないという考えである。

科学的分析によって現時点ではより有力な説とみなされている「アフリカ起源説」にしたがって、原人と新人の「アウト・オブ・アフリカ」とその後の拡散を示したのが左ページの図である。図の破線は、原人の各地への拡散を示しており、その地で原人から旧人へと進化するが、その末端の×印のところで絶滅する。もちろん、そこへ至る途中で死に絶えた場合もあるだろう。

問題は原人から旧人へと進化したにもかかわらず、なぜ旧人は絶滅したのかということである。この問題をネアンデルタールのケースで考えてみることにしよう。

ネアンデルタールの絶滅

いまから四万年前もしくは三万年前に姿を消したネアンデルタールの、絶滅の理由もしくはその後の推移に関してはさまざまな要因が考えられる。人類学者の片山一道《かずみち》氏は、次のようにいくつかの可能性を挙げている。

もっとも自然と思われる推移は、ネアンデルタールが進化して、ヨーロッパに現れた新人、クロマニョンになることであろう。しかし、すでに記したように、DNA分析からも両

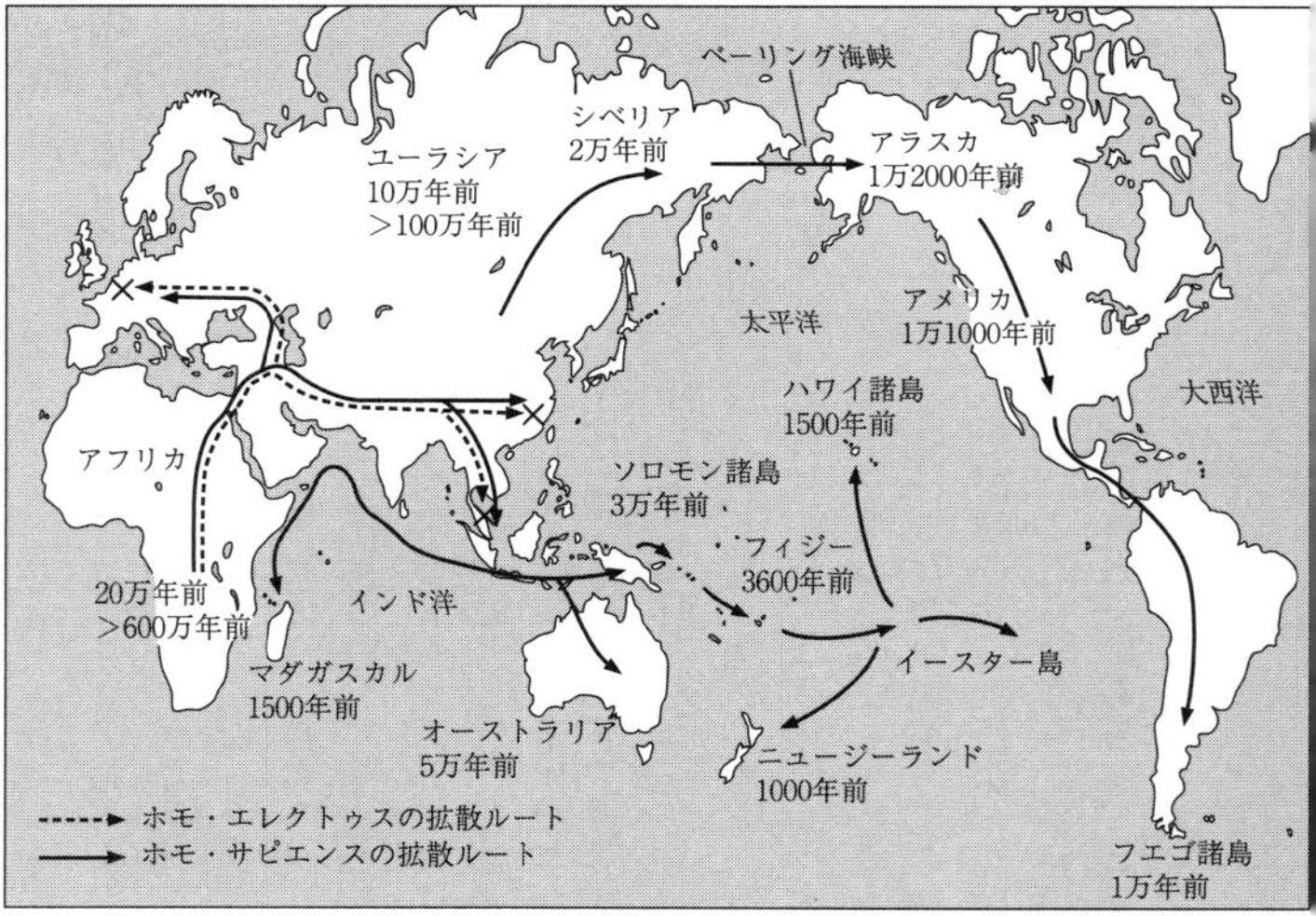

ホモ・エレクトゥスとホモ・サピエンスの主な拡散ルート　赤澤威『ネアンデルタール人の正体』（朝日新聞社、2005年）をもとに作成

者にはつながりがなかったことが判明しており、この可能性は小さい。次に考えられる可能性は、ネアンデルタールの人口は最大だったときでさえヨーロッパから西アジアにかけては五〇万程度でしかなかったと推測されることから、この希薄な人口分布のため、何らかの気候変動や疫病の流行などがあれば人口がさらに減少し、絶滅していったと考える説である。人口が大であったクロマニョンは影響を吸収できたが、より人口の少ないネアンデルタールにとっては決定的な要因として作用したのかもしれない。この可能性は十分にありうるが、この説を決定づける資料があるわけではない。

　以上の二説よりも魅力的なのが、新人たちの人口増加にともなってしだいに周辺域へと追いやられ、シベリアの雪男「アルマ」になったり、ヒマラヤの雪男「イエティ」になったりして現在でもわずかな個体が生き残っているとする説である。いかにもありそうな話だが、確認されたことがないため、伝説の域を出ていない。ただし、インドネシアのフロレス島で二一世紀初頭に、体長一メートルほどの小柄な旧人と推定されるホモ・フロレシエンシスの化石が発見された。サルとほぼ同じ大きさの脳しかもっていないが、脳の三次元画像分析によれば脳全体の形はホモ・エレクトゥスにもっとも近いという。このタイプのヒトがフロレス島には一万三〇〇〇年前まで生息していたのであるから、雪男たちもあながち空想的な話として無視することはできないかもしれないだけでなく、アイヌ伝説にでてくる「フキの葉の下に住む人」という意味の小人の先住民「コロポックル」も、ホモ・フロレシエンシスと同じような旧人だったかもしれない（ただし、ホモ・フロレシエンシスについては、最近、約五万年前に絶滅したという説が出されている）。

以上の可能性以外に、数でまさるクロマニョンによって征服絶滅されたとする説と、混血しつつクロマニョンに吸収されてしまったとする説がある。

可能性としてはこれら五つの説が考えられるが、人口が過少であったとする説と、獰猛《どうもう》果敢なクロマニョンに根絶させられたか、混血して吸収されてしまったとする三つの説が可能性としては大である。これらのうち二番目のクロマニョンによって絶滅させられたとする説がこれまでの研究では有力ではあるが、ユーラシア大陸の四分の一近くの範囲に五〇万しか生息していなかったという人口過少も大きな要因と考えるべきではないだろうか。

人口過少なうえに何らかの理由でさらに人口が減少する傾向に入り、クロマニョンの生活圏拡大にともなってより生活条件の厳しい地域へ追いやられたネアンデルタールの末期は、暗澹《あんたん》たる状況だったかもしれない。先に述べたイースター島の例のように、食料が不足し、カニバリズムが起こった可能性さえある。環境適応の過程で独自の生存戦略としての文化を築きあげたことが石器や埋葬などによって知ることのできるネアンデルタールであるからこそ、火山噴火などによる気候変動をはじめとする何らかの生活環境の変化に適切かつ迅速に対応できなかったのかもしれない。

現生人類への警鐘

原人から新人に至るヒトの進化と変容のなかで明らかなことは、さまざまな環境に適応しうる能力を身につけ、生存の可能性と条件を拡大していることである。火を使うことによって、また雑食によって食料の範囲と種類を広げているのはその典型的な例である。このような環境適応戦略の途上にあって、ネアンデルタールはそれまでのヒトがもちあわせなかった抽象的思考とそれにもとづく行動を始めている。この新たな要素を前提とする環境適応を十分に果たす以前に気候変動や疫病、あるいは隣人としてのクロマニョンの勢力拡大など何らかの変化もしくは影響にさらされ、その変化に適応する以前の段階で、滅びていったのではないだろうか。

われわれ現生人類にとって、ネアンデルタールの滅亡は傍系で起きた過去の小さなできごとではない。環境適応戦略をもっていてもヒトは滅亡する可能性を孕《はら》んでいる事実を、しっかりと認識する必要がある。そして、もし、早熟ともいえる抽象思考やそれにもとづく行動が少しでも絶滅の要因として作用しているのであれば、新たな思考と行動には環境との十分な適合をはかることがなによりも大切であることを提示しているのである。その意味で、ネアンデルタールの滅亡の原因がさらに究明されることを切に望みたい。二酸化炭素排出削減といったレベルで環境との折り合いをつけようとしている現生人類の僘《おご》りとあまりの楽観主義への警鐘とするためにも。

旧石器時代の文化と「美術」

オルドヴァイ文化

これまではおもに人類学の研究成果に依拠しながらヒトの推移を見てきたので、ここで考古学の観点からやはりヒトの活動の推移を考えていくことにしよう。

ヒトの歴史を使用する道具から分類すると、石器をおもな道具としていた旧石器時代と新石器時代、そして金属器を使用する青銅器時代、鉄器時代となる。石器時代と青銅器時代のあいだに金石併用時代や銅石器時代を挟ませる場合もある。この時代区分からすると現代はもちろん鉄器時代ということになるが、実感としては石炭を用いた内燃機関が普及したときからは化石燃料の時代という名称が時代の特質をより的確に表しているのかもしれない。

最初の道具である石器を用い始めた二五〇万年前から一万年ほど前までを旧石器時代と呼ぶ。ヒトの歴史において最古、最長の時代であり、通常、前期、中期、後期の三期に区分される。前期旧石器時代は二六〇万年前から二〇万年前までの長大な時代で、この時代に含まれる最古の石器文化、したがってヒト最古の石器文化とされるオルドヴァイ文化は、タンザニア北西部のオルドヴァイ峡谷に由来する名称である。この文化でつくられる石器は、川原にころがる礫《れき》を石のハンマーで直接打ちかいただけの単純なもので、動物の骨を叩き割って骨髄を取り出したり、肉を骨から剝ぎ取るための道具として使用された。また、礫を打ちかいて石器として用いるのは石核《せっかく》が中心であるが、その際、礫から剝がれる石片を剝片《はくへん》といい、この部分が茎などを切りとる植物採集の道具に利用されたことが、剝片の刃の部分に付着している成分分析から明らかになっている。

オルドヴァイ文化は二六〇万年前から一二〇万年前まで、約一四〇万年もの気の遠くなるほどの長期にわたって継続する文化で、それだけ進歩や変化がなかったことになる。わずかな変化が起こったのは一五〇万年前のころのことで、石器として取り出した石核にさらなる二次加工を加えて刃部をつくった石器の使用が始まったのである。わずかな変化でしかないが、一〇〇万年も続いた石器の加工法にもう一段階の加工を付加することは画期的な変化といえよう。なぜなら、それまで完成形態とみなされて一〇〇万年間も使用されていた石器が、より鋭い刃部をもつことによって道具としての機能が向上しただけでなく、二次加工を施されない石器とは異なる用途に使用された可能性もあるからである。つまり、道具としての機能向上と機能分化という、きわめて原初的ではあるが新たな段階が到来したのである。

アシュール文化

最古の石器文化であるオルドヴァイ文化を担っていたのはホモ・ハビリスであり、刃部に二次加工を加えた石器をつくりだしたのはホモ・エレクトゥスと考えられる。つまり、石器の変化は新しいタイプのヒトが登場した時期と一致している。事実、オルドヴァイ峡谷ではもっとも古いオルドヴァイ文化の層の上から、オルドヴァイ文化の石器とともに前述の新しいタイプの石器が発見されており、この新しい石器をもつ文化をアシュール文化と命名し、ホモ・エレクトゥスがこの文化を担ったと発見者のメアリー・リーキーは考えている。

アシュール文化という名称は北フランスのソンム川の段丘上にあるサン・アシュールで最初に確認されたことに由来し、ホモ・エレクトゥスがアウト・オブ・アフリカをはたした結果であることが反映されている。この文化ではチョッパーのような石器以外に、ハンド・アックス（握斧、クー・ド・ポワン）が典型的な石器として用いられた。アフリカ、ヨーロッパ、西アジアに普及する石器であるが、なぜか東アジアでは同様の普及をしていない。

ハンド・アックスは、石核石器の一種であるが、木や獣骨のような比較的軟らかな道具で打ちかく円頭打法で加工されたため細かな剝離が可能となり、西洋ナシ形、卵形、三角形などのタイプに成形することができた。ハンド・アックスの用途は多様で、万能の道具として使用されたが、アシュール文化の後半には道具としての性能が向上するとともに機能も分化する傾向が認められる。このころからヨーロッパ、西アジアでは中期旧石器時代に移行する。

二〇万年前から四万年前までのヨーロッパ、西アジアの中期旧石器時代はほぼネアンデルタールの活動期と並行している。旧石器時代の中期が前期と区別される大きな要素は、石器の機能分化が前期に比べて明確になることであり、その特徴がムスティエ文化の尖頭器（ポワント）とラクロワールによく現れている。尖頭器は先端が尖っていたり、やや丸みをおびたものなどさまざまなタイプがあるものの、何かを刺すことが主な機能であり、その発展タイプとしては鏃《やじり》として用いられる石鏃も同類の石器とみなすことができる。一方のラクロワールは刃部を側縁にもつ石器であり、獲物の解体、皮なめし、植物の採集、木工などに用いられた。このほか、南アメリカのカウボーイであるガウチョがいまでも使用しているボラ（ボンアドラスともいう。細い綱の先端に丸い石を結びつけ、動物の足などに絡ませる狩猟具）用と思われる石灰岩の丸い石も発見されている。しかし、この石器はハンマーではなかったかとする説が、現在は有力である。刺すことを中心とする尖頭器とナイフのように削ったり切断するためのラクロワールという明確に機能の異なるタイプの石器が確

ハンド・アックス　サン・アシュール遺跡出土。フランス国立考古学博物館蔵。写真提供・ユニフォトプレス

立することによって中期旧石器時代人の狩猟採集生活はより機能的な段階に入ったのである。

自然界に存在する食料の効率的な獲得の道具として石器が活用され、より機能的、効果的な道具に変わっていった。しかも、石器の発達にともない、その製作過程も効率化する。たとえば、石器の統計学的研究によれば、ホモ・ハビリスの場合、フリント五〇〇グラムの原石に五センチの刃を施すのに二五回の打撃を与えたという。ところがその次の段階、アシュール文化の石器は、同じ重さのフリントを用いた場合、刃渡り二〇センチのハンド・アックスをつくるのに六〇回の打撃を与えている。つまり五センチの刃をつくりだすのに一五回の打撃となる。この傾向は中期旧石器時代のムスティエ文化の石器になるとさらに顕著となる。やはり同量のフリントからはいくつもの石器がつくられるが、それらの刃渡りの合計は一〇〇センチとなり、その製作には一一〇回の打撃が加えられたので、五センチあたり五・五回の打撃ですんでいる。一つの石器製作にかける作業エネルギーの効率化によって、ヒトの生活が向上したことはいうまでもない。

後期旧石器時代——ホモ・サピエンスの時代

四万五〇〇〇年前に始まる後期旧石器時代は、石刃の大量生産と骨角器の製作を特徴とするだけでなく、ネアンデルタールが絶滅し、新しいタイプのホモ・サピエンス（新人）が地球上の唯一のヒトとしてアフリカとユーラシアはもちろん、オーストラリア、アメリカにも出現する時期と一致している。氷河期だったこの時代、多くの沿海が凍結して大陸と大陸、もしくは島々を結び付けていたため、ヒトの拡散を可能としていたのである。

アメリカ大陸への拡散がいつかは明確ではないが、シベリアからベーリンジアと呼ばれる、ベーリング海峡が凍結して陸橋となったところを渡ってアラスカに至り、そこから海岸線づたいと内陸部の二つのルートに分かれて南下したと考えられる。南アメリカ大陸で発見された資料からホモ・サピエンスの到着は約一万年前と推定される。

一方、オーストラリア大陸への拡散は約五万年前のことと推定されている。当時この地域も気候が寒冷で海面が低下しており、東南アジアの島嶼部はスンダという大陸を形成していた。ニューギニア島とオーストラリア大陸もサフルと呼ばれる大陸を形づくっていた。したがって陸づたいに移住したものと考えられる。三万年前のオーストラリア大陸には二つのタイプのホモ・サピエンスが生活していたことが判明しており、異なる移住の波があったのか、それともオーストラリアで分化したのかはいまだ解明されていない。

この後期旧石器時代の開始によってヒトの進化は、生物としてもまた文化を担う人類としても、現代まで継続した系譜を示すのである。その意味で、前期、中期旧石器時代と後期旧石器時代とでは断絶といってもよいほどの大きな相違があるといえよう。

新しいタイプのホモ・サピエンス（新人）が、生物として、ネアンデルタールとは明確に異なる要素をもつヒトであったかというと、けっしてそうではない。にもかかわらず、この時代に入ると文化のあらゆる分野でそれまでとは比較にならない豊かで画期的な活動が展開するようになり、創造的エネルギーが噴出するのである。したがって、それまでの文化的にほとんど変化のない時代と比べて、この後期旧石器時代を人類文化の「ビッグ・バン」であると表現する研究者もいるほどである。この時代の「ヴィーナス像」のような豊饒を象徴する造形表現、洞窟壁画や摩崖浮き彫りなどの概念的な操作によってはじめて表現しうる美術ともいえる分野が、この時代、突然に浮上するのである。しかもそれらの造形表現には豊饒多産だけでなく、狩猟における獲物の獲得など直接的な願望の表現や、呪術あるいは宗教にちかい精神世界と関連をもつと推定される造作物も発見されている。このような後期旧石器時代の特徴である文化の豊かさが、この時代とくに顕著に現れている地域がヨーロッパなので、この地域を中心に後期旧石器時代の文化を考えることにしよう。

後期旧石器時代の文化の大きな特徴の一つに地方ごとの文化の顕著化が指摘できる。中期旧石器時代のヨーロッパの文化はほぼ斉一なものであったが、後期に入ると西ヨーロッパ、南ヨーロッパ、中央および東ヨーロッパでそれぞれ様相の異なる石器群が形成されるようになり、地方性の顕著化と時代を追っての発展を如実に物語っている。事実、研究がもっとも進んでいるフランスではオーリニャック文化、グラヴェット文化、ソリュートレ文化、マドレーヌ文化が識別されているが、これらの文化が経時的に出現したのか、それとも出現の時間的前後関係はあっても重複しながら出現したのかについて、完全な一致をみているわけではない。

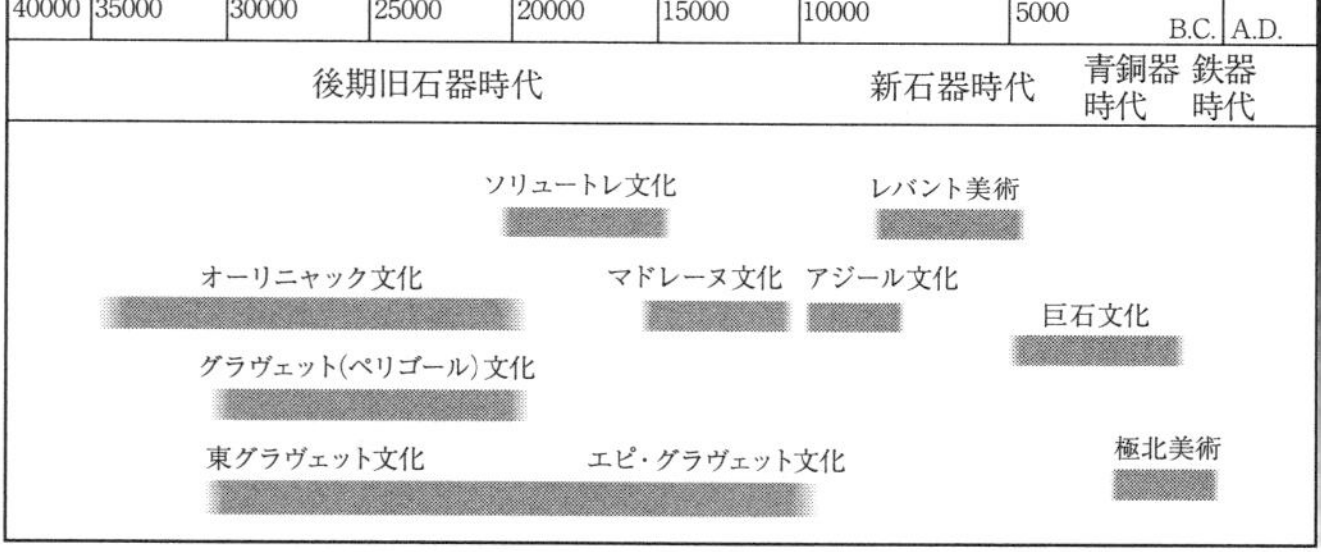

ヨーロッパ後期旧石器文化の流れ

後期旧石器時代の精神世界と美術

宗教的な精神のもっとも原初的なあり方を、フランスの先史学者アンドレ・ルロワ＝グーランは「物質的秩序を超越するような関心の表れ」と仮定する。木よりも石のほうが硬く、水よりも石のほうが重いと認識するのはまさに物質的秩序の追認である。ところが、樹木がもつ生命力を石よりも強力であると考えたり、水の奔流が石をも砕くことがあるので水のほうが石よりも硬いと認識するなら、まさに「物質的秩序を超越」することなのである。この仮定を演繹《えんえき》するなら、超越した認識にもとづく信念こそがもっとも原初的な宗教とみなすことができ、そのような精神のあり方は〈自然界の時間と空間の秩序を超越しようとする関心〉をうながし、〈視覚や触覚が感性に何らかの作用を及ぼすことへの関心〉を呼ぶことになる。このような関心の方向が実用性とは関わりのない、現代の目から見るなら美術と分類できる活動を生むことになるのである。そのことを石器のような動産遺物と洞窟絵画のような不動産遺物において見ることにしよう。

ハンド・アックスのような石器全体に打撃が与えられているタイプが出現するのは前期旧石器時代がかなり進展した段階で登場するアシュール文化からである。このタイプの石器がもつ重要性は、原材料としての石の塊とできあがった石器の形とのあいだに何の関係も見いだせない点である。そのことは石器の製作過程において少なくとも二段階の概念操作が必要だったことを示している。第一段階は、周辺にころがる石の塊から加工すれば石器になりそうな塊を選別するという作業であり、その段階で製作する石器のおおよその大きさと形がイメージされていなければならない。彫像のイメージを頭に描きながらカッラーラの大理石採石場を徘徊する現代の石像彫刻家のようなものである。

第二段階は、選別された石の塊を打ちかきながら頭に描いた完成形態に近づけることである。この際、石塊の大きさや薄片の剝がれ具合によって頭に描いているイメージを作業進行にあわせて拡大縮小したり、不規則な形を許容するかもしくは未完の石器を破棄するかを決めなければならない。完成形態のイメージが明確であると同時に硬直している場合、おそらく作業途中で廃棄する未完の石器が数多くあったであろうし、明確ではあるが柔軟なイメージであれば完成に至る確率は高かったと考えられる。概念的イメージとしての石器はタイプ（テュポス）として認識されているからこそ一定の許容範囲を有し、作業過程での融通性を生むと同時に、完成した石器のそれぞれは相互に類似した形をもっているのである。

以上のような石器の製作過程には、石の塊というきわめてソリッドな自然界の限定された輪郭をもつ空間の中からタイプとしての石器を抽出しようとするのであるから〈自然界の空間秩序を超越しようとする関心の造形による表現〉とみなすことができる。さらに石塊の段階から、のちに完成する石器の形が予測されているのであるから〈自然界の時間秩序を超越しようとする関心の造形による表現〉といえるのである。

しかもハンド・アックスの多くは底辺が湾曲した二等辺三角形のような左右対称形をしている。実際に用いる際の機能から生まれた形ということができるが、それだけでは説明のつかない形態である。身体の延長としての石器という道具に付与された機能にふさわしい形態としての、左右対称の典型である人体に由来する、安定感をもたらすための左右対称性であった。あるいはもっとも身近な造形物である人体の左右対称性に影響されたのかもしれない。いずれにしても〈視覚が感性に何らかの作用を及ぼすことへの関心の造形による表現〉と考えられる。

このような左右対称につくられた形に対する特別なこだわりは、イギリスのノーフォークで発見されたハンド・アックスのほぼ中央に、小さな二枚貝の化石が削り落とされることなくそのまま残されていることにも見てとれる。石器の機能とは何の関わりもない貝の化石は、一個の石器に特別な属性を与え、ハンド・アックスの左右対称性を強調しているとみなすことができる。

刻線のある骨　パリ人類学博物館蔵

ブラッサムプーイのヴィーナス

石器以外の動産遺物の中にも自然界の空間や時間の秩序を超越しようとする関心があったことを示すものが発見されている。たとえばマドレーヌ文化に属する一〇センチほどの骨に長さ五ミリほどの刻線数十本を規則的に刻み込んだ遺物が発見されている。その刻線を顕微鏡で観察したところ一本一本の線がそれぞれ異なる道具で刻まれたことが判明した。つまり、数十本の刻線は一気呵成に刻まれたのではなく、ある時間的間隔をおきながら刻み込まれていった可能性が高い。しかも一二本もしくは一三本の刻線が何本かの弧線によってまとめられていることから、月の満ち欠けを記録した暦の一種ではないかとする研究者もいる。もちろん月の満ち欠けをたんに記録したのか、それとも記録をもとに次の満月を予測する一種の暦なのか、両者には大きな違いがある。

いずれにしても、類似の遺物が少ない現状では判断を保留しなければならないが、もし一種の暦だとするなら自然界の時間的秩序を把握し適応しようとする試みとして、時間的秩序を超越しようとする最初の段階とみなすことができる。またそうでなくとも、形と間隔をほぼ同じくする刻線を異なる道具で規則的に刻み込む作業は、繰り返しという作業結果が生み出される。一定の間隔をおいた数本の刻線が並ぶまでにはかなりの

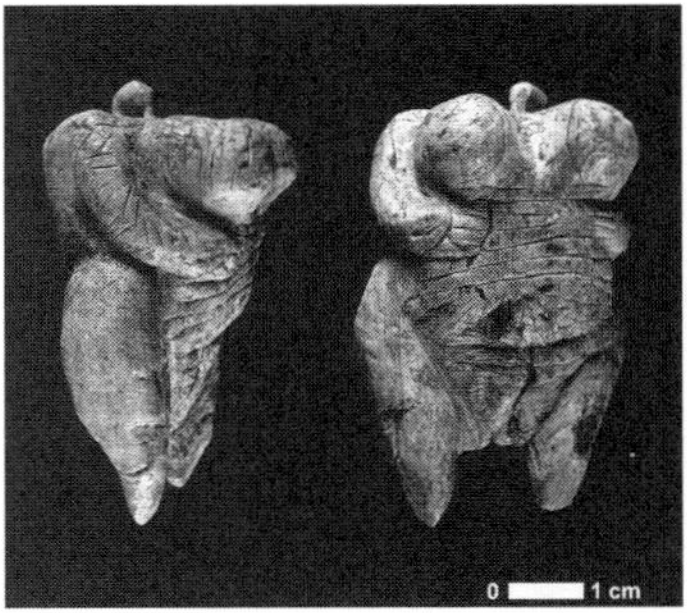

ブラッサムプーイのヴィーナス（右）　フランスのランド県出土。顔の造作、頭髪が表現されている。サン・ジェルマン・アン・レー国立古代博物館蔵

世界最古のヴィーナス像（左）　2009年3月にドイツ南西部にあるホーレ・フェルス洞窟の遺跡で発掘された。写真提供・ユニフォトプレス

時間が必要であり、刻線という造形表現が時間的経過を表しているのである。

　マドレーヌ文化に先行するオーリニャック文化に属する遺物のなかで異彩を放っているのが「ブラッサムプーイのヴィーナス」という名称で名高い、マンモスの牙から彫りだした女性頭部像である。明確な顔の造作とエジプト彫刻を思わせるような頭髪の表現で特異な位置を占めるこのヴィーナス頭部は、ほかに類例がないため年代付けが難しいものの、オーリニャック文化という後期旧石器文化としてはきわめて早い時代に出現しているのは驚異としかいいようがない。

　この小像が特異な位置を占める大きな理由は、後期旧石器時代のヴィーナス像と称される女性像のほとんどが顔の造作を施されていないにもかかわらず、くぼんだ眼孔やはっきりとした鼻梁などがしっかりと表現されてい

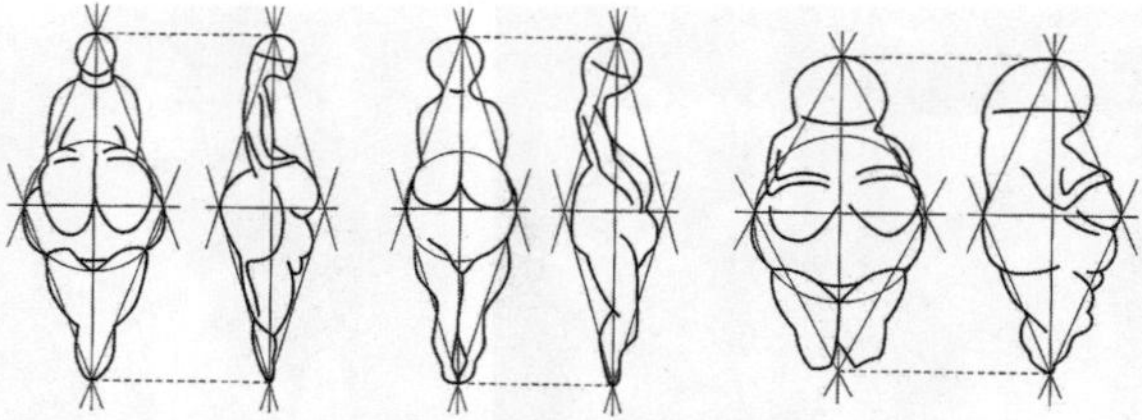

一般のヴィーナス像に共通する一定の造形法

るからである。自然界に存在する形態の模倣という美術の根源的な営為が早くもこの時代におこなわれていることを証明している。

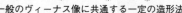

一方、顔の造作が施されていない一般的なヴィーナス像は、乳房、生殖器、臀部《でんぶ》が著しく強調されている。それゆえに「脂肪臀症（ステアトパイジア）のヴィーナス」とも呼ばれている。二〇〇九年春、このタイプとしてはもっとも古い四万年前にさかのぼるヴィーナスがドイツで発見された。これらの女性像は、上の図に示すような共通する一定の造形法によっている。つまり、女性像の腰でもっとも両側に張り出した部分を結ぶ線分を底辺とする上下二つの鋭角二等辺三角形によって上半身と下半身の輪郭が構成されており、底辺を直径とする円弧に沿って乳房と生殖器が位置する。これらの直線と円弧をよく観察するなら、二つの二等辺三角形の一方とその外側にある半円形によってつくられる輪郭線は、ハンド・アックスの輪郭線とほぼ一致することがわかる。ヴィーナス像を側面から見た場合も同様の構成となっている。

生きるための唯一ともいえる重要な道具であったかつてのハンド・アックスの形に支配された結果なのか、それとも食物をもたらしてくれる石器の機能をヴィーナス像に託そうとしたのかを明らかにすることはできないが、左右対称形をした石器のタイプとしての形態がヴィーナス像に代表される人体表現に作用したことは明らかである。つまり、「ブラッサムプーイのヴィーナス」とちがって、ヴィーナス像は人体という自然界の形態を表現しているかのように見えるが、実際は豊饒多産の概念の表現であり、それゆえに左右対称形をした石器のような生活において支配的な形態のタイプに大きく影響されたのである。

形態をタイプとして把握する概念的表現の一方で、自然界にある形を写実的に表現する場合がある。トナカイの骨などに線刻、浮き彫り、丸彫りで表されたバイソン、ウマ、トナカイ、クマ、サイなどの動物は、驚くほどそれぞれの特徴が的確にとらえられ、生き生きと表現されている。自然界で目にする形態の模倣、つまり写実と称するにふさわしい造形表現である。豊饒多産のような概念を表現するのではなく、食料としての獲物であるから、具体的、写実的に表現することによって獲物の獲得をより確実にしようと願ったのであろう。

タイプとして把握された形態表現と写実による形態表現が二つの極を構成し、その両極のあいだをさまざまな表現が形として生みだされることによって、自然物だけの空間に人工物が挿入されていくようになる。ヒトの存在を含めすべてが自然物だけによる空間の中にヒトがみずからの手でつくりだしたモノがヒトの存在を示す指標のように点在するようになり、後期旧石器時代の自然環境はしだいに人間が把握しうる環境に近づくのである。

アルタミラ洞窟絵画の発見

フランス南西部からスペイン北部にかけてのフランコ・カンタブリア地方では約三五〇にものぼる洞窟絵画が発見されている。

北スペインにあるアルタミラ洞窟は、一八七九年、地元の弁護士であり地理学、考古学を独学で研究していたマルセリノ・サンス・デ・サウトゥオラと娘マリアによって偶然に発見された。洞窟そのものは猟師のモデスト・ペレスが一八六八年に発見し、一八七五年からサウトゥオラがおもに先史地理学の関心から調査を開始した。シカ、ウマ、バイソンなどの骨が見つかったので、一八七九年の夏彼は再度の調査にとりかかった。このとき偶然にマリアが洞窟天井に描かれているあの有名なうずくまるバイソンなどの群像を発見したのである。のちに「洞窟絵画のシスティーナ礼拝堂」と呼ばれるようになる場所であった。

サウトゥオラは旧石器時代に属する絵画であると主張したが、アマチュア学者の意見として先史学などの専門家は軽視し、きわめて懐疑的にあつかわれた。一八八〇年の国際人類学先史学会議でも学界を代表するガブリエル・ド・モルティレをはじめとする専門家によって否認され、サウトゥオラは詐欺師呼ばわりされる始末だった。保存状態があまりにもよく、美術価値がたいへんに高いため、という専門家たちの意見こそいま考えればアマチュアのようであった。

サウトゥオラは失意のうちに一八八八年他界するが、一八九五年になってフランスのドルドーニュ地方でラ・ムート洞窟が発見され、ようやくアルタミラの洞窟絵画が旧石器時代の

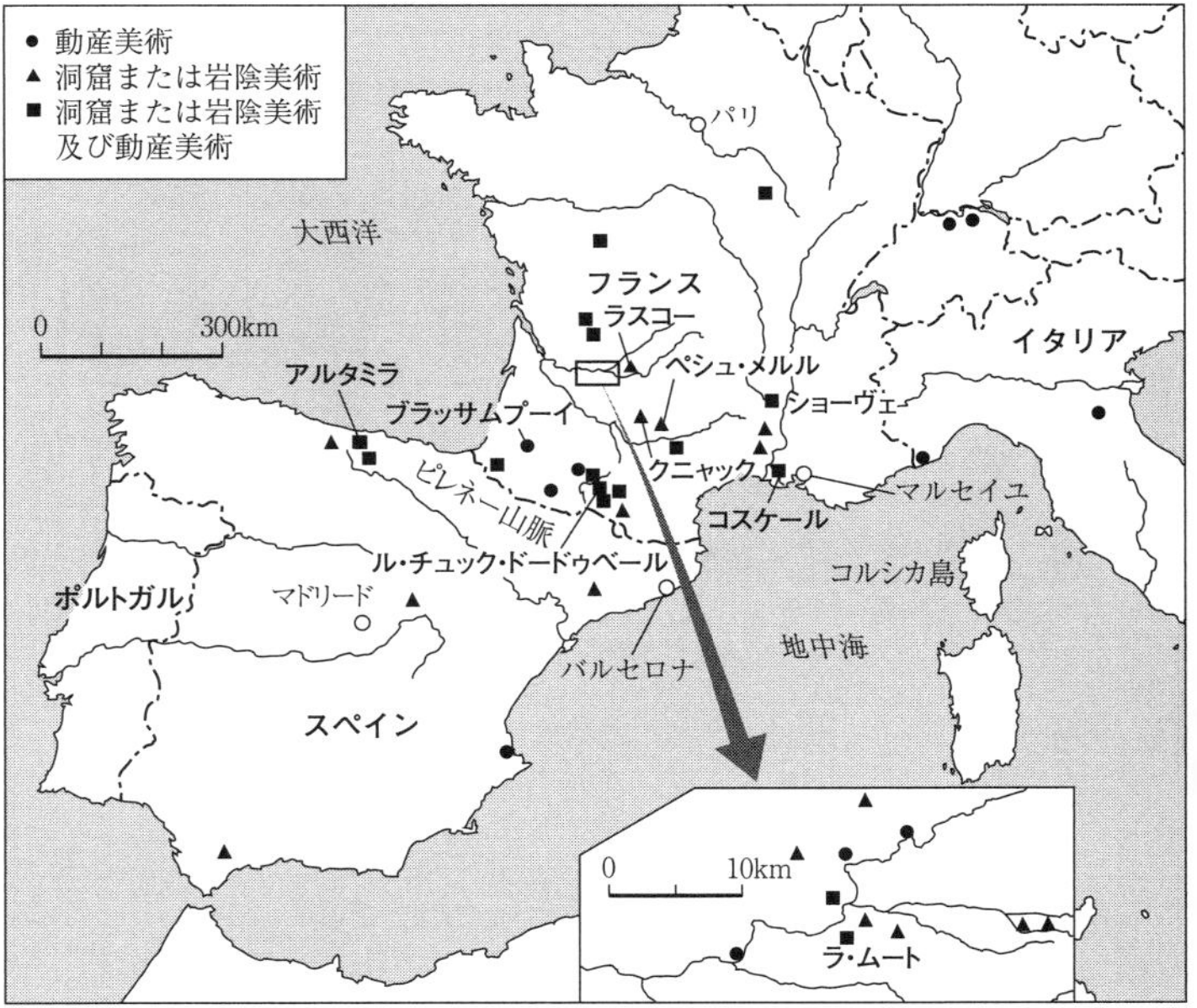

フランコ・カンタブリア地方に集中する洞窟遺跡

ものであることが認められるようになった。しかし、真贋論争や年代論争はその後も続き、たとえば一九四〇年に発見されたラスコーの洞窟絵画も数年間そのような論争の的になったのである。ラスコー以降、旧石器時代の洞窟絵画はほとんど発見されてこなかったが、一九九一年には地中海の海中に入り口があるコスケール洞窟から洞窟絵画が見つかり、一九九四年にもヴァロン・ポン・ダルクのショーヴェ洞窟から同様の絵画が発見された。しかもショーヴェ洞窟絵画は、約二万八〇〇〇～三万七〇〇〇年前にも遡ることが判明している。

アルタミラ洞窟の天井画　スペイン北部カンタブリア州。1879年発見。フランスのラスコーと並ぶ旧石器時代の代表的遺跡

コスケール洞窟は、最近の考古学上の発見でもっとも注目を浴びた例の一つである。一九八五年にプロのダイバーであるアンリ・コスケールが、地中海の海面下三七メートルもの深いところに洞窟入り口があることを発見した。入り口の奥になにがあるのかを調査するためコスケールは一九九一年と翌年にかけて調査をおこない、入り口から一五〇メートルほど洞窟を進んだところが海面とほぼ同じ高さになっており、そこに七〇×五〇メートルのホールのような空間が出現した。ペンギン、シカ、バイソン、ウマなどの動物が壁面と天井に描かれており、放射性炭素14による年代測定の結果、二つの時期に洞窟絵画は分かれるという。つまり一つのグループはいまから約二万七〇〇〇年前のオーリニャック期に属し、もう一つのグループは約一万八五〇〇年前であるという。一般に、海に近いところでの放射性炭素14による年代測定は比較的早い年代が出るといわれるので、現在提示されている年代が適切であるかは今後の研究をまつ必要がある。

洞窟絵画の年代同定にはさまざまな方法がある。たとえばラ・ムート洞窟の場合、洞窟の入り口をふさぐ堆積層は、上に新石器時代の文化層があり、その下に旧石器時代の文化層があることから、洞窟内の絵画と彫刻が旧石器時代と同定されたのである。また、洞窟内の石《せき》筍《じゅん》の状態や石灰層の堆積なども年代解明の重要な要素であるが、近年はコスケール洞窟のように絵画に使用される顔料を放射性炭素14による年代測定で分析する方法が広く用いられるようになった。それによれば洞窟絵画の多くはほぼ紀元前一万五〇〇〇年前後のマドレーヌ期であり、それらとの比較からもコスケール洞窟絵画の推定年代はかなり早い時期を示しているといえるのである。

ペシュ・メルル洞窟壁面のウマと手形　ウマのたてがみは黒で平塗りされ、身体には斑点があり、また背の上などに手形がみられる

手形と動物表現

洞窟の中に絵画が描かれるようになるのはオーリニャック期からである。その最古の例の一つが、指を広げた手を洞窟の壁面に押しあて、その上から顔料を吹き付けた手形である。絵を描くのではなく、吹き付けだけというきわめて単純な造

形表現ではあるが、意図したとおり正確に手の輪郭を再現できるという意味において、作業前の構想と作業および効果の関係を十分に掌握した表現力をオーリニャック期の旧石器人がもっていたことがわかる。

そのことは、手形のような単純なモチーフではなく動物の表現においても同様である。オーリニャック期に描かれた動物の多くは、頭部から臀部までの背中の曲線が一筆描きのような流麗な線で表現されており、なかにはこの曲線だけしか描かれていない例もある。灌木や岩陰に身を隠しながら獲物を狙った旧石器人は、おそらく背中の曲線を見ただけで動物の種類を察知することができ、雌雄、年齢、健康状態を判断したのであろう。このような線は、描こうとする対象のもっとも特徴的で本質的な部分を抽出して表現しているという意味で、まさにヴォーリンガーのいう抽象表現と称することができる。

フランコ・カンタブリア美術のもっとも古い段階から以上のようなかなり高度な概念操作と抽象化がおこなわれているので、洞窟絵画を未発達であるからといって、いわゆる「幼稚な児童画」と同一視することには注意が必要で、一線を画する必要がある。

線画・彩色画の表現力

オーリニャック文化からグラヴェット文化にかけての初期の洞窟絵画のほとんどすべてが輪郭線を主体とする線画であるのに対し、ソリュートレ文化からマドレーヌ文化にかけての洞窟絵画には赤色、褐色、黄色、黒色の彩色を施した彩色画と線描画の両方を見ることができる。たとえばラスコー洞窟の主洞左壁には、巨大なウシの頭部が線画で描き出され、それと重なりあうかのように小ぶりのウマが彩色画で表現されている。しかも、このウマの脊梁の一部や後脚の一部には輪郭線が用いられている。このような輪郭線と彩色の両方が描かれている場合、製作年代がコスケール洞窟のように異なる場合と、同じ時期に併用されている場合とがあり、かならずしも線描画から彩色画への単純で画一的な展開とみなすことはできない。

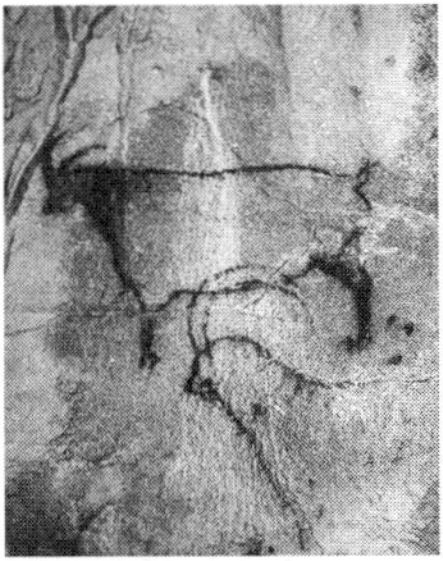

クニャック洞窟（上・中）　鍾乳石が垂下する洞窟の壁面には種々の動物が輪郭線だけの一筆描きで表現されている
ラスコー洞窟（下）　壁面に描かれた巨大なウシの頭部とウマは線画と彩色画で表現されている

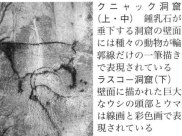

いくつかの色を用いて彩色された動物像は、頸部から胴部あるいは臀部までの塊としての力感、つまり量塊性を強調するために彩色が施されていることがわかる。一方、左右の角によって頭部の量塊性を表現する場合もある。このことは、描こうとする対象の部位によって彩色もしくは輪郭線のどちらがより効果的であるかを把握していた結果であり、彩色と輪郭線が同等の造形価値をもちうることを後期旧石器人は十分に承知していたことを示している。このほか、群れをなす動物たちの細部を描くことは省略して、影絵のような表現に彩色を用いる場合もある。

輪郭線と彩色という絵画の基本的な二つの表現手段に関してだけでも、後期旧石器人がいかに適切な選択をおこなっているかがわかる。それればかりでなく、彼らは自分たちをとり巻く世界を具体的に、しかも的確に認識していたのである。そうであるがゆえに、表現しようとする対象にもっとも有効な表現手段を適切に選択することができたのである。

そのことは動物表現の細部においても確認することができる。たとえばオーリニャック期やマドレーヌ期の動物表現の中には、胴体は側面から、角や蹄《ひづめ》の細部は正面から描かれている例がある。つまり、胴体に対して角や蹄だけが九〇度ねじ曲げられて描かれているのであり、そのような描き方を通常「歪曲図法」と呼んでいる。

歪曲図法の使用に関しては、もっとも特徴的かつ意味のある状態で細部が記憶された結果であるとか、獲物としての動物の凝縮された特徴把握の結果であるといったいくつかの解釈がある。いずれもありうる解釈だが、胴部の認識と角や蹄の認識のあいだには時間的な前後関係や、真横もしくは正面という観察位置の相違があり、二つの時間もしくは二つの空間の合体という概念操作が絡んでいるのである。ところが、歪曲図法による動物の描写はマドレーヌ後期に入ると姿を消し、胴体の側面観に細部も一致するようになる。それは、自然の空間の中に存在する生き物をいっそう的確に把握できるようになった結果と考えることが可能である。なぜなら、そのころから動物の四肢や角は空間の中に奥行きをもって表現されるようになり、しっかりと大地に立つ状態で描かれるようになるからである。

岩の凹凸を利用した造形物

洞窟絵画に描かれる動物たちも、しばしば洞窟内の岩壁や石灰の堆積物の自然な凹凸を利用して表現されており、動物の肉塊のボリュームを強調するかのような巧みな利用である。岩陰を利用して表される彫刻や塑像も同じく自然の凹凸を効果的に活用している。しかし、動物の肉塊の凹凸を強調するには輪郭を明示する必要がある。このため、自然の凹凸から連想される動物や女性の姿は、輪郭を刻線で表したり、輪郭の周辺を削り込むことによってめりはりのきいた造形となるのである。

塑像の場合は、自然の凹凸に粘土を上塗りしてさらに凹凸を強調すると同時に、輪郭を刻線などによって強調している。つまり、造形という作業が表現対象の形態をイメージとしてより明確にしていくのであり、その結果、特徴を顕著にした動物や女性の姿が表現されるのである。そのような顕著な特徴には動物像であれば獲物としての属性が、女性像であれば豊饒多産という連想が触発されるのである。つまり、造形化という作業によって視覚が感性に何らかの作用を及ぼすことを意識した行為といえるのである。

以上のように旧石器時代の造形表現をたどるなら、そこには〈自然界の時間と空間の秩序を超越しようとする関心の造形による表現〉があり、〈視覚が感性に何らかの作用を及ぼすことへの関心の造形による表現〉があることを見てとることが可能である。そのことからただちに、歴史時代の美術と同じ文化領域が旧石器時代に存在していたと結論することはできない。しかし、明白な文化領域を形成しているかに見える歴史時代の美術であっても、それを定義することは容易ではなく、対象とする時代によって、あるいは時間のくくり方によって大きく変わるのである。

したがって、人類の連続する歴史をいつまでさかのぼりうるかという現代のわれわれの側の知的時空の設定範囲にゆだねられているのであり、そのもっとも大きな時空を把握することのできる人間には、旧石器時代の造形物に美術を見いだすことができるのである。

洞窟壁画の消滅と氷河期

ほとんどがフランコ・カンタブリア地方に集中している洞窟壁画は何のために描かれ、なぜこの地方だけに存在するのであろうか。洞窟壁画のある石灰岩洞窟はいずれも数十メートル以上続く回廊のような形をしており、マドレーヌ文化の最高傑作と評されるバイソンの塑像が発見されたル・チュック・ドードゥベール洞窟はいくつかの洞窟と連結して総延長一キロ近くにもおよぶ。長い洞窟の中には横幅が数メートル以上もあるホールのような空間があり、「聖堂」、「神殿」、「礼拝堂」などと呼ぶ研究者もいる。空間と壁画の関係から何らかの特別な場所であることは確かである。

たとえば狩猟にたけたクロマニョンが、日頃の獲物である動物を注意ぶかく観察し、その記憶を外界から遮断された洞窟内に描いて狩猟の疑似体験をすると同時に、呪術の場であったとする説がある。あるいは、洞窟内でトランス状態に入ったシャーマンが、トランス状態から抜け出した直後に描きだしたもので、彼らによる儀式の場であったと考える研究者もいる。さまざまな解釈が提起されており、いずれが的を射ているのかを決めるのはきわめて難しい。

バイソンの塑像　ル・チュック・ドードゥベール洞窟。マドレーヌ文化の傑作とされる

確かなことは、狩人であり画家だったクロマニョンが、ときには怒り狂って逆襲してくることもある動物たちを、生き物として感情をこめて描いたということである。動物たちの猛々しい感情や心は描かれた岩面の中にあり、そのことを信じてこれらの描かれたイメージを見る人々は、イメージから精神的な力を得て、ふたたび狩猟に出かける希望と勇気を獲得したのである。

洞窟壁画が描かれた氷河期、現代から見れば最後の氷河期が終わろうとしていたころ、フランコ・カンタブリア地方では、数多くの洞窟や岩陰を住居とするクロマニョンが生活し、周辺の大小さまざまの動物を狩猟の対象として生活していた。なかでも、春になると南から北へと移動し、秋には北から南へと移動するトナカイの大群の、しんがりにいるトナカイを人々は必要なだけ手に入れることができた。おそらく、フランコ・カンタブリア地方は季節によって移動する草食性の大型動物が通過する回廊のような役割を果たしていた。このため、この地方に住むクロマニョンの生活は、大型動物に依存しており、それゆえに大型動物に強い関心を抱いていたのであろう。そのことが洞窟内に大型動物を描く行為につながったと推定できる。

洞窟内に描かれる大型動物は、はじめマンモスやトナカイなどが中心だった。洞窟壁画が始まる三万七〇〇〇年前頃から一万八〇〇〇年前頃までの時代である。しかし、約一万八〇〇〇年前以降、たとえばドルドーニュの洞窟内の生活痕跡では、トナカイの数が少なくなり、アカシカ、オーロックス（ウシの原生種）、バイソン、シャモアなどの動物がより多くなる。

氷河期が最終段階に入りやがて終結する一万五〇〇〇年前の時代になると、マンモス、バイソン、ホッキョクギツネ、トナカイなど氷河期に繁殖した動物はツンドラの後退にともない北へ移動し、フランコ・カンタブリア地方は温暖化にともなって、カバノキのような落葉樹が繁茂するようになる。洞窟壁画もその最終段階では、もっぱらアカシカが描かれるようになり、氷河期の終焉とともに壁画も描かれなくなるのである。

この推移を考慮するなら、洞窟壁画は氷河期における動物相と密接に関連していたことは確かであり、豊富な獲物が洞窟絵画という特殊な文化現象を生んだ原因の一つと考えられる。したがって、氷河期が終わって温暖化が進行するとともに、特殊な文化現象も終焉を迎えたのである。

洞窟絵画の項を終えるにあたって、一つの課題を記しておきたいと思う。ネアンデルタールの研究で有名な赤澤威《あかざわたける》氏から指摘されたことであるが、洞窟絵画に動物は登場するが植物が描かれていないのはなぜか、という課題である。おそらく大型動物一頭の捕獲は旧石器人の栄養活動に大きな恩恵をもたらしたがゆえに、その感動が動物表現となったのであろう。もちろん、多くは草食動物である大型動物が草やコケや木の実を食する状況は熟知していたはずである。偶然性がかなりの部分を占める狩猟に対して、植物の採集は旧石器人にとって欠かすことのできない確実な栄養活動であった。彼らの生活において重要な役割をもつ植物が動物に並んで洞窟壁画に描かれることがなかったのは、着実に採集できる、また日常的な食料だったからであり、動物を捕獲するにはいくつかの偶然性や僥倖《ぎようこう》に恵まれる必要があった。その僥倖に遭遇したときの気持ちのたかぶりこそが洞窟に動物を描かせる大きな動機になったのかもしれない。十分な考察でないことはじゅうじゅう認識しているので、なお課題としておくつもりである。

環境の変化

われわれの対象とする時代がようやく歴史時代に近づきだしたので、これ以降は紀元前何千年という年代表記にしよう。

現代にとって最後の氷河期が終結することによって地球上には劇的な環境変化が訪れた。ツンドラ地帯やステップ地帯、それにたけの低い草や灌木でおおわれた大地は温暖化にともない北上し、そのあとには地域によって植生が変わるものの、カバノキ、ニレ、マツ、ハンノキ、ハシバミ、トチノキなどが繁茂する緑豊かな大地が出現した。その状況をヨーロッパに限定して考えるなら、紀元前一万五〇〇〇年からの千数百年間、植物相・動物相ともに不安定な時代であった。この不安定な状況が終わり、安定状態に入るのは紀元前一万一五〇〇年頃である。氷河期の時代にクロマニョンが狩猟した大型動物の多くは北上して姿を消すか絶滅した。代表的動物であるマンモスは、ステップ・ツンドラ地帯が北上していくのを追いかけながら、その生息地を北極に近づけてゆき、ついには北極圏の孤島ヴランゲリ島だけに生息地を限定して紀元前三千年紀まで生きながらえたと考えられている。ユーラシア大陸に広く棲息していたことを考えるといかに大きな環境変化だったかがわかる。

この間、場所によっては夏の最高気温が現代よりも高くなることもあった。したがって、世界中の氷河にうずたかく積もっていた氷床は融解して海に流れ込み、海面は年間数センチずつ上昇した。その影響は、たとえば日本列島では、東京湾の海岸線が埼玉県まで後退するほどであり、それゆえに現代の海岸線からかなり内陸部に入ったところで貝塚が発見されるのである。この状況は縄文時代の海進として知られている。

環境の変化は後期旧石器時代に生きた人々に大きな試練を与えた。ヨーロッパのクロマニヨンは、氷河期の大型動物をもはや狩猟で獲得することができなくなった。おそらく一部のクロマニヨンは北に移動する大型動物を追って、自分たちの生活圏を北に移した。一方、生活圏を移すことなく以前から慣れ親しんでいた地域に住み続けた人々は、激変する環境に自分たちの生活様式を適応させる必要に迫られた。

さいわいクロマニヨンは彼らがかつて経験したことのない急激な環境変化にも適応できるだけの能力をもっていた。何千頭もの大群で移動するトナカイを必要なだけ仕留めることができるような容易な狩猟はもはや遠い過去のことでしかなかった。シカやイノシシ、野ウサギや野鳥を仕留めるには大変な忍耐力と経験、俊敏な判断力、それに精巧な狩猟具がなければ獲物を手にすることはできなかった。槍はより精巧な穂先をもつようになり、槍をより遠くへ投擲《とうてき》できる投槍器が考案された。それればかりか弓さえも発明されたのである。もちろん目標を正確に射抜くには、石でできた鏃をできるかぎり精巧に仕上げる必要があった。そして、できのよい鏃を用いさえすれば、かなりの獲物を獲得できたのである。

生活の必要から狩猟の道具と技術が発達したとはいえ、トナカイに相当するような獲物を手に入れることはとうていできなかった。その不足分を補ったのが温暖化にともなって増大した落葉樹林帯の植物性食物である。落葉樹林帯は春から秋までさまざまな食物を提供した。春には若葉や木の芽を集めることができ、ワラビの根茎は栄養に富んだ食物だった。秋にはさまざまな果物やキノコ、木の実を集めることができた。とくにクルミやシイの実、それにマツの実は貴重なタンパク質を補給してくれたのである。たとえばヨーロッパの南西部に分布するイタリアカサマツの実は、とくにタンパク質が豊富で、乾燥すれば保存食品にもなった。

植物性食物の長所はもう一つあった。それは獲物の種類によって有効な道具を考案したり、それぞれの経験知を必要とするほど難しい仕事ではなかったということである。野草、果物、木の実、キノコ、根茎や塊茎などを採集する道具は、木製の棒やカゴなどがあれば十分で、弓のような先端的道具を発明せずにすんだ。したがって、氷河期が終わってからは、主要な食物は植物に移行していったのであり、そのことによって生活も安定していった。生活の安定は、環境適応をさらに推し進めることになり、その延長に農耕と動物の家畜化がひかえていた。そのことを後期旧石器時代の最終期に生きた人々は予期していたかのように徐々に人口を増やし、経験を重ねていったのである。

後期旧石器時代の終結

紀元前一万年前後に氷河期が終わった地球は、ほぼ現代と同じ地形を呈するようになり、その後、火山の爆発などによる変化はあっても地球規模の地形の変化は起こっていない。人類にとって最大の環境条件の一つである地形が安定し、決定されたことが、人類を新たな発展へと導くことになるのである。

この段階になると、地球の五大陸のうち南極大陸をのぞく四大陸のいずれにも人類が定住するようになる。ユーラシア大陸の西半分にはコーカソイドが、東半分にはモンゴロイドが定着し、アメリカ大陸、オーストラリア大陸にもモンゴロイドが移住していた。アフリカ大陸だけはコーカソイドにもモンゴロイドにも属さないネグロイドがいた。この人種の分布はコロンブスをはじめとするヨーロッパ人が海外進出するまで大きく変わることはなかった。人類の長い歴史から見れば、アメリカ大陸やオーストラリア大陸にコーカソイド系の人々が住むようになり、しかも主要な部分を占めるようになったのはつい最近のことでしかない。一六世紀以前の人種の分布は、それぞれの大陸や地域で、土地固有の環境に適応していった結果といえるのであり、その条件下ではきわめて安定した分布だったのである。

四大陸に分散する後期旧石器時代末期の人口を推計するのは難しい作業であるが、ほぼ一〇〇〇万から二〇〇〇万の範囲であったと考えられる。現在の人口に比較するなら一パーセント以下であるから、人間以外の動物のほうが多く、彼らに混じってまばらに人間がいたとみなしてよいだろう。人口が希薄な状態での環境に適応する努力、つまり文化を形成し展開することに旧石器人はたいへんな努力が必要であり、そのことが後期旧石器時代の文化の緩やかな展開の大きな原因であったと考えられる。

紀元前一万一五〇〇年を越えた頃から、しだいに大陸と島嶼、内陸部と海岸域、乾燥地帯と湿潤地帯など、地域によって異なる自然環境に適応するため、それぞれに異なる生活様式が確立していく。なかでも地中海から西南アジア、アフリカ、中国、東南アジア、メソアメリカ、南アメリカは、植物の種類が豊富な地域で、食用にできる植物も多く自生していた。人々は安定して食物を手に入れることのできる場所に定住地を設けて住み、集落を形成するようになる。

この時代、四〇〇人近くの構成員からなる集落地がフランスで確認されているが、おそらく例外的に大きな集落であり、多くは一〇家族内外のものではなかったかと推定されている。この定住化がやがて農耕を開始させる大きな原動力となるが、農耕の開始と同時に後期旧石器時代は次の人類の文化段階である新石器時代に移行する。

第二章　農耕というイノベーション

新石器時代と農耕の開始

新石器時代とは

新石器時代が旧石器時代と区分される最大の要素は、使用する石器が表面に磨きを加えられた磨製石器になることである。前の時代の旧石器時代においては、石器に磨きが加えられることはなく、あくまでも打製石器だった。したがって厳密な意味での新石器時代という時代概念は、石器という道具を基準としており、技術史による時代区分の一つでしかない。とはいえ、日本列島やオーストラリアでは旧石器時代の段階であるにもかかわらず部分的に磨きを加えた石斧が発見されており、一九世紀に定義された新石器時代という時代概念は西アジア、ヨーロッパでは有効だが、それ以外の地域では十分な有効性をもっているわけではない。

一方、新石器時代の特徴として、土器の製作が開始されたことや農耕と牧畜の開始、あるいは紡織技術の発明に焦点をあてることがしばしばあり、それゆえに新石器時代とは文化史あるいは一般史の時代区分かのような印象をあたえる。しかし、それらはあくまでも新石器時代のさまざまな属性もしくは特徴の一部であって、そのことが新石器時代の時代要件というわけではないことに注意をはらう必要がある。

旧石器時代とは異なり、新石器時代に入ると地域間の格差もしくは差異が拡大する。たとえばユーラシア大陸では一部で農耕や牧畜がおこなわれるようになり、生産経済を基盤とするようになるが、日本列島などではなおも狩猟採集による獲得経済が主流だった。時代の進展とともに各地域で独自の文化が展開するようになり、しだいに多様な文化が併存する状況へと移行していった。本書は技術史を軸とするのではなく、人類の文化と文明の推移をたどることが目的であるから、農耕などの生産経済がほかよりも早い段階で始まる地域の新石器時代を中心に考え、最後に、時代が下ってもなお狩猟採集の段階にあった日本列島の状況を見直すことにしよう。

農耕牧畜の兆しと気候変動

後期旧石器時代が終わったときから地球上のさまざまな地域で農耕牧畜が萌芽し始める。地域によって萌芽時期は異なるが、おそらく紀元前一万三〇〇〇年頃に東南アジアの熱帯降雨林で始まるタロイモやヤムイモなどの根栽農業が最古ではないかと植物学者の中尾佐助氏は考える。東南アジアがもっとも早い地域かどうかは別として、アフリカなどの熱帯地域でイモ栽培が穀物の栽培よりも早く始まった可能性は高い。ただし、ここでは農業の開始とその後の展開を中心に考えるため、穀物の栽培と家畜の飼育が早期に開始された西アジアをまず取り上げることにする。

西アジアの農耕地帯を「肥沃な三日月地帯」と命名したのは、アメリカのエジプト学者ヘンリー・ブレステッドで、二〇世紀初頭に刊行の『エジプトの古代記録』の中で初めて使用している。西アジアの内陸部に広がるシリア砂漠の北縁をなぞるかのような、メソポタミア南部からイラン高原とイラク北部、トルコ南東部、それにレヴァント地方（東地中海沿岸地方）やナイル・デルタを含む地域を指している。この地域は乾燥したステップ地帯や砂漠に囲まれているものの気候が比較的湿潤で、それゆえに植物が育ちやすく、種類もかなりの数にのぼった。

旧石器時代の局部磨製石器　日本列島で出土した刃部などを部分的に磨いた石斧。東京都武蔵台遺跡立川ローム層出土

肥沃な三日月地帯が形成される重要な条件となったのが、氷河期の終了と気候の温暖化である。氷河期そのものは一九世紀中頃にその存在が認識されるようになった。北半球に関しては、ヨーロッパや北アメリカの広い範囲が氷河で覆われていた時代の発見であり、その後の研究によって、長い氷河期のなかで、とくに寒冷化し、氷河で覆われた時代（氷期）と、温暖化によって氷河が溶けた時代（間氷期）とが一定の周期で交互してきたことも明らかになった。

氷河期が生まれる原因としては、地球の公転軌道の離心率の変化、自転軸の傾きの周期的変化、さらに自転軸の歳差運動という三つの要因によることが二〇世紀前半に究明され、二万年、四万年、一〇万年という周期の異なる変動があることが、セルビアの天文学者ミランコヴィッチによって解明された。この変動理論は一九七〇年以降の海洋や湖沼における探索調査結果とも一致することがわかり、ほぼ一〇万年周期の氷期と間氷期という大きな気候変動と、四万年周期および二万年周期の気候変動（亜氷期と亜間氷期）の組み合わせなのである。

最近ではさらに、気候温暖化にともない、氷河が大崩壊を起こし、その結果、氷山が海洋の広い範囲に流れ出して大気や海洋の循環に影響を与えたために起こる急激な寒冷期が、これまでに少なくとも六回発生しており、その周期はほぼ八〇〇〇年から一万年であることが明らかになった。また、四万年前から二万年前のあいだに一〇回にわたる気候変動期があったことも判明し、その気候変動期には気温が七度以上も上下するというきわめて激しい変動であったこともつきとめられた、と地理学者の鹿島薫氏は報告している。

最後の氷期のピークが約二万年前に訪れ、その後は温暖化に向かったが、一万八〇〇〇年前（オールデストドリアス期）、一万五〇〇〇年前（オールダードリアス期）、そして一万二〇〇〇年前（ヤンガードリアス期）にも急激な寒冷期が訪れている。この最後の寒冷期、いわば寒の戻りのような時期が終わったときからほぼ温暖で安定した気候が現代まで続いており、農耕が開始される大きな要件になったとみなされている。ただし、気候の温暖化は徐々に着実に進んだのではなく、八五〇〇～八二〇〇年前、六五〇〇年前、四五〇〇年前、二二

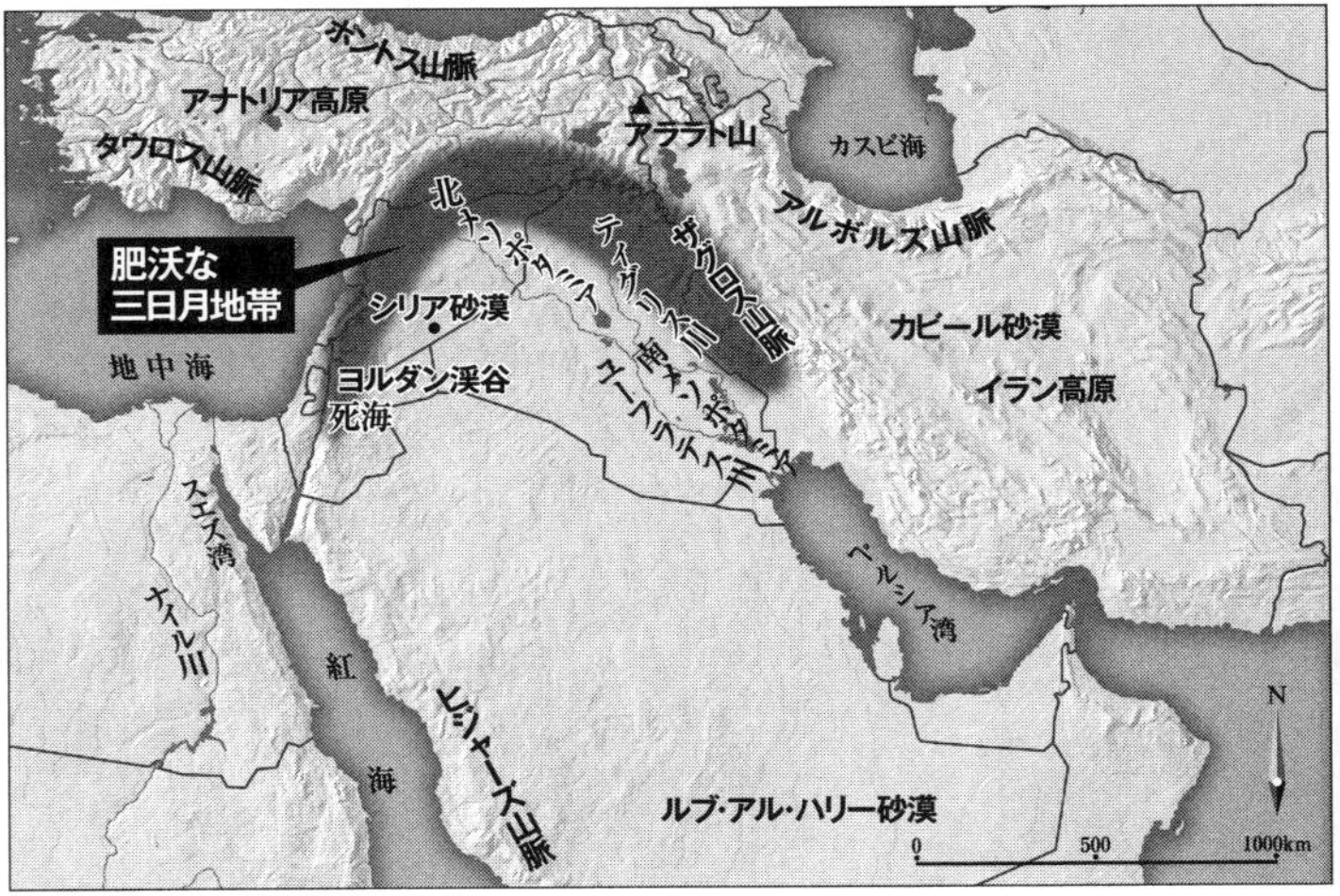

西アジアの「肥沃な三日月地帯」

〇〇年前、そして一〇〇〇〇～九〇〇〇年前にも変動期があったことが確認されている。

ヤンガードリアス期のころから西アジアでは食料獲得の手段として農耕が模索されるようになったと推定される。しかし、農耕集落が八〇〇〇～七〇〇〇年前に出現し、農耕革命と呼ばれるような急激な普及をとげたとする考えは現在では凌駕《りょうが》され、農耕集落の出現自体は一万年前よりさらにさかのぼり、そこに至るまでの数千年という長大な時間をかけて農耕牧畜の生活が実現されたと考えられるようになった。つまり、農耕革命というにはあまりにも悠久な時間をかけ、わずかな変化の集積によって農耕集落は出現したのである。

気候の温暖化と定住生活

一万五〇〇〇年前のオールダードリアス

期という寒冷期が終わると、地球規模での温暖化が始まる。この気候変動は地球上の生物に大きな影響を与え、生息地を拡大する生物や寒冷地を求めて移動する大型動物がいたが、人類にとっては好ましい影響として作用する。なぜなら地球上のさまざまな地点で温暖化による定住生活が始まり、生存の条件がより確実なものになっていったからである。その典型的な例を西アジアのレヴァント地方に見いだすことができる。

温暖化によってこの地方にピスタチオのような木の実と野生種のコムギ、オオムギが増加し、それらを採集するだけでなくカメや淡水魚の捕獲も可能になった。温暖化という環境の変化は、この地方の旧石器時代の狩猟採集民ナトゥーフ人の生活にも影響を与えた。彼らは大きな洞窟の中に竪穴住居をつくり始める。約一万四〇〇〇～一万三〇〇〇年前のことである。竪穴は四×二・五メートルほどの大きさで地面から七〇センチほど掘り込んであった。壁は石灰岩を積み上げたもので、木材を用いた屋根がけがあった。そこで一定期間生活がおこなわれていたことは、床に散らばっていたオーロックス（ウシの一種）やシカなどの骨、ピスタチオやアーモンドなどの木の実、コムギなどの穀物によって知ることができる、と考古学者の西秋良宏氏は報告している。

しかしこのような洞窟内に設けられた竪穴住居の生活様式の延長上に農耕集落が形成されていったわけではない。というのもナトゥーフ人の定住生活様式が定着し拡大する以前にヤンガードリアス期という寒冷期がふたたび地球を襲うからである。寒冷化の気候変動は、定住生活を始めたナトゥーフ人を狩猟採集のために移動を繰り返す遊動民に逆戻りさせた可能性さえ指摘されている。そして再度温暖化が始まり、定住生活が現れるのは一万一五〇〇年前頃からである。住居は洞窟の中から地上につくられるようになり、より本格的な造作物となる。そして、ムギの栽培もおこなわれるようになった。

では、どのようにして彼らは農耕に取り組み始めたのであろうか、あるいは農耕が始まるそのきっかけは何だったのであろうか、そのことを考えてみよう。

デデリエ洞窟　シリアの死海地溝の北端にあり、ナトゥーフ文化の竪穴住居が見つかっている。写真提供・東京大学総合研究博物館

農耕が始まるきっかけ

自然に存在する動植物あるいは塩のような鉱物を選択しながら食料を確保していた狩猟採集の時代は、後期旧石器時代が終わるころから新石器時代になると、長大な時間の経過のなかで変化といえないような変化しかなかったそれ以前とは、まったく異なる段階に入る。狩猟採集があくまで基本だったが、偶然に依拠する部分は以前に比べるなら大幅に減少し、生息地をとりまく自然環境の移り変わりや植物と動物相互の関わりなどを熟知したうえでの巧妙かつ効率的な狩猟採集がおこなわれるようになった。植物と動物相互の関わりだけでなく、それらを狩猟採集する自分たちの関与の度合い、つまり狩猟採

集をどの程度でやめたほうが翌年もしくは将来にとってよいのかということも熟知されるようになった。

しかし、そのような経験知を活用しても自然の恵みに乏しいところでは、一定の期間が過ぎると居住地を移さざるをえない状況に直面することがあった。簡素な住み処であっても新たにつくり直すにはかなりの労力が必要であると同時に、新たな生息地の自然条件を学習しなければならなかった。学習途上にある段階の移住者は、社会的弱者というよりも自然的弱者であった。薄着で寒風の中を長時間歩くようなものである。集団全体の存続を危険にさらしてはならなかった。居住地を移さざるをえないことが判明し始めたときから、移住を前提とする危険回避の方法が検討されたはずである。採集食料のうちで保存可能な木の実や野生種の穀物などの備蓄、あるいは干し肉や毛皮の備蓄である。これらの備蓄された食料や石器などの道具をたずさえて新しい居住地に移ったと推測される。

このような移住を余儀なくさせる自然環境でのいわば消極的移住に対して、わが国の縄文社会におけるような、同一環境においてより豊かな食料獲得を目指しての積極的移住があり、両者の移住の動機とその後の推移には大きな違いがある。おそらく農耕のような新たな生産手段が生まれる背景としては、大きな環境変化を強《し》いられる消極的移住のほうが可能性は高いと思われる。

消極的移住の場合、移住先ではさまざまな情報収集がなされた。できる限り短期間での新しい環境への適応、つまり以前とは違う移住者たちの「自己変身」がはかられた。移住先を、熟知した生息地に変化させるための危険をともなう戦略的行動である。この危険な期間中、移住者はさまざまな試みを通じて学習をすすめ、いくつもの試行錯誤を繰り返した。

かつての定住化した居住地では自然のサイクルの中にとけ込んでいたが、移住先では移住者たちの存在そのものが自然環境の攪乱《かくらん》要因であった。弱者から強者への変身とは、狩猟採集の時代にあっては自然の中にいかにとけ込むかである。攪乱要因であることから、移住先の自然にとけ込んでその一部となるには何らかの新しい対応策が必要であり「自己変身」もその一部だった。

このことは移住者であるヒトに関してだけではなかった。彼らがたずさえてきた穀物のごく一部でも地面にこぼれ落ちると、その穀物の粒は新たな土地に蒔《ま》かれた種子という本来の役割を発揮することもあった。pH度や土壌としての養分構成が違う場合もあったはずである。種子と化した穀物は、この新しい条件への対応の過程で、これまでたずさえてきた属性とは異なる属性を一部もつことになる場合もあった。突然変異である。自然条件への対応が完了していたかつての生息地よりも、新たな土地での順応過程のほうがはるかに刺激的である。芽を出すことに失敗することもあったが、だからこそ突然変異の起きる可能性も高かった。

このような植物をとりまく環境の変化によって突然変異が誘発され、そのなかから栽培に適当な突然変異が選択されていったことが栽培種の起源であり、やがて農耕が開始されるきっかけとなったのであろう。

環境に対面する技術者

もちろん、栽培飼育される側の変化だけで農耕が開始されたわけではない。栽培種、飼育種の動植物を必要とする人間の側の需要があったからこそ農耕は開始されたのであるが、その需要に関しては二つの考え方がある。その一つが、人口増加による圧力が農耕を開始させる原因であるとする考えである。かつて多くの研究者がそのように考えていた。しかし、二〇世紀末になると、人口増加は食料事情が改善されたあとに起こる現象であることが突きとめられた。この結果、狩猟採集の段階にあっても、食料の入手を確実なものとするために、狩猟においては狩猟犬としてのイヌの家畜化がおこなわれ、採集においては根菜などの栽培によって食料獲得がより安定化する方策が工夫された、と考えられるようになった。つまり食料獲得の安定化こそが家畜や栽培種を生み、その集積が農耕を生んだとする考えである。

筆者はそのような二者択一というよりも、どちらもが農耕の開始をうながす原因になったのではないかと考える。おそらく狩猟採集が高度に発達した段階から、食料獲得の手段がより多様化し、そのなかの一つとして家畜化した動物や栽培種化した植物が開発されたのであろう。このような食料の安定化による人口増加と、家畜や栽培種のさらなる増加と改良という繰り返しが何度も何度もおこなわれ、ようやく農耕という複合的な生産活動が開始されるようになったのではないだろうか。その間、数千年の歳月を要したことは確実である。

栽培種を複数植えるだけでなく複数の種類の家畜を飼育するようになったときから農耕集

落が形成される。この段階に入ったときの農耕は、単なる生産活動としての農耕というより自然環境と集落共同体の社会とに適応し支えられた文化そのものとなるのである。人類がたずさえているもっとも自然環境に適応した技術である農耕は、技術であるからこそ自然に対する負荷をともなっている。そのことを認識しながら共同体維持のために継続され、改善されていく農耕技術は、共同体の構成員が当然のこととして共有するがゆえに文化そのものに成熟するのである。

その意味で、農耕は人類が発明したさまざまな技術のうちもっとも重要であると同時にもっともすぐれた文化であることを、われわれ人間がいかに認識し続けるかが人類最大の課題であり、そのすぐれた技術でさえ自然環境に一定の負荷をかけることを忘れないことが、やはりわれわれの将来にとって重要な課題なのである。

農耕は技術を中核として自然環境の利点と難点を見分けながらその環境に適応しながらおこなう生産活動であり、その意味で農耕に従事する人々はつねに環境との接点を維持しながら生産活動をおこなう環境技術者ともいえるのである。自動車技術者、コンピュータ技術者、遺伝子組み換え技術者などさまざまな技術者が存在する現代ではあるが、すでに一万年以上も昔に環境と対面した技術者が存在していたのである。

ムギの栽培

ヤンガードリアス期のおそらく降水量が多い時代、さまざまな種類の植物が生育するようになり、人々はそのなかで食用に適した種類、旬の時期、食用可能な期間といったそれぞれの性格を熟知するようになる。なかでもイネ、ムギ、トウモロコシなどのイネ科植物に関しての知識は、穀物が貴重であるがゆえに早い段階でかなり精緻に蓄積されていったと考えられる。穀物が貴重である最大の理由は、栄養が豊かなだけでなく乾燥させればかなりの期間保存でき、貯蔵が容易だからである。ドングリ、シイ、トチの実なども同様に保存できたが、穀物に比べるなら栄養に偏りがあり、アクを抜くための長時間の煮沸を必要とするものもあった。

肥沃な三日月地帯では農耕が始まるまえから野生のイネ科植物のムギを採集していた。狩猟採集の最終段階にあった人々は、フリント製（火打ち石の一種）のナイフ型石器でムギの穂軸、つまり穂と茎を連結している部分を切りとるか、地面に飛び散ったムギを拾うかした。しかし、飛び散ったムギを拾うことは狩猟採集の時代とはいえあまりに効率が悪く、その一方で、穂軸を切りとる場合は野生種でも効率的に採集することができた。たとえば穂軸を切りとる方法で、トルコ東部に自生するアインコルンコムギ（ヒトツブコムギ）を五人の家族が総出で三週間採集したところ、その家族が一年間食べていける量が確保できることが実験考古学によって証明されている。それほどにムギを採集するとき、穂軸もしくは茎を切りとるか否かは、採集量（収穫量）に大きな違いをもたらしたのである。

一般に、野生のムギは穂が熟すと、種子を含んだ小穂という部分が穂から脱落して地面に飛び散る。種子をなるべく広い範囲に飛び散らすのは、種《しゅ》を保存するための重要な営みであり、このことを小穂の脱落性という。一方、穂が熟しても小穂から脱落してバラバラに散ることがなく、ヒトが穂から小穂を脱穀して播種《はしゅ》しないと次の世代を残せないのが栽培種である。この栽培種の起源は、脱落性を有する野生種の遺伝子に突然変異が起きて非脱落性の遺伝子をもつ個体にさかのぼる。

近年、アインコルンコムギ、エンマーコムギ（フタツブコムギ）、オオムギなどの最初の突然変異を起こした個体がどこで生まれたのかが西アジアで探索されている。たとえばアインコルンコムギやエンマーコムギのようなコムギはトルコの東南部に走るカラチャダー山脈、あるいはその西約一〇〇キロにあるカルタル山地が指摘されているが、決定的な証拠があるわけではなく、肥沃な三日月地帯のほぼ北端地域が高い可能性をもつとみなされてい

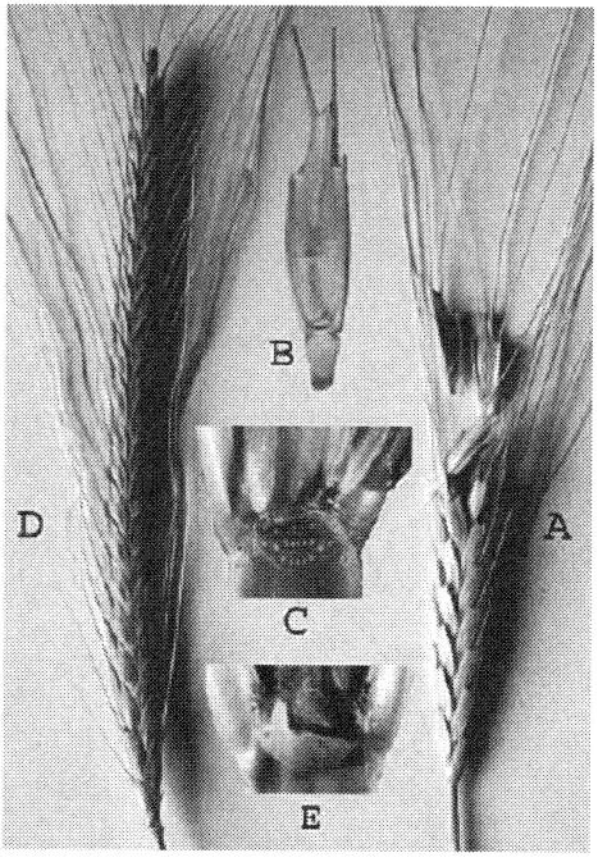

コムギの野生種と栽培種　アインコルンコムギの野生種（A）。穂は小穂という単位でバラバラになり、種子散布される（B）。野生種の小穂には、なめらかな離層がみられる（C）。栽培種の穂は熟しても固着しているので（D）、脱穀を受けたときに、人為的な傷痕が小穂にのこる（E）。Tanno and Willcoxより

る。一方、オオムギはコムギのように栽培起源地を限定することは容易ではなく、レヴァント地方全域からザグロス山脈にかけての広い範囲が想定されている。その範囲で、同じころに数ヵ所で栽培化に成功したのかもしれず、もうしばらく調査研究の推移を見守るしかない。

農耕に適した栽培種であるためにはもう一つの属性が要求される。それは、種子がいっせいに発芽するという性質である。というのも、野生の種子には翌年に発芽するものや、休眠して二年後、三年後にようやく発芽するものなどが混じっている。生長過程にある植物は抵抗力が弱いため、不利な自然条件に遭遇すると枯れてしまう場合があるからである。一方、休眠中の種子は悪条件下でも抵抗力をもっている。このため、発芽時期をずらすことによって種の全滅を防ぐという安全策を講じている。栽培種の場合は、播種、発芽、生長、収穫がそれぞれ同じ時期であることが望ましく、そのように改良されていった。また、野生のイネ科植物を採集していた人々は経験的に、重く密度の高い種子ほど次の年も重く密度の高い種子を産することを知り、人為的な淘汰を繰り返すことによってしだいに良質な栽培種を作りあげたのである。

ただし注意が必要なのは、そのような突然変異から生まれた栽培種が優勢となったとき、ムギの多様性が失われ病気の被害が拡大することである。農薬のような手段がなかった時代は、多様性によって危険を分散するしかなかった。その多様性とは、栽培種のコムギであるなら野生種を混ぜることであり、同時にコムギとともにマメ類を栽培することである。コンピュータを用いた実験考古学では、野生種から栽培種への置換は、効率の悪い農耕作業を条件としても二〇〇年程度の期間で実現できるという。しかし、実際に西アジアの農耕開始時期およびその前後の遺跡から出土する植物遺体のサンプリングをおこなった研究によれば、コムギの栽培種は三〇〇〇年以上の時間をかけて野生種と入れ替わっていった、と農学者丹野研一氏は記している。

アインコルンコムギが栽培種化されたあと、エンマーコムギ、オオムギ、レンズマメ、エンドウマメ、ヒヨコマメ、ソラマメなどさまざまな栽培種がつくられていった。さいわいなことに肥沃な三日月地帯は多様な植物が自生しており、その中から栽培に適した種を見つけることが容易であり、その自然条件と以前よりも稠密《ちゅうみつ》となった人口密度が農耕開始の道をひらいたのである。

動物の家畜化

野生植物を栽培植物へ変えることだけでなく、野生動物を家畜化することもほぼ同じころに進行した。というよりも、地域によっては栽培種の耕作に先行して家畜化された動物の飼育がおこなわれる場合もあった。家畜化にあたっても栽培種の育成と同じように、狩猟採集時代の蓄積が重要な役割を果たした。狩猟採集民は獲物であれば雌雄老若を問わず捕獲したかというとけっしてそうではない。幼いものや妊娠中のメスは捕獲せず、おもに成獣のオスだけを獲物としたのである。乱獲によって動物の群れそのものを絶滅させてはならないことを熟知していたからである。天然の資源を管理し、同時に群れの個体数を増加させながらより多くの獲物を得るという高度な戦術を狩猟採集時代に身につけていたのであり、その戦術によって蓄積された経験知こそが、栽培種をつくりだし、家畜化を成功させたのである。

植物の場合、野生植物と同種の栽培種とは遺伝子座の相違によって見分けることが可能であるが、動物の場合、それほど容易ではない。すでに旧石器時代に狩猟用の家畜化されたイヌが飼育されていたことは確認されているが、食用あるいは毛や皮革を得るための家畜化された動物を識別できたのは、紀元前八〇〇〇年頃の次のような例が確認されているからである。

イラン高原の集落遺跡のそばから出土した大量のヤギの骨を分析すると、大部分はオスの成獣の骨であり、メスの骨はほとんどが老年にまで達していた。このことから、成獣近くになるか成獣に達したオスヤギは余分な個体として畜殺され食用に供されたのに対して、メスヤギは子を産まなくなるまで繁殖用として飼い続けられたと推定できる。雌雄の役割をはっきりと区分できるほどに、多くの数の家畜化されたヤギが同時期に飼われていたことを示しているのである。

このような分析にもとづき、現在では、より詳細な家畜化の過程が西アジアでは明らかにされつつある。たとえば、ヒツジ、ヤギ、ウシ、ブタのような有蹄類《ゆうてい》の家畜化は、イヌやネコなどの肉食動物の家畜化よりも遅れて開始された。食料生産と関連する動物の家畜化は、群れをなして行動する草食動物であり、その典型がヤギとヒツジだった。柵の中での飼育と飼料の確保が容易で繁殖力があり、食肉と乳だけでなく毛や皮も有用であるといった条件に合致していたからである。ただし、最初期の家畜化されたヤギやヒツジのおもな利用は食肉としてよりも乳や乳製品を獲得することだったようである。また、農耕と同じく家畜化もさまざまな土地で自然発生的に開始されたと推定され、家畜化が早く開始された北アフリカは、西アジアとは別個の起源をもっているとみなされている。

植物の栽培種の開発に比べるならやや遅れて始まる家畜化の最初の実験は紀元前九千年紀中頃からであり、それから五〇〇〇年ほどたったアナトリア南部やザグロス地方でヤギとヒツジの家畜化に成功した。家畜化されたヤギとヒツジは、彼らがもともとは生息していなかった南レヴァント地方やメソポタミア地方に紀元前八千年紀に普及したのである。

「革命」は一斉に起こったか？

農耕と牧畜の開始によって獲得経済から生産経済へ移行した人類は、食料をみずからの手で生産できるようになり、生存の安定度が飛躍的に増大した。もちろん栽培化された植物や家畜化された動物のすべてが食料確保のためというわけではない。アサはその繊維をとるためであり、薬草として栽培化された植物もある。同様に、ロバやラバは荷役用として家畜化されたのである。そのような例外はあるものの、多くが食料確保のためであったことは確かである。

農耕という食料生産による新石器時代の大きな飛躍は一八世紀のイギリス産業革命にも比

肩しうる出来事であるがゆえに、「新石器革命」という言葉を用いる研究者もいる。しかし、実際には地域によって大きな差があり、しかも農耕が始まるまでには数千年という長大な時間が準備期間として経過しているのであるから、「革命」という言葉はけっして適切ではない。「近現代において「革命」という劇的な変化を経験した近現代人が創出した近現代的概念であることを留意する必要がある。しかも、地球上の全人類が一様に飛躍的な発展を実現したわけではなかった。この食料に関する獲得か生産かという一点だけでも、地域によって大きな差異が生じてきたことは、文化の多様性の端緒とみなすことができる。と同時に、技術史の観点からの時代区分が旧石器時代ほど有効でないことを示している。

先に、地球上で最初に農耕と牧畜が開始された地域を「肥沃な三日月地帯」であると記した。では、その後地球上の各地で展開する農耕は、この三日月地帯から伝播《でんぱ》したのであろうか。数十年前までは、三日月地帯を唯一の中心地とみなし、そこから各地へ農耕がひろまったとする考えが有力だった。しかし近年は、開始時期こそさまざまに前後するものの、その他の地域で始まる農耕の多くが、それぞれの地で独自に開始されたとみなされるようになった。例えばタイの北部では、エンドウマメの一種やヒシなどが紀元前九〇〇〇年頃から栽培されていたし、中米では紀元前七〇〇〇年頃、カボチャやヘチマが栽培されていた。つまり、農耕や牧畜の起源はそれぞれの地で独自に始まり、その地に適した植物や動物が栽培種としてまた家畜として選択されたため、作物や動物の種類も地域によって異なっていたのである。

かつて栽培された作物が、のちに栽培種としては放棄される例があることも判明している。家畜についても同様で、先史時代に家畜化されていた動物で、現在は家畜として飼育されていない種類もある。たとえば南アメリカでかなり早い段階で栽培されていたアワは、現在同地では栽培されていない。また、北欧圏で家畜化されていたヘラジカや中東のガゼルも現在では家畜として飼育されてはいない。

このような農耕の開始についての新たな知見は、分子生物学の研究進捗が大きく貢献している。しかし、それと同時に、唯一無二の原理原則を追求する物理学的思考方法よりも、ファジーな部分を払拭することなく新たな解明をおこなおうとする生物学的思考方法が生命研究とともに影響力をもちだしたこととけっして無関係ではない。文明文化の研究も、その時々の思潮に影響されるのであり、その影響のもとに探求されるからこそ以前とは異なった事実が浮上するのである。したがって、今後も一元論と多元論が交互に浮上する可能性があり、時代の思想がおのずと反映することを忘れてはならない。このことを念頭におきながら、基準となる、あるいは重要な遺跡や資料を追跡していくことにしよう。

遺跡が語る初期農耕社会

農耕と牧畜の集落イェリコ

肥沃な三日月地帯で農耕が始まったばかりの時代、通常の集落はせいぜい一〜二ヘクタール程度の土地を支配していたにすぎない。ところが、ヨルダン川流域のイェリコでは比較にならないほど広大な土地を支配していたことが判明している。そのことを可能にしたのは、年間をとおして涸れることのない泉のほとりに集落が位置していたためである。この地域は乾燥地であるが、イェリコの周辺だけは泉のおかげで湿地が形成されており、穀物栽培には絶好の条件が整っていた。耕作地と粗放牧草地が半径一〇キロほどの範囲内で帯状に延びていた。このため、小規模集落から大規模集落に成長し、やがて最終的な都市化への時代をむかえる紀元前四千年紀まで、途絶えることのない定住地として存続し発展を続けたという意味で、きわめてまれな遺跡なのである。

　耕作地や放牧地が出現する以前の紀元前九〇〇〇年頃から小規模な集落が形成されていたことが、放射性炭素14による年代測定の分析から判明している。集落誕生から約一〇〇〇年がたったとき特定動物の家畜化が始まり、なかば飼い慣らされていたと推定される。そして、その一〇〇〇年後にはヤギとヒツジが家畜化された。集落の住民も二〇〇〇～三〇〇〇人に増え、定住地としての集落が整備された頃である。ヤギとヒツジは食性に偏りがなく、一定の広さの土地で多くの数を飼育することができたためであり、乳も有効に利用できたからである。家畜化による大量飼育が可能となったことを物語っている。このほか、ブタやウシは紀元前七〇〇〇年頃から東南アナトリアで家畜化された。

　豊かな農耕集落は当然のことながら周囲のいまだ狩猟採集の段階にある集落からの襲撃の対象となった。このためイェリコでは高さ三メートルにもおよぶ石造の周壁を延長五〇〇メートル以上にわたってめぐらせ、その周壁に高さ九メートルの物見の塔までつくっている。周壁の外側には、幅三メートル、深さ三メートルの周濠《しゅうごう》をめぐらせ、防御の強化がはかられていた。これほどの防御施設を建設するには、集落としての共同作業だけでなく長期にわたる安定した余剰農産物の生産が不可欠であった。そのことを可能にしたのがこの地域としては例外的に湿潤な自然条件と栽培種としてのコムギおよびオオムギの耕作、それに牧畜であった。

興味深いのは、種子が大型で重みを有しているにもかかわらず穂軸が強い栽培種としてのコムギの、ひじょうに古い例（紀元前八〇〇〇年頃）がこのイェリコで発見されていることである。ただし、周壁と周濠は森林伐採を原因とする土壌崩壊および洪水対策であったとす

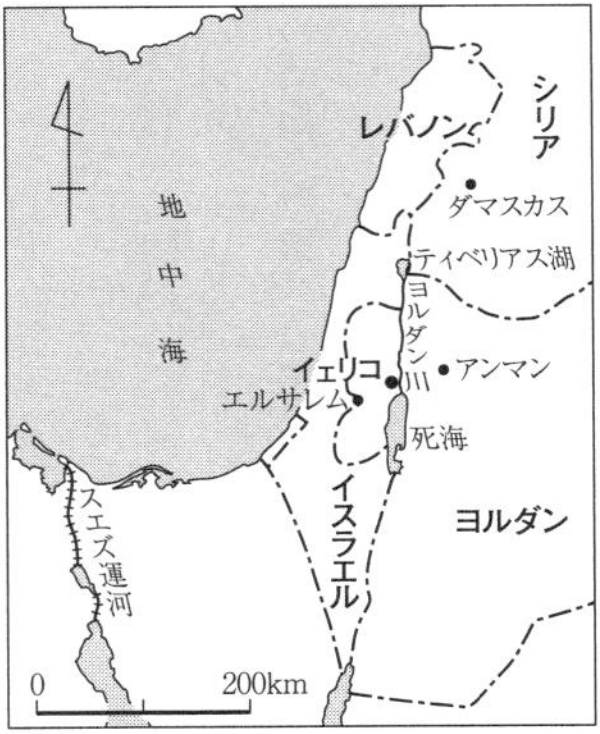

イェリコ周辺

イェリコの周壁と物見の塔跡　中央下に見えるのが直径10mの物見の塔

る説が有力だが、ムギ栽培を確実なものとするために初歩的な灌漑施設がほどこされた可能性を指摘する研究者もいる。

余剰農産物が長期にしかも安定して確保できる農耕集落の人々は、当然のこととして自分たちが住む土地への感謝の気持ちをいだくようになり、土地との結びつきをつくった先祖への感謝と豊穣への願いによって信仰心をいだくようになる。先祖と豊穣への感謝の気持ちが土地への愛着、住居へのこだわりをいだかせ、その結果、人々は自分たちが住む家の床下に死者を埋葬するようになる。紀元前七〇〇〇年頃のことである。床下に埋葬された遺体の中には、身体から切り離された頭部だけの場合もあり、頭骨に漆喰《しっくい》を塗って整形し、眼孔に子安貝をはめ込んだり、彩色をほどこす例も発見されている。このような頭骨に造作を加えたものは、先祖崇拝の儀式に関連すると考えられている。

農耕と牧畜を開始したイェリコのような初期農耕社会では、狩猟採集時代の漠然とした伝承と生産経済段階の豊かさとが一体となって先祖を土地の守護神（ゲニウス・ロキ）と同一視する信仰が広まり、精神世界の分野においても成熟した段階をむかえるのである。この段階で精神世界を司る聖職者が存在したかどうかは定かではないが、長老のような年配者がより先祖に近い存在として集団の尊敬を得ていたことは十分可能性がある。

他集落からの襲撃

生産経済の進展によって、農業を専業とする大多数の住民以外に、ものづくりを専業とする工人が登場し、珍しい貝殻や希少な色石、黒曜石などを用いた装身具なども製作されるようになる。このため、交易が活発となるが、豊かな農耕集落の存在が交易とともに広まり、略奪の対象となる場合も少なくなかった。それゆえに、防御施設としての周壁と周濠がめぐらされたのである。

この防御施設は、本来の機能だけでなく初期農耕文化の特徴のいくつかを象徴的に物語っている。農耕という生産活動が可能となることによってイェリコという集落は豊かな共同体となり、そうではない周辺の住民もしくは集落との差異が拡大する。その差異を保持するための方策が防御施設だった。

イェリコの北西一五〇キロ近くにあるナハル・オレンでは、耕作に適した土地がなかったため、狩猟採集を続けざるをえず、集落も竪穴住居の集合体のままであった。このような集落がイェリコのような農耕集落を襲った可能性はあるが、その証拠は確認されていない。また、狩猟採集よりもさらにリスクの大きな襲撃という方法が恒常的に成功するはずはなかった。紀元前七〇〇〇年頃、ナハル・オレンの集落自体が消滅している。おそらく住民は貧しい土地を放棄したのであろう。イェリコの住民もナハ

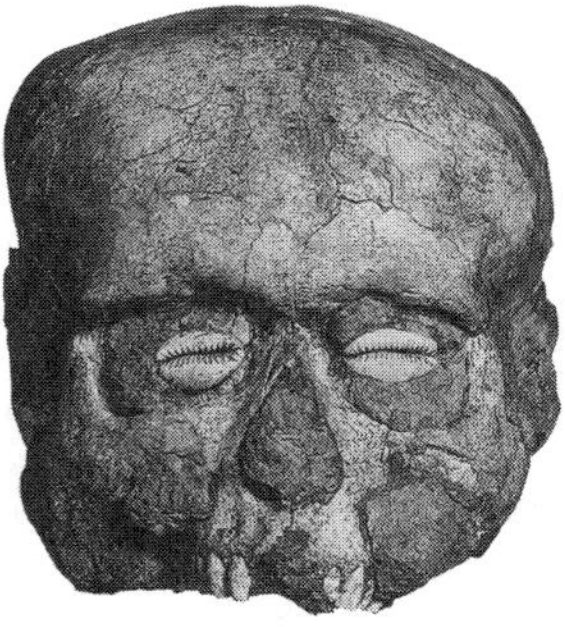

眼孔に子安貝をはめ込んだ頭骨
イェリコ出土。顔全体は漆喰で造形されている。先祖崇拝に関係すると考えられる

ル・オレンの住民も、それぞれの集落の違いを切実に認識したはずであり、農耕の役割を十分に理解したはずである。そのことが農耕の普及の原動力になったのである。

イェリコとナハル・オレンという異なる性格の集落が同じ地域にあったことは、農耕が誕生する過程を考える場合の貴重な資料でもある。栽培植物をいかに育成するかについてはすでに述べたとおりであるが、栽培植物を育成することによる農耕がなぜ肥沃な三日月地帯で始まったのかを二つの集合体の存在が物語っているからである。農耕に恵まれた条件の土地とそうではない土地とが近距離にあることによって、二つの土地の比較から農耕に恵まれた条件が何であるかを人々は時間の経過とともに経験的に同定できたのである。

農耕にとって何が恵まれた条件であり、何が妨げになる条件かを認識することこそ、農耕を開始させる前提条件であった。もちろんさまざまな条件の多くは農耕を開始してからの試行錯誤によっていっそう明らかになるが、基本的条件のいくつかは農耕を開始する際に、すでに判明していることが重要だった。乾燥地帯と湿潤地帯、山岳地帯と平原、荒地と沖積地といった性格の異なる土地が隣接している西アジアでは、そのことをはっきりと認識できたのであり、その自然条件が、西アジアの場合、農耕を開始させる大きな要因となった。

以上を要約するなら、肥沃な三日月地帯で農耕が始まる要因として次の四点を指摘することができる。まずヤンガードリアス期が終了して温暖な環境が到来したこと、次いでもともとこの地域には栽培・飼育に適した野生の動植物がいたことである。第三点はこの地域の狩猟採集民には強い定住志向があると同時に、第四点として精神世界の充実が顕著であり、そのことが共同体の伝統を形成したのである。つまり共同体としての経験知の継承である。これらの要因がさまざまに作用し、複雑に絡み合って農耕が開始されたと思われる。

アナトリア高原の集落チャタル・ヒュユク

紀元前九千年紀の後半、トルコ中部のアナトリア高原に多くの農耕集落が出現した。なかでもコンヤ平原を流れるチュルサンバ・チャイ川の旧河床を挟むようにして位置するチャタル・ヒュユクは、居住区画だけで一三ヘクタールにもおよぶ、当時の西アジアの集落としては圧倒的な規模の農耕集落に発展した。

チャタル・ヒュユクがある扇状地は、最終氷期が終わってから縮小の一途をたどったコンヤ湖の、かつての湖床や沖積地であり、肥沃な土壌は耕作地としての恵まれた条件をそなえていた。この肥沃な土地を求めて人々が住み着いたのは紀元前七〇〇〇年をすぎた頃である。農業と近くで採れる黒曜石の交易で繁栄期をむかえ、集落の規模を急速に拡大していったのである。

チャタル・ヒュユクの東一三〇キロほどにある火山ハサン・ダー（ダーは山の意味）で採れる黒曜石は、鋭いエッジをもつことからナイフの刃として利用され、東地中海沿岸やペルシア湾沿岸にまで運ばれた。というのも、黒曜石は産地ごとにさまざまな微量元素を含んでおり、分光器を使えば容易に産地を特定できるからである。

耕作地で栽培されたのは、コムギ、オオムギ、エンドウマメが中心だったことが炭化した

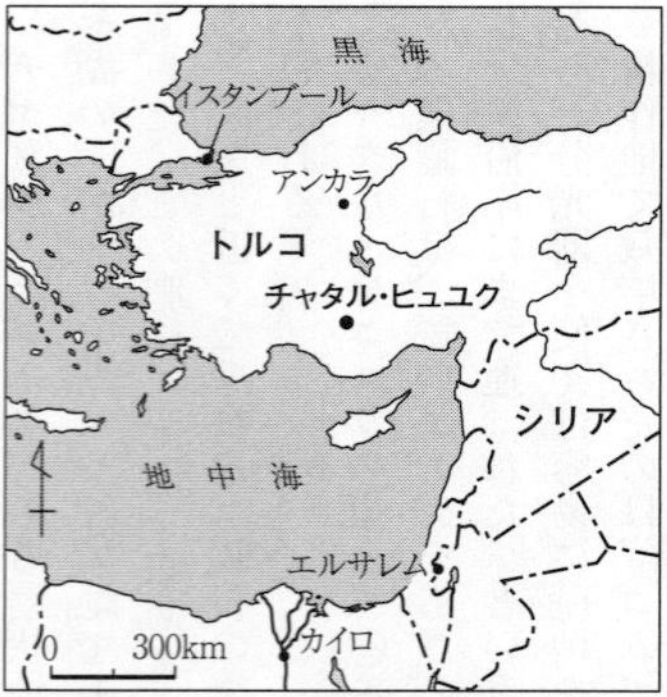

チャタル・ヒュユク周辺図

植物遺体の分析から判明している。このほか、レンズマメやソラマメも栽培されており、この地方に自生するリンゴ、ピスタチオ、アーモンド、ドングリなども採集され、主要食料の補助的役割を果たしていた。一方、食肉用としてはウシ、ヒツジ、ヤギがあったが、雄ウシは精神世界において特別の地位をもっていた。このほか、集落の周辺に出没するアカシカ、イノシシ、オナーゲル（ロバとウマの中間的形態をもつ野生種）、ウサギ、野鳥も食されたが、家畜が供給する肉のほうが消費量はまさっていたことが出土する獣骨から推定できる。

農業の発達にともなって、交易も活発となる。とくにハサン・ダーで採れる黒曜石の需要は大きく、チャタル・ヒュユクを中継地として西アジアの広い範囲に輸出され、その交易にともなって、しだいにそのほかのさまざまな物資を取り引きする交易センターとしての役割を担うようになる。木材、フリント、貝殻などであり、子安貝のような珍しい貝殻は紅海からもたらされ、チャタル・ヒュユクを経て東地中海にまで運ばれた。

物資が集積するようになると、たんにそれらを仲介するだけでなく、何らかの付加価値を与えて、より大きな利潤を得る工夫がなされた。黒曜石やフリントであれば鏃《やじり》、槍の穂先、長短の剣や農耕用のナイフなどに加工され、研磨をほどこした石の小像や棍棒の頭石も交易品として製作された。そのほか、紀元前六五〇〇年頃から土器の製作が始まると粘土製の小像やさまざまな容器がつくられるようになる。

西アジアでの土器づくりは紀元前七〇〇〇年頃からであり、チャタル・ヒュユクが最初というわけではないが、土器づくりで蓄積された燃焼技術は冶金《やきん》に応用され、銅製の玉や鉛製のペンダントなどの装身具類がつくられるようになる。これらのチャタル・ヒュユクでつくられた自然銅による装身具は西アジアで、したがって世界でももっとも早い例の一つである。

チャタル・ヒュユクの精神世界

農業、交易、そして物づくりが盛んになることによってチャタル・ヒュユクは繁栄期を迎え、住民の住居も整備されていった。一九六一年の最初の発掘で出土した一三九室の部屋は巨大な集合住宅のような造りで、それぞれの住居を分ける路地などがなく、住居同士が共有壁によって分かれているだけであった。このため住居の出入りにはハシゴをかけて陸屋根《ろくやね》にのぼり、そこから居室に入るようになっていた。居室はいずれも四×五メートルほどの大きさで、粘土製の炉やベンチがしつらえてあった。住居の中核をなしている居室の周囲には小部屋がいくつかあり、食料貯蔵庫や倉庫としてもちいられた。これらの部屋の天井にはカシの木の頑丈な梁《はり》がわたされ、その上に細い横木とアシが敷きつめられ、粘土で固めてあった。この天井が住居の陸屋根を形成していた。

チャタル・ヒュユク遺跡　遺跡全景(上)の手前は大神殿跡。出土した小像(下)は粘土製で玉座に座る豊饒女神

出土した一三九室のうち四〇室は漆喰で壁面が装飾され、幾何学的なモチーフや植物、女神、ウシ、ヒョウ、シカ、シロエリハゲワシなどの動物が描かれていた。部屋の大きさや構造は住居の居室と変わることはなかったが、この特殊な装飾のある四〇室は、神殿のような役割をもつ宗教的施設と推定された。なぜなら、ヒョウのような動物を聖獣として従える女神の多くは妊娠もしくは出産の姿で表されており、ヒツジやウシを出産している場合もある。これらはいずれも多産豊饒を意味しており、農耕民としてのチャタル・ヒュユクの住民の願望を切実に表現しているからである。男神の多くは雄ウシとして表されており、おもに役牛として貴重な存在であったばかりか、人間の男性および動物のオスの生殖能力を象徴していた。

神殿と推定される部屋の一つには、シロエリハゲワシが首のない胴体部分だけの人間を襲っている場面が描かれており、鳥葬のような習慣があったことを示唆している。また、神殿の壁面に立体的に表現された女性の乳房の中にはキツネ、イタチ、ハゲタカの骨が埋め込まれていることから風葬がおこなわれていたと推定される。これらの造形表現によって判明したことは、まず、集落から一定の距離をおいた遺体置場で野ざらしにされて白骨化させる一次葬としての鳥葬を含む風葬がおこなわれ、次いでその白骨を親族が布や獣皮に包んで故人の自宅や神殿のベンチ状の寝台下に埋葬するという、葬祭の一連の推移である。

チャタル・ヒュユク遺跡の神殿の壁画　男たちがウシやシカをとりまき、狩猟の様子が描かれている

寝台下からは何個体もの白骨が出土することから、二次葬は追葬形式、つまり親族たちが同じ場所に次々と埋葬されたことも判明している。副葬品は貧弱だが、神殿のような部屋に埋葬された遺体の場合は黒曜石製の鏡、儀式用の短剣、金属製のビーズのような高価な副葬品をともなっていることから、集落の首長たちの墓であった可能性がある。そうであるならチャタル・ヒュユクは共同体としてかなり成熟した段階に

あり、住居の規模では成員間の差は認められないが、首長のような地位が生まれる程度の社会的垂直性が進展しつつあったことがうかがわれる。

この時代にこれほど高度な集落社会が出現する条件として、肥沃な耕作地の確保、黒曜石という当時の社会における貴重な資源が近くで産出され交易が盛んだったこと、さまざまな物資の交易にともないさまざまな地域の人々と接触できたことなどがあげられる。しかも交易を有利におこなうため、一次産品に細工を加えて付加価値を与える工人集団が誕生した。集落社会の中に農業以外の職業が確立し、社会のより有機的な構造化をうながすことになった点も見のがせない。

以上のように、チャタル・ヒュユクは初期農耕社会の経済、技術、宗教に関して多くの情報を私たちに与えてくれる。とくに数多く出土した「神殿」からの壁画をはじめとする造形表現は、この集落に住んだ人々の精神生活がどのようなものであったのかを雄弁に物語る。生と死の共存や多産豊饒への願いなどに関しては明確なメッセージを読みとることができるものの、礼拝形式や死後の世界観などについては判明していない部分がかなりある。と同時に、首長の存在は推定できるが、社会がどれほどに垂直化していたのかも明らかではない。生活のさまざまな様相を明らかにしてくれた遺跡ではあるが、それと同じほどの謎を投げかけているのである。

気候変動と「ノアの洪水」

ここで、やや横道にそれるが、気候変動と初期農耕についての近年の論争をひとつ紹介しておこう。

一九九六年、海洋学者のウィリアム・ライアン、ウォルター・ピットマンらのコロンビア大学研究グループは、紀元前五六〇〇年頃から人類にとって未曾有の天変地異が黒海で起こった可能性があると発表した。この研究者グループは、深海コアの分析と水中音波探知の結果から、天変地異が起こる以前、黒海の水位は地中海の水位より一五〇メートルも低かったことを、当時の波打ち際の標高から明らかにした。しかも深海コアの中から発見した貝殻を、加速器質量分析法AMSを用いた放射性炭素14による年代測定で計測すると紀元前五六〇〇年頃という年代が示された。この貝殻は地中海に棲息していた軟体動物のもので、この年代に突如として黒海に出現したのである。以上の分析結果から研究チームは次のような推論をおこなった。

黒海という巨大な内海になる以前、そこはエウクセイノス湖（ギリシア人が黒海を「歓迎の海エウクセイノス・ポントス」と呼んだことに由来する）という淡水湖で、氷河がつくりだしたその爪痕《つめあと》に淡水がたまったところだった。エウクセイノス湖に集まった水はボスポラス海峡を経て地中海に流れ出していたが、乾燥期の到来とともに湖の水位は下がり、地中海と一五〇メートルも違うようになっていた。当時の地中海の水位は現在よりも一五メートルほど低かった。そこへ、地球規模の氷河溶解が起こり、地中海の水位が上昇し始めたのである。紀元前五六〇〇年頃のことである。地中海の水位が上がり始めると、その海水はマルマラ海とボスポラス海峡を通ってエウクセイノス湖に流れ込んだ。ボスポラス海峡を通過する海水は時速九〇キロを超す勢いだったため、海底の岩盤を削り取るほどであったという。淡水湖の水位は一日に一五センチも上昇し、約二年というきわめて短期間に湖は海水で満たされた現在の黒海の状態になったという。前記の軟体動物とその貝殻は、この地中海からの海水流入の際、流れ込んだものであった。水位の低いエウクセイノス湖の周辺で耕作に明け暮れていた人々は地中海からの大洪水によってすべてを放棄せざるをえなかったのである。このときの途方もない大洪水こそが旧約聖書に記されている「ノアの洪水」であると研究グループは推測している。

一方、「ノアの洪水」を連想させるような大洪水が紀元前五六〇〇年頃に起きた形跡はないとする研究結果が二〇〇二年に発表された。ニューファウンドランド・メモリアル大学のアリ・アクスたちの研究グループである。彼らはマルマラ海の海底にボーリングを入れてコアを採集し、採集試料の年代測定などをおこなった結果、マルマラ海の海底岩盤がライアンたちの唱えるような紀元前五六〇〇年頃に削られた痕跡は皆無であり、当時も黒海から地中海に海水が継続的に流出していたとする分析結果を得たと発表したのである。そしてライアンたちの主張の核となっている軟体動物に関して、黒海の塩分濃度が変わったために出現したのであり、大洪水が発生したからではないと結論づけた。

両グループの論争は現在も続いているが、黒海の浅い海底で農耕集落がいまだに発見されていないことを考慮するなら、アリ・アクスたちの見解が的を射ているのかもしれない。

ヨーロッパの初期農耕文化

農耕の開始は、西アジアでは一万一〇〇〇年前頃、中国では紀元前七〇〇〇年頃、そして中米では紀元前七〇〇〇年以降である。開始時期だけを見るなら、西アジアの肥沃な三日月地帯から、それ以外の地域へ農耕が伝播したかのように見えるが、そうではない。というのも、それぞれの地域にはそれぞれ固有の栽培植物があるからである。

たとえば西アジアから地中海域にかけての範囲を起源とする栽培植物は、コムギ、オオムギ、エンドウマメ、ソラマメ、オリーブ、ブドウ、ニンジン、カブ、レタスなどである。東南アジアから中国にかけては、コメ、アワ、タロイモ、ダイズ、アズキ、ショウガなどがあり、中米起源としては、トウモロコシ、サツマイモ、トマト、カボチャなどがある。つまり、野生種から栽培種を育てあげて農耕を始めるという営為は、地球の各地でそれぞれに開始されたのである。

もちろんオーストラリア大陸のように、掘り上げたヤマイモの一部を切りとって土中に埋め戻し、次の生長を待つようなきわめて原始的な農耕の段階で停滞もしくは充足した地域もある。この地域で通常の農耕が開始されなかったのは、年間降水量が世界でもっとも安定していないため、農耕をおこなうよりも自然の環境に対するするどい感受性によって自然と共生し、豊かな自然の実りを享受したほうがより確実であるという特殊な条件があったからと考えられる。農耕を自然環境に適応する技術とみなすなら、オーストラリアにおける例も農耕であり、したがって文化であることをわれわれはしっかりと認識しておく必要がある。

一方ヨーロッパの農耕は、紀元前六五〇〇年頃、アナトリアの農耕文化がバルカン半島へ伝播したことに端緒をもつと考えられる。すでに発達した段階にあったアナトリアの農耕文化が伝播したので、バルカン半島の農耕もその始まりからかなり成熟した段階にあり、コムギ、オオムギはもちろん、レンズマメやエンドウマメのようなマメ類を栽培するとともに、ヤギ、ヒツジ、ブタ、ウシなどの牧畜もおこなう混合農業が早い段階からおこなわれた。肥沃な三日月地帯起源の混合農業は、作物栽培と牧畜をたんに並行しておこなうのではなく、家畜の排泄物およびマメ科の牧草を畑の地力増進に活用し、栽培と牧畜に相乗効果をもたらす農業の段階にすでに達していたからである。

バルカン半島に定着した農耕文化は、ドナウ川流域沿いにハンガリー平原北部に広まり、さらに現在のドイツ、ポーランドにも伝播していった。この地域は、温暖化とともに鬱蒼《うっそう》たる森林によって覆われ、良質な木材を供給した。このため、初期農耕文化とはいえ堅牢な木造の住居をつくることができた。肥沃な土地が展開する河川沿いに出現するロングハウスと呼ばれる住居は、周辺の森林から切り出された材木をふんだんに使用しており、なかには奥行き四〇メートルを超す規模のものもつくられた。屋根は草葺きで、壁は冬の寒気を防ぐために小枝を組んだ上から泥を塗り籠めてあった。内部は三つの区画に分かれており、中央が居住区画、北奥にウシなどの家畜を収納する区画、南側が食料貯蔵区画となっていた。ロングハウスの住人は家族単位もしくは大家族単位で、川沿いに五〇メートルから一〇〇メートルの間隔をおいて点々と立っていた。したがって西アジアのような数十家族が集まる集落を形成することはほとんどなかった。

ロングハウスからなる集落が展開する現在のドナウ川流域からハンガリー、ドイツ、ポーランドの地域は、帯状の装飾を施した土器の分布とほぼ一致していることから帯文土器《たいもんどき》文化圏とも呼ばれる。初期の帯文土器文化の定住地はかならずといってよいほどに河川沿いの水はけがよい肥沃な黄土（レス）地帯に設けられた。川の流域であるため土はつねに一定の湿度を保ち、簡単な農具でもたやすく耕すことができた。肥沃な土地であるため、同じ区画で繰り返し耕作することができたが、やがて土地が疲弊すると、新たな土地を求めて川沿いに移住すればよかった。このような定住と移住を繰り広げながら農耕文化が普及したのである。

この地域は長く厳しい冬に耐えねばならなかったが、その一方で狩猟に適した季節でもあった。雪で覆われた森林はバイソン、シカ、ヘラジカ、キツネ、ウサギなどの狩りに適しており、農作物がなくとも食料を十分確保することができた。

南ヨーロッパへの伝播

バルカン半島に定着した農耕文化のもう一つの伝播経路は南ヨーロッパに向かった。紀元前七千年紀末、バルカン半島からアドリア海を渡って南イタリアとシチリアに伝播した農耕文化である。この地域は洞窟や岩陰を住居とする狩猟採集と漁労の人々の地であった。農耕文化の伝播とともに人々は徐々に土地を耕作するようになるが、天然資源も豊富だったため、コムギ、オオムギの栽培、ヤギやヒツジの飼育とあわせて狩猟採集と漁労も並行しておこなわれた。

農耕文化が普及するとともに土器がつくられるようになる。カルディウム（ザルガイ）の縁を押すことによって装飾をほどこしたカーディアル・ウェア（カルディウム土器）と呼ばれる土器を製作するようになる。縄文土器の貝殻沈線文によく似た装飾法である。しかし、カーディアル・ウェアの場合、魔除けを意味すると思われる目のようなモチーフが使用されているが、貝殻沈線文土器にそのような象徴的モチーフを見ることはない。すでに農耕文化の段階に入っていたカーディアル・ウェア文化と、狩猟採集の段階にあった早期縄文文化の違いなのであろうか。

イタリア半島に普及した農耕文化は、南フランス、イベリア半島にも伝播し、最終的には大西洋に面したロワール地方やモロッコの地中海沿岸域にまで広がり、カーディアル・ウェア文化も同様の広がりをみせた。一方、天然資源の豊富なバルト海沿岸域や大西洋のより北の沿岸域と東ヨーロッパの河川沿いでは、農耕文化がヨーロッパに広く普及してからも、なお狩猟採集の段階にあった。農耕に頼らなくてもすむだけの自然条件に恵まれていたからである。したがって、自然条件が狩猟採集にとくに適したところには人口が集中するようになり、農耕集落よりも規模の大きな集落が出現し、やがて恒常的な大規模集落に発展するところもあった。

このような集落は、あくまでも狩猟採集経済を基盤としていたが、近隣の農耕集落にならって土器を製作する場合もあった。つまり、土器製作をともなう狩猟採集社会であり、日本の縄文社会と類似した形態の文化だったのである。このような社会が農耕を導入するのは、たとえばデンマークにおけるように、冬から春にかけての主要な食料であるカキが絶滅するような環境変化が契機となって初めて実現するのである。

北欧の沿岸域と東欧の河川域での農耕をともなうことなく大規模集落を形成するようになる狩猟採集文化は人類の文明史を考えるうえで、縄文文化と同様、きわめて重要な位置を占めていると筆者は考える。これまでの文明史は、農耕という、その初期の段階では先端技術であった人類のイノベーションをいかに発達させ、その恩恵のもとにいかに社会的発展を実現させたか、という尺度もしくは価値観だけによって考えられていた傾向がある。したがって変化、発展、発達、改革こそが人類の進歩であるかのような偏った文明史観が近現代社会を主導し、狩猟採集社会、農耕社会、産業社会、先進工業社会という類型と図式化された直線的展開しか人類にとって選択肢がないかのような、まさに地球的規模の錯覚もしくは偏見にとらわれている可能性があるといえよう。その意味でもヨーロッパ北東部にあった狩猟採集文化、縄文文化、北米のイヌイット文化、オーストラリアの

イタリア出土のカーディアル・ウェアの破片

アボリジニ文化などを、人類の文明史の中に新たに位置づけることが二一世紀のわれわれにとって重要な課題なのである。

ヨーロッパの農耕文化は紀元前四〇〇〇年頃までに、上記のヨーロッパ北辺地域をのぞくほぼ全域に普及し、定着した。農耕という共通する経済システムが広がることによって個々の集落はその規模を拡大すると同時に相互の関連を深め、さらに集落の数と規模を増大していった。このことは交易網の広がりと同時に集落ごとの工芸技術の向上をうながすことになる。付加価値の高い加工品を交易品とするために、たとえばスポンディラス（ウミギクガイ）のようなエーゲ海やアドリア海から運ばれてきたもの、良質な石灰岩のような採石地が限られている石材も交易を通じて入手され、加工を施してさらに交易の対象となった。

初期農耕社会はこのようにして徐々に新しい技術をもつ社会へと展開していくが、メソポタミア文明のような人類にとっての初期文明にまで発達することはなかった。その理由を明らかにすることはむずかしいが、恵まれた自然環境、地域全体を見たときの比較的等質な文化状況、そして農耕という当時の先端文化の西アジアからの受容が、初期文明を誕生させるために必要なさまざまな要因の集中化、集約化によるあるエネルギーの高まりによって、文明を誕生させるという沸点にまでは到達しなかったのであろう。この地域全体の文明化は、約四〇〇〇年後のローマ帝国の出現を待つことになる。

農耕の普及と共同体の墓

ヨーロッパのほぼ全域へ農耕が広まるには数千年という歳月を要しており、普及の速度はじつに緩慢なものだった。なぜこれほどの時間を要したのか、明確な理由が明らかにされているわけではないが、次のような二つの理由を少なくとも考えることができる。

一つは、西アジアで誕生し発展した農耕という技術文化を、気候など自然条件が大きく異なるヨーロッパに適応させるためには、かなりの時間をかけざるをえなかったという理由である。前にも記したとおり、農耕は環境適応技術であるために、季節変化のような自然の時間サイクルに適応する必要があること、また技術を文化段階にまで浸透させることによって農耕の定着が実現するからである。

第二に、狩猟採集に適した地方では獲得経済だけで十分生活することができたため、狩猟採集を前提としたまばらな人口分布であった。農耕社会に移行するにはこのまばらな人口分布を労働集約型の生産に適した社会に再構築する必要がある。ところが、西アジアと違って自然条件に恵まれた獲得経済であったため、短期間に生産経済に移行するだけの誘因に欠けており、しかも、農耕社会への移行は社会変革ともいうべき改造を必要としたので、結果として長大な時間を要した、という理由である。

普及に時間はかかったものの、農耕がしだいに定着すると、人口が増加し、もはや以前の獲得経済社会にもどることはなかった。農耕文化は工業生産が出現するまでは、非可逆的な生産文化だったのである。人口が増加するにつれて、また増加した人口を維持するために西ヨーロッパの肥沃な低地の住民は次々と農耕を採用し、農耕生産に適した社会を形成していった。

ヨーロッパのほぼ全域に農耕が普及し、生活様式が変化して景観自体が以前と異なるようになるのは紀元前三五〇〇年頃からである。森林で採れる木材を豊富に用いたロングハウスが数軒集まった集落やより多くのロングハウスが立ち並ぶ集落が以前よりもはるかに多くなる。温暖な気候と豊富な降水量に恵まれた西ヨーロッパでは農産物の生産性が向上し、集落もしくは集落としての社会がより高度化するなかで、共同体を象徴する施設がしだいに埋葬地へと収斂《しゅうれん》するようになる。全体が円形もしくは長方形の盛り土や石で覆われているこれらの墳丘墓は、何十もの遺体が順次埋葬されている場合が多いことから、故人もしくは家族の墓というよりも、共同体のものであった可能性が高い。したがって墓の建造も共同体としておこなわれたはずである。というのも、比較的大型の墓は建造に延べ一万人以上の労働力を要した例があるからである。

グレートブリテン島の墳丘墓

イングランド南西部エイヴベリーの緩やかな斜面に点在する墳丘墓は、メソポタミアで都市が発展しつつあった紀元前三四〇〇年頃に建設されたものである。これらの墳丘墓は、内部に石造の墓室をそなえたものや、木造の墓室など材料と形式がまちまちであった。しかし、しだいに規模を拡大し、野心的な墳丘墓が出現するようになる。なかでも、イギリス南部、ウィルトシャーのウェスト・ケネット・ロング・バーローの長方形をした墳丘墓はほぼ東西に約一〇〇メートルの長さをもち、南北幅は一六メートル以上、墳丘の高さは約二メートルである。この墓には少なくとも四六体分の人骨が埋葬されていたことが判明している。それらの骨の関節ははずされ、いくつかの頭蓋骨だけが別の場所に置かれた個体もある。なぜそのような埋葬をしたのかいまだ十分には解明されていない。

ただし、建造に一〇〇人が一五〇〇時間以上をつぎ込む必要のある墓を五〇〇〇年以上にわたって使用していたにもかかわらず、わずか四六体しか埋葬されていないということは共同体を代表する家族がもっぱら使用したと推定できる。この家族こそが共同体の属性を象徴したのであり、それゆえに同一の墓を同じ埋葬法によって五〇〇〇年以上も使用し続けるという強固な文化的連続性も可能となったのである。

この希有な文化的連続性から明らかなように、墳丘墓は共同体を象徴する中心的な構築物としての役割をもち、グレートブリテン島南部のほぼ全域とアイルランド東岸に普及する。その段階になると墳丘墓の飾り石として使用されていた巨石と同じ石材を用いた施設が、葬祭というよりも宗教儀礼に重きをおいた、地域の集会場として活用されるようになる。グレートブリテン島南西部のエイヴベリーに最初に登場する祭祀用モニュメントとしての巨大なヘンジは、その性格をよりいっそう明確にしたモニュメントである。

巨石文化の時代

巨石を円環状に並べたストーンサークルや、直線状に並べたアリニュマンが、グレートブリテン島南西部やフランス北西部に出現するのは紀元前三二〇〇年頃からであり、紀元前一五〇〇年頃まで建造された。グレートブリテン島だけでも一〇〇〇基を超えるストーンサークルがあるなかで、円環状に掘られた溝と土塁のなかに同じく円環状に配された立石からなる巨大ヘンジは約八〇基しか確認されていない。そのなかで、エイヴベリーより少し遅れて建設されたストーンヘンジは巨石文化を代表するモニュメントである。

エイヴベリーとストーンヘンジがあるウェセックスは、グレートブリテン島南西部の宗教的中心地だったところであり、最初はエイヴベリーのヘンジが、次いでストーンヘンジがこの地方の宗教儀礼の中心をなしていたと考えられる。フランスのブルターニュ地方、ウェールズ地方、グレートブリテン島南西部、アイリッシュ海沿岸部、それにスコットランドの島々は海路によって結ばれた巨石文化圏で、類似した巨石モニュメントが点在することから、おそらく共通する宗教儀礼が普及していたのであろう。そのようなモニュメントのなかでもっとも保存状態がよく、大きな規模を誇るのがストーンヘンジである。

新石器時代の建造物としては異例なほどの規模を誇るストーンヘンジは、紀元前三〇〇〇年頃から一五〇〇年もの時間をかけ、三期にわたってつくられた。第一期は、直径一一〇メートルほどの溝と土塁で外周を規定し、土塁の内側に沿って火葬された遺骨を埋める竪穴が一定間隔をおいてつくられていった。これらの竪穴は紀元前二三〇〇年頃に掘られた墓で、儀礼としておこなわれた人身御供の犠牲者のものだったのかもしれない。第二期の立石は失われてしまったが、幾重もの円環状に配置された溝、土塁、竪穴、立石の北東部分だけが開口部となっており、北東に向かう一直線の、エイヴォン川を目指す通路はこの時期に建設されたものである。第三期はヘンジの中心部が構築された。二本の支柱と横木に相当する三つの巨石がトリリトン（三つの石の意味）を構成し、このトリリトンを連続させて直径約三五メートルの円環がつくられている。

ストーンヘンジ　ロンドンから西へ約200kmの位置にある巨石モニュメント

　巨石は一個二〇トンを超え、なかには五〇トンにおよぶ石もある。サーセン石と呼ばれるこれらの巨石一つひとつが、北三〇キロのマールボロ・ダウンズからそり（日本の修羅に相当する）のようなもので一〇〇〇人以上の人間によって運ばれたと推定される。また、円環状に並んだ巨石の中に配置されているブルー・ストーンは、ウェールズ地方西端のプレセリー山地から運ばれたものである。ストーンヘンジとの距離はゆうに二〇〇キロを超えるが、大部分が海路とエイヴォン川を遡行しての運搬だったため、サーセン石の運搬ほどに労力がかかることはなかった。第三期の建造だけでも延べ二〇〇万時間の労力を要したと推定されており、ストーンヘンジがいかにこの地方にとって重要な宗教的モニュメントであったかを物語っている。しかし、どのような信仰によるものであったかについてはほとんど何も解明されていない。もちろんストーンヘンジの中心軸を延長すると、夏至の日の出の位置に合致するという構成になっていることが判明しているが、信仰の内容を知るまでには至っていない。

ストーンサークルやアリニュマンに代表される巨石モニュメントはグレートブリテン島とブルターニュ地方では紀元前一五〇〇年頃から建造されなくなる。それに代わってセーヌ川流域やテームズ川流域を中心とするより肥沃な地方での、より発達した農耕文化と青銅器文化が展開するようになるのである。

インド亜大陸の初期農耕文化

ここで、メソポタミア地域の東側、インド亜大陸に目を転じてみよう。

近年の調査で、パキスタン西部のバロチスタン丘陵域とインダス川流域に挟まれたカッチ平原では、紀元前七千年紀初頭から初期農耕文化が栄えたことが明らかになった。肥沃な三日月地帯につながるイラン高原の農耕文化に影響された結果と推測され、それゆえにインド亜大陸の農耕文化は西アジアよりも遅れるとみなされてきた。

現在のパキスタンとインドの国境地帯の大部分は乾燥地帯であるにもかかわらず、カッチ平原は一年中流水が途絶えることなく、高地であるために夏の放牧にも適したところであった。西アジアと類似した自然条件が、西アジア型農耕を可能にしたのである。ただしオオムギは、この地域で栽培化された可能性が議論されている。しかも、西アジアの場合と同じく、コムギ、オオムギが自生しており、ウシ、ヒツジ、ヤギの野生種も生息していた。これら野生の動植物が徐々に家畜化され栽培植物へと変化したことが動植物遺存体の分析から判明した。それが紀元前七〇〇〇年頃のことである。この時代はいまだ土器が製作されていない先土器新石器文化の段階にあった。しかし、近くを流れるボラン川が生み出した河岸段丘の上に位置するメヘルガルは、紀元前七千年紀の段階で二ヘクタールの広がりをもっていた。

集落は、日干し煉瓦《れんが》を積み上げた壁構造の住居で、丸太の梁の上に小枝を置き、その上にアシ葺き屋根を設けていた。二室もしくは四室からなる住居が狭い街路沿いに並び、紀元前六〇〇〇年に入ると食料貯蔵室や道具置き場の部屋も併設するようになる。穀物の貯蔵が通常化すると、当然のこととして貧富の差が集落内で生じるようになり、社会的垂直化が進行する。とくに穀物のなかでも生産性にすぐれた六条ムギが栽培されるようになると、人口も急増した。

集落には農民だけでなく工人も現れ、水平分業の状況も見られるようになる。彼らは石刃、細石器、磨きをかけた石斧、石臼、骨角器など、新石器時代の集落に共通する道具や什器だけでなく、ペルシアなど遠方から運ばれたラピスラズリやトルコ石、それに凍石《とうせき》を用いた装身具を製作すると同時に、細工をほどこす貴重な材料を貯蔵する場所を設けるほど専門化していた。そのような高価な交易品と交換するための資源がフリントだった。ボラン川上流からもたらすフリントの石塊は、当時の社会では貴重な資源であるため、インダス川流域だけでなく、ガンジス川流域、さらには中央アジアまで交易品として運ばれ、メヘルガルの繁栄の一因ともなった。

住民の墓は集落内の空き地を利用するかたちで点在した。地面に穴を掘った土壙墓《どこうぼ》には屈葬された遺体が安置されており、骨角器や海産貝でつくられた装身具などさまざまな副葬品が出土する。とくに興味深いのは、墓主が子供であるにもかかわらず豪華な副葬品をともなう場合があることである。おそらく、集落の有力者の子供で、すでに集落内の社会的地位が世襲化しつつあったことを物語るのであろう。

メヘルガルの初期農耕集落は紀元前六〇〇〇年をすぎると土器を製作するようになり、やがて地域の土器生産の中核的な役割を担うほどに発展する。発展にともなって集落も拡大し、最盛期には二〇〇ヘクタールもの広がりを有するようになる。この段階に入るともはや初期農耕集落とはいえない高度な社会性をそなえた共同体に発展し、のちのインダス文明の出現を準備することになるのである。

紀元前二〇〇〇年頃まで続くメヘルガルの推移は、西アジアと東アジアの中間域であるインド亜大陸の初期農耕文化を考察するうえで、また、地球上の農耕牧畜の出現を考えるうえで重要な事例である。なぜなら、その自然環境はイェリコのような西アジアの集落と酷似している。集落が位置する地域は乾燥不毛な土地ながら、集落の地点およびその周辺だけはボラン川の流水に恵まれ、灌漑にも活用できる場所である。しかも植物動物とも農耕牧畜に適した野生種が自生していた。

このような恵まれた環境は周囲の荒地との対比によって具体的に把握することが可能であ

り、その詳細な把握こそが農耕牧畜を開始させた原動力として作用したのである。その意味で、メヘルガルの局地的な好条件と対極的な悪条件の併存こそが初期農耕文化を培う原動力の一つであったとみなすことができるのである。

東アジアの初期農耕文化

必要は発明の母

寒冷期が終わる紀元前一万年頃、東アジアの大地を覆う樹木は、落葉広葉樹と常緑広葉樹を中心とする植生へと変わり、マンモス、ナウマンゾウ、オオツノシカなどの大型動物は絶滅するか、北上して東アジアから姿を消した。代わって繁殖したのがイノシシ、イヌ、シカ、ウサギ、タヌキ、キツネ、テンなどの小型動物である。大型動物を追って広い範囲を移住していた人々の生活圏は、罠をしかけ、獣道を追いながら獲物との知恵比べが必要な小型動物の狩りに移行することによって格段に縮小していった。大型動物に比較するなら効率の悪い小型動物の狩猟は、狩猟以外の食料確保を必要とし、根茎類や果実類とならんで、ドングリ、クリなどの堅果類に頼らざるをえなくなったのである。

生活圏の縮小は、日本列島の新石器文化である縄文文化において、農耕開始以前であるにもかかわらず定住生活が定着するといった極端な事例さえ生んだのである。また、破損しやすいため頻繁なあるいは長期にわたる移動には適していない土器が、堅果類や根茎類のアク抜きをするために、また、魚介類を調理するために煮沸用として東アジアでは西アジアよりも早く登場する。西アジアでは紀元前七〇〇〇年頃に土器がつくられるようになるが、東アジアでは紀元前一万年をさらにさかのぼることさえある。これまでは縄文土器の出現が世界で最初とみなされてきたが、近年の中国大陸での調査では沿海州から華北、華中、華南にかけて縄文土器よりも古い可能性があり、また明らかに西アジアよりも早く土器が出現しており、縄文土器に先行する例さえ報告されている。

世界的に見ても東アジアの土器製作開始がきわめて早いのは、食物資源としての堅果類や根茎類、あるいは魚介類への依存度が高く、それゆえに煮沸用としての土器が必要とされたからであろう。「必要は発明の母」という言葉が文明レベルでも有効であることを証明しているかのようである。一方、西アジアではコムギ、オオムギの農耕文化が早くから展開する。ムギ類を食すには、脱穀、製粉、生地混捏《きじこんねつ》、成形、焼成の過程を経て現在でも西アジアでつくられているチャパティのようなパンにする。オートミールのようなムギ粥もあるが、ムギの調理法としての主役は煮沸よりも焼くことであり、この調理法の違いが土器の出現時期を違えたのであろう。

中国大陸の初期農耕は華北と華南では大きく異なっている。華北の初期農耕作物はアワとキビであり、華南はイネである。しかし、華北のアワとキビがいつごろから栽培種として耕作されたのかを、西アジアのムギのように連続的にたどることはできない。アワの野生種はエノコログサと考えられるが、栽培種への転換時期は判明していないし、キビに関してはその野生種さえ同定されていない。判明しているのは紀元前六〇〇〇年頃から栽培されていたということである。この年代もそれ以前の遺跡が十分に調査されていないという考古学の研究現状による結果であり、将来、より古い新石器文化の遺跡が発見され発掘調査が進めば、さらに年代をさかのぼる可能性は十分にある。

イネの栽培

イネの野生種が自生していた地域、つまりイネの起源地としては雲南からインド東北部のアッサム地方がこれまで有力視されてきた。ところが中国での考古学調査が進むにつれて、長江の中流域から下流域にかけての遺跡の早い段階でイネの炭化物や籾殻《もみがら》の圧痕が出土するようになった。それらの放射性炭素14による年代測定によれば紀元前六〇〇〇年頃にさかのぼることも明らかになった。

また、最近の調査研究によれば、長江中流域の彭頭山《ほうとうざん》文化に属する土器に含まれていたイネの炭化物の年代測定から、栽培種のイネが紀元前七〇〇〇年以前に少なくとも存在していたことが判明した。この段階では野生イネと栽培イネの両方を食していたと推定されるが、野生種と栽培種を識別できるプラントオパールの分析や、人骨のアイソトープ分析から、紀元前五〇〇〇年頃になると、長江の中流域と下流域ではイネの栽培を中心とする初期農耕文化が出現していたことが明らかになった。

イネの耕作とほぼ同じ時代、イノシシを家畜化したブタの飼育もおこなわれるようになる。年に二回、それぞれ一〇頭前後の子ブタを産むことから食用としてきわめて効率的なブタの家畜化は食料確保に大きな貢献をはたした。しかし、イネとブタによって必要とする食料の全量が確保されたわけではなく、狩猟採集および漁労も並行しておこなわれていた。

紀元前四千年紀初頭から長江下流域では二～五平方メートル程度の水をためることのできる浅い窪みが連続する小規模な水田が発見されている。水田の維持には共同体としての集落の存在が不可欠であり、集落と水田の密接な相互関係が両者の規模をしだいに拡大していく。その拡大化は短期間のあいだに直径三〇〇メートルもの濠と土塁をめぐらせた集落を長江中流域に出現させる段階にまで至るのである。

このような規模の大きな集落になると人口は優に五〇〇人を超えるようになり、年功序列を基本とする親族関係だけで集落を運営することはむずかしくなる。宗教的にすぐれた能力を持つ人物や、戦いで傑出した功績をあげた人物が集落全体を指揮する首長のような地位について集落の命運を左右するようになる。首長の支配が適切な場合、その指導力はしだいに強化され、権力として確立されていく。首長が掌握する権力が確立すると、その権力の継承が集落全体の次なる課題として浮上する。

初期農耕社会で可能性の高い権力継承の一つは長老たち少数の有力者による相互指名の場合と、首長によるその子孫への世襲であったと推定される。有力者や首長が一定期間権力を保持すると、集落という集団内部における貧富の差が拡大し、有力者たちは権益の独占を図るようになる。このことは質量ともに大きな相違が認められる副葬品に如実に反映する。

集落内に貧富の差が生じるということは、有力者たちが保存食料を備蓄し、貴重な交易品などを多く所有することである。そして、自然条件や立地条件に恵まれた集落が大規模集落に成長すると、周辺集落との利害関係が生じ、利害関係を克服するための戦いに進展するような事態も生じた。このような社会状況を証左するのが人を殺すために使用されるようになる槍や弓など武器の出現である。

それまでの槍や弓は動物の狩猟用であったため、殺傷力は長い期間大きな変化がなかった。ところが紀元前三〇〇〇年頃から鏃が大型化し、これまで以上の貫通力をそなえた武器が出現する。おそらく敵の人間を殺傷することを目的とするためにつくられた鏃であったと考えられる。事実、このころから鏃がつきささった人骨や明らかに武器で傷を負った人骨が出土するようになる。そして集落をとりまく濠はより深くなり、土塁もより高くなる。農業生産を目的とした集落が防御施設をともなう城郭集落へと変化したのである。

朝鮮半島と日本列島の土器

中国の長江流域や黄河流域に比べるなら、朝鮮半島と日本列島に初期農耕文化が定着するのはかなり後代になってからである。中国大陸に比べて、朝鮮半島と日本列島は海産物などに恵まれていたため、狩猟採集と漁労による食料確保が可能かつ容易だったことも一因である。ただし、この二つの地域には中国と共通する文化的要素があった。それが土器の製作である。

櫛目文円底深鉢　韓国岩寺洞遺跡出土

朝鮮半島に土器が出現するのは、これまでの研究によれば紀元前六〇〇〇年頃とされている。いまだ狩猟採集が基本的な生業だった時代である。口縁部分に指でつまみ上げたような装飾のあることから隆起文《りゅうきもん》土器と呼ばれるタイプの最初期の土器は、紀元前四〇〇〇年頃から櫛目文《くしめもん》土器へとかわり、朝鮮半島の広い範囲に普及する。シベリアから当時の東北アジアに広く分布していた櫛歯状の装飾用の道具（施文具《せもんぐ》）で文様をほどこされた土器タイプである。このような土器の出現よりもかなり遅れた時期になって朝鮮半島では初期農耕文化が始まるが、その正確な年代が十分明らかにされているわけではない。おそらく雑穀類の栽培は紀元前三〇〇〇年頃には開始され、米も紀元前二千年紀には中国から導入されていたと推定されている。

日本列島で最古の土器である縄文土器は、これまでの研究によればいまから約一万五〇〇〇年をさかのぼるある時点とされている。この年代は西アジアや中国に比べ例外的なほどに早く、朝鮮半島と比較しても数千年も早いと考えられてきたが、最近、中国で二万年前の土器が発見されており、縄文土器を世界で最古の土器とする考えはゆらぎ始めている。しかし、草創期と呼ばれる最初期の縄文土器が出現して以降、日本列島では充実した、変化に富んだ土器形式の展開があり、このきわめて早い土器出現とその後の長期にわたる展開期間の特殊性を補完していると考えることも可能である。

一方、朝鮮半島の土器出現に先行すること数千年という、その年代差をいかに考えればよいのだろうか。当然、日本列島の縄文土器が朝鮮半島の土器の系列にないことが証明されなければならない。このことに関して、縄文時代が始まる以前にシベリア東部からカムチャツカ半島、千島、樺太《からふと》をへて細石刃《さいせきじん》と呼ばれる鋭い石器が普及する。新石器時代に先立つ中石器時代のグループにこの細石刃を帰属させる説があり、その説によれば縄文土器の担い手はこの細石刃を有していた人々が日本列島に定着した結果であるという。そうであれば、朝鮮半島の土器と縄文土器の系統は異なることになり、朝鮮半島よりも早く土器が出現する可能性も否定できないのである。最初の縄文土器の年代、および朝鮮半島の土器との関係に関しては今後の研究によって新しい成果がもたらされるであろう。

土器づくりは各地で始まった

人類が生み出した狭義の技術の中で石器づくりが最古であるが、それにつぐ、そして人類の生活を大きく向上させた技術が土器づくりである。総合技術としての、また環境技術としての農耕は石器や土器とは別格の技術としてとらえるべきであるが、農耕の始まりと同じように土器づくりも世界各地でそれぞれ独自に開始されたと考えられ、したがって開始時期も一定しているわけではない。

先にも述べたように世界最古の土器は、中国や日本列島など東アジアで、いまから一万数千年前、あるいは二万年ほども遡る時点ですでに製作されていた。シベリア、朝鮮半島ではそれよりやや遅れて製作されるようになり、東南アジアではさらに遅れる。これ以外の地域では、インドが紀元前六千年紀、西アジアが紀元前七〇〇〇年頃、北アフリカが紀元前八五〇〇年頃、ヨーロッパが紀元前七千年紀以降である。旧大陸に比べて新大陸の土器出現は遅く、紀元前四千年紀にはいってからである。ただしすでに何度も指摘したように、各地域における土器出現の年代は、それぞれの地域の自然・文化環境の中で位置づけるべきで、伝播関係がある場合を除いて、出現年代の早い遅いはそれほど大きな意味をもつわけではない。

先に記したように、土器を必要とする直接的な理由は食物を煮炊きするためである。とくに堅果類や根茎類などのアク抜きが必要な食材、あるいは穀物であるなら粉食ではなく粒食を中心とする食生活の場合である。また、素朴な焼成技術による土器は壊れやすいため、移動を繰り返しながら獲物を追う狩猟民のような生活様式には適しておらず、一定の定住生活が定着していることが土器づくりの前提条件であった。土器づくりにはこのような条件があることから、定住集落、植物の栽培、動物の家畜化などとともに新石器文化を特徴づける有力な基準とされている。

土器の製法

最初期の土器のつくり方は、おそらく巻き上げ法によってである。しめらせた粘土の塊や帯状にした粘土を、手捏《てづく》ねで成形する技法である。もちろん胎土としての粘土が、成形された形を維持できるだけの適度な粘りをもっていることが必要で、そのような粘土の発見もしくは粘土と土の混ぜ合わせ加減が成形前の準備として重要だった。つくろうとする壺や容器の形を整えてから、表面を滑らかにし、沈線や彩色などの装飾をほどこす。ある程度乾燥させた土器は、野火による焼成で安定した状態になる。以上の単純な技術は、専門的知識や特別の道具を必要としないので、集落の多くの構成員が土器づくりに参画する場合もあったが、縄文土器のように工芸品といえるような精製土器は集落の土器づくりに熟練した女性が担当したと考えられる。

新石器時代に入っての画期的な技術である土器づくりがどこで発明されたのかを正確に同定することはできない。土器が早い段階で出現するのは中国、日本列島、メソポタミア、北アフリカなどであるが、これらの地域に明らかな伝播関係はみられない。土器の起源を特定するよりも、土器の出現が食料および調理法と密接に結びついた文化の一要素であることを分析するほうがより重要であろう。

新石器時代の土器づくりにおいて回転軸を利用した回転板は使用されたが、遠心力を利用できるろくろが使用されることはなかった。一方新大陸のプレコロンビア時代も、ろくろが使用されることはなかった。おそらく、荷車などの車輪がヨーロッパからもたらされるまで車輪の使用がなかったことと関連しているのであろう。

無土器文化の場合は該当しないが、土器をともなう文化の場合、土器は考古学にとってもっとも重要な資料の一つである。核爆発で被爆をしても大きくは変化しないといわれるほどに安定した材質であるため、腐食等の変化がなく確実な資料として貴重な役割を果たしている。考古学によるモノ文化の研究にとって、地層の上下関係を基本とする層位学と土器を研究する土器学（先史セラモグラフィ）の組み合わせこそもっとも基本であり、根幹をなしている。層位学と土器学による研究基盤が構築されているからこそ認知考古学などの解釈学が成立するのである。このことを前提として、世界の新石器文化としては異様なほどに土器づくりにこだわった縄文人の文化を、土器を中心に考えることにしよう。

日本列島の新石器時代

日本列島にヒトが登場したのは、いつ頃だろうか。かつては、日本列島にも前期旧石器時代あるいは中期旧石器時代の遺跡が存在するとされていたが、二〇〇一年一一月五日付の毎日新聞がスクープした「旧石器時代の遺跡捏造事件」により、それらの遺跡の多くが疑問視され、「見直し」を余儀なくされた。その後の研究で現在のところ、岩手県の金取《かねどり》遺跡が、約八万年をさかのぼる中期旧石器時代の「国内最古」の遺跡とされている（なお、二〇〇九年九月には、島根県の砂原《すなばら》遺跡で約一二万年前の地層から石器が発見されたという報道があったが、継続した調査結果を待ちたい）。

後期旧石器時代については、群馬県の岩宿《いわじゅく》遺跡をはじめとして多くの遺跡が知られており、新人段階のヒトが、いまから四万～三万年をさかのぼる頃に、この列島で生活を営んでいたのは確実である。

当時、地球の気候はたいへんな寒冷状態にあり、海水面が低下や上昇を繰り返し、海水面低下のときは、現在のインドネシア付近の島々は一続きとなってスンダランドと呼ばれる陸地になっていたように、日本列島も大陸と地続き、もしくはその間の海峡が著しく狭くなるときがあった。そのようなとき、アフリカを発した新人（ホモ・サピエンス）の一派が日本列島に渡来したのである。アジア大陸の北東部シベリアからベーリング海峡が凍結して陸橋となったベーリンジアを渡ってアラスカに至る新人たちの動きと同じである。ただし、日本列島は火山灰に覆われた酸性土壌が多いため人骨が化石化して残る例が少なく、今のところ、最古の人骨化石は沖縄県那覇市の山下町洞窟出土のもので、三万六〇〇〇年前と推定されている。また、石垣島の白保竿根田原《しらほさおねたばる》や、沖縄本島南部のサキタリの洞窟からも、三万年近く前の人骨が出土している。

四万〜三万年前に日本列島に渡ってきた後期旧石器時代人の渡来の目的は、ナウマンゾウ、オオツノシカ、ヒグマなどの大型動物の捕獲だった。長野県の野尻湖からはナウマンゾウとオオツノシカの化石が多数発見されており、その近くから木製の槍、ナイフ形や皮はぎ用の石器と骨器なども出土しているため、重要な食料であったことを物語っている。しかし、一万七〇〇〇年前頃からナウマンゾウやオオツノシカが減少し、ニホンジカ、イノシシ、ウサギ、ネズミ、ヤマドリ、ヒシクイなどの動物が狩りの主要な獲物となった。

大型動物の減少は温暖化のためであり、この温暖化の進行にともなって、日本列島のほとんどを覆っていた針葉樹はしだいに減少し、ナラ、クリ、ブナのような落葉樹が増えていった。落葉樹の増加とともに日本列島の南部ではしだいに照葉樹が増え始め、やがて日本列島の北部でも低地や海岸沿いなども照葉樹林で覆われるようになり、縄文文化の自然環境が整備されていったのである。そのときから、土器をともなう縄文文化の時代、日本列島の新石器時代が始まる。

日本列島では大型動物が大幅に減少もしくは絶滅する一方で小型動物が増加したが、狩猟での食料確保には限界があった。このため、木の実などの植物と魚介類が主要な食料となった。食料の変化は縄文人の生活を決定づける要素であり、採集した食べ物を貯蔵したり、煮炊きに使うために土器がつくられるようになったのである。つまり、縄文人の生活と文化を知る上で縄文時代の土器はきわめて重要な役割を担っているので、縄文土器を考えることによってこの時代の文化を考えることにしよう。

縄文土器の器形の変化

縄文時代は通常、草創期、早期、前期、中期、後期、晩期の六期に区分されている。世界の多くの考古学では、一つの時代を前期、中期、後期と三区分する編年法が通例であり、細分化しすぎのきらいがないわけではないが、この区分法が定着しているのでそれに従うことにする。ただし、将来、日本考古学を専門とする研究者は、六期の区分を三期の区分に収斂させるよう努力してほしいものである。

縄文時代最古の草創期の土器は、四隅が丸みを帯びた断面方形の形をした丸底の、煮炊きに適した深鉢が一般的な器形である。おそらく四隅が鋭角ではなく丸みを帯びているのは、土器の出現以前から容器として使用されていた「かご」の形に影響されたのであろう。そのことは、のちの土器に比べて圧倒的に装飾が少ないにもかかわらず、土器の装飾が口縁部に集中していることからも明らかである。「かご」の口縁部は補強と安全のためにかがってあるものが多く、その形が口縁部の装飾に反映したのであろう。初期の自動車が馬車の形を踏襲したのと同じである。

最初期の土器が丸底で、薪のうえにおいてもすわりのよい器形だったのに対して、次の早期になると尖底土器が多くなる。丸底から尖底へなぜ移行したのか不明である。古代地中海域で使用された大型のアンフォラと呼ばれる運送用および貯蔵用の甕《かめ》は、コムギ、ブドウ酒、オリーブオイルなどを入れるため、その重さで底が抜けないように尖底となっていたが、縄文土器の場合、アンフォラほど大量の液体を入れたわけではない。このような底の形が、新石器時代初期の一般的器形であったかといえば、けっしてそうではなく、たとえばアナトリアからは鍋のような形をした土器が出土しているように農耕社会の煮沸用土器は鍋形もしくは浅鉢形がむしろ一般的だったのである。一方、初期の縄文土器は、丸底から尖底へ、そして、早期末のころからは平底も出現する。

底の部分にはかなりの変化を示したにもかかわらず、土器の基本形態は深鉢であり、晩期に至るまでその伝統は引き継がれる。もちろん、前期から深鉢以外の器形をもつ土器が出現し、中期には壺、鉢、異形土器などさまざまな形をした土器も見られるようになる。しかし、何千年にもわたる草創期から晩期までの土器の主流が深鉢であったということは、世界的にも珍しいことであり、縄文土器の継続性の根強さを見ることができる。おそらくこの継続性は日本列島、とくに本州から九州までの地域の自然環境がもっていた継続性と関連していたのであろう。

縄文土器の器形に関するもう一つの特徴は、早期の土器から見ることのできる口縁の起伏である。起伏は山形の突起によって生まれ、それが複数のとき各突起間に吊尾根のようなへこみができて波状口縁の名を生んでいる。一定の間隔をもってゆるやかに起伏する口縁もあれば、中期の勝坂式土器や火炎土器のように、彫塑的で雄渾《ゆうこん》な造形性をもつ口縁もある。晩期までつづくこのような山形の突起は、縄文土器以外、世界の先史土器、とくに煮沸用土器にはひじょうにまれな要素として、多くの考古学者によって指摘されている。

多様な文様装飾

土器の文様装飾に関してもいくつかの特徴がある。その一つは、土器の表面を装飾するのに繊維を撚《よ》った縄を施文具とし、それを器面に押しつけたり一定の力を加えながら連続的に回転させ、器面に縄の撚り目を表現する縄文装飾である。縄を回転して施文する方法は現在でもアフリカの一部などにあり、また、縄を巻きつけた叩板や棒によって縄文のほどこされた土器が中国、ヨーロッパ、アメリカの先史時代に存在していた。しかし、縄による装飾を長期にわたって使用し、縄文のもつ可能性を徹底的に追求し、発展させたのは縄文土器だけといえるのである。

第二の特徴は、縄文土器の装飾全体を概観したときに気づく装飾法（考古学では施文法という）の多様性である。縄文だけでも、装飾用の道具としては、撚り糸そのものだけでなく撚り糸を撚り糸に巻きつけたもの、撚り糸を細い棒に巻きつけたもの、それに組み紐などがある。さらにこれらの道具を用いた施文法として、道具をたんに押し当てるもの、押し当ててから半回転させせさらに押し当てるもの（半置半転）、あるいは均等に力を加えて回転させたりするものがある。このほか粘土の紐や粒を貼りつけたり、ヒトの爪や篦《へら》で表面に傷跡をつけたり、木の棒に刻みをいれた道具を回転させたり、土器装飾に可能なほとんどすべての

尖底深鉢　青森県表館遺跡出土。青森県埋蔵文化財調査センター蔵

火炎式深鉢　新潟県笹山遺跡出土。十日町市博物館蔵

道具と方法が縄文土器に使用されているのである。それぞれがもつ特性と表現の装飾のためのそれぞれの道具とその利用法を十分に把握し、それぞれがもつ特性と表現の可能性を徹底的に追求しているのが縄文土器の特徴である。この特徴には、新しい構図を生み出したり、力強い人間像を生み出すことに価値を認める絵画や彫刻に対して、高度な技法自体に価値をおく工芸美術につながる要素をみることができる。したがって、重厚豪華としばしば表現される縄文土器にも精緻で洗練された要素もあり、「縄文的」と「弥生的」とを対立する造形概念とするのは縄文土器の一側面しかとらえていないと考えることもできるのである。

縄文文化の造形的特徴

縄文土器から見えてくるそのもっとも大きな特色の一つは伝統の強固な継承性である。土器の基本的な形として深鉢が草創期から晩期まで継続し、撚り糸を基本とする縄文も長期にわたって使用されている。縄文時代におけるこの強固ともいえる伝統性は、海にかこまれたわが国の地理的条件とふかく関わっていると思われる。もちろん、北や南の島づたいに、また朝鮮半島を経由しての文化の交流があったことは確かだが、それらがもたらした異なる要素以上に、日本列島でつちかわれた伝統のほうが有力だった。

このような文化伝統のあり方は、一定以上の大きさをもつ島では一般的に確認できる現象といえよう。シチリア島やグレートブリテン島などがそうである。強い伝統性をもちながら、大きな外からの影響には敏感に反応し、やがて外来文化と独自の伝統文化に調和をもたせる島国特有の文化現象なのである。縄文文化は、島国という条件のもとで、まだ強力な外来の文化が影響をおよぼす以前の段階としてとらえることができる。その限定された条件の中で、伝統が伝統として継承し、つちかわれたのである。外来文化の影響により、造形の基本を構成するさまざまな要素、つまり、施文法、文様モチーフ、土器の形、人間像などが比較対照され取捨選択されることが少なく、またまったく本質を異にする造形要素が請来されていない文化である。

したがって、縄文時代の造形文化は、さまざまな施文法や文様モチーフ、それに人間像が本質的に変わることはなく、それらが究極段階まで発達し、洗練された段階に到達しているのである。新石器時代の造形文化としてこれほどの完成度を示す造形文化は他の地域には見られないことである。このことは言いかえるなら、縄文文化を育んだ枠組みに大きな変化がなかったことを意味すると同時に、文化にとっての諸要件の総体である枠組みの重要性を提示している。

一方、中国、西アジア、地中海域などでは青銅器時代にすでに移行している時代にも縄文時代が続いていたことを考慮するなら後進性もしくは閉鎖性ゆえの完成度といえるかもしれない。おそらく一〇年前まではそういいきっていたであろう。しかし、環境への配慮や文化の多様性が重視される現在、そのような単純な評価がはたして正しいのかどうか、考え直すときがきたのではないだろうか。

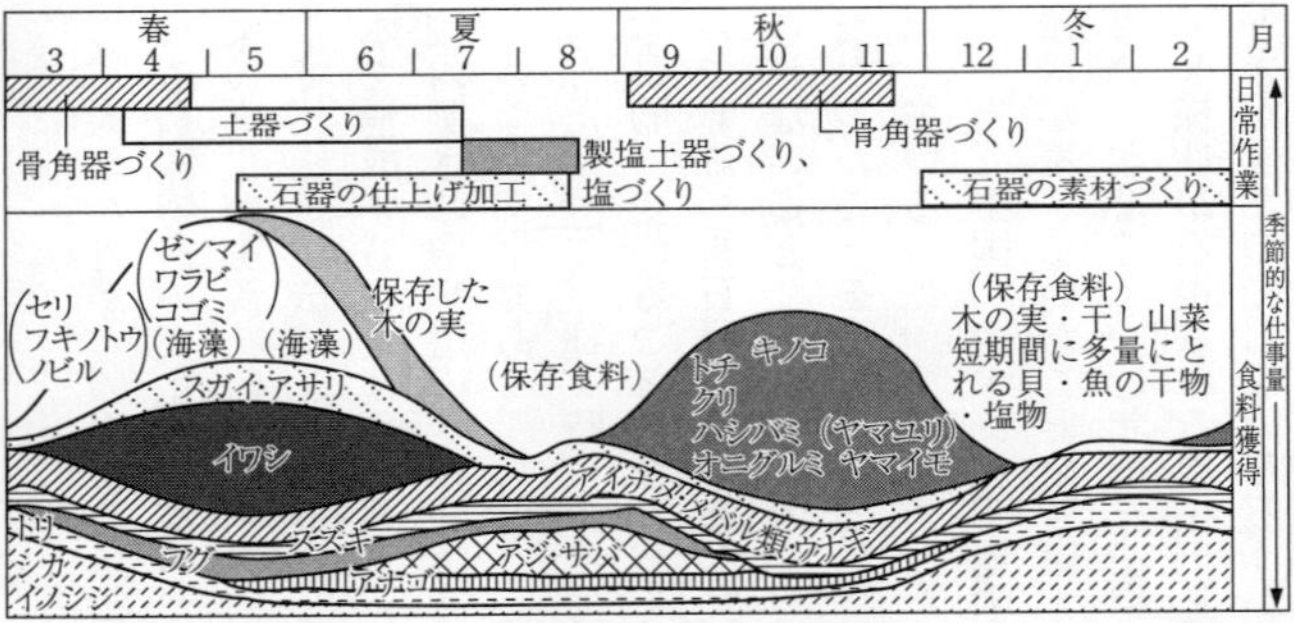

縄文人の四季の暮らし　日常の作業内容と各季節に何を狩猟・採集するのかを、1年間のカレンダーにしたもの。カッコ内は推定。仙台湾里浜貝塚西畑地点。岡村道雄『日本の歴史01　縄文の生活誌』（講談社学術文庫、2008年）をもとに作成

循環型の暮らし

日本の考古学界では、小林達雄氏らにより、縄文人の一年間の暮らしを生態学的に整理した「縄文カレンダー」といわれる図がつくられている。宮城県の里浜貝塚にのこるゴミを丹念に分析した岡村道雄氏は、縄文人がいつ、どのような食料を獲得していたのかを上のような図に表している。それによれば、三月末から四月はじめの春の到来する時期、セリ、フキノトウ、ノビルなどの山菜を野山で収穫し、海岸ではスガイやアサリ、アイナメを集め、海ではスズキを釣り上げ、さまざまな野鳥を捕まえると同時にシカやイノシシ狩りもおこなっていた。やがてイワシの大群が近海におしよせ、現在と同じようにアナゴもとれるようになる。夏は新たに入手できる食料が比較的少ない時期なので、保存食料に手をつけることもあった。その二ヵ月

ほどをしのぐと実りの秋が待っていた。トチ、クリ、ハシバミ、オニグルミなどの木の実類だけでなく、さまざまなキノコがあふれるときだった。また、ヤマユリの球根やヤマイモのような自然薯《じねんじょ》も収穫できた。これらの食料のうち木の実類は貯蔵用の穴蔵に貯え、翌年の春先までの食料とした。イノシシやシカの肉は干し肉に加工し、海岸でとれるカキやハマグリも干し貝に加工して貯蔵食品としたようである。

このような豊かな食料事情は縄文時代に入り温暖化が進んだことが前提である。しかし、温暖化の結果豊かとなった自然界の食料を、効率よく手に入れ、加工し、貯蔵する技術と工夫が必要だった。縄文人は狩猟採集生活を展開するなかで早くから定住生活に入り、やがて二〇〇〜三〇〇もの竪穴住居が立ち並ぶ環状集落さえ出現するようになる。そして青森市の三内丸山遺跡で発見された長さ三二メートルにもおよぶ巨大な竪穴式の建物さえ出現するようになる。ヨーロッパの初期農耕集落に見るロングハウスを彷彿《ほうふつ》とさせるような建物であり、狩猟採集の社会が農耕社会に劣らず物質文化を充実させていたことを物語っている。

三内丸山遺跡全景　青森市。復元された大型掘立柱と大型竪穴住居。写真提供・青森県教育庁文化財保護課

このような狩猟採集段階にある社会での大規模集落

の存在は、恵まれた自然環境という条件があったからであり、農耕段階に移行しなくとも生活を確保できたからである。自然環境により適応した形態としての生活様式であり、縄文文化をただたんに農耕社会が出現する前段階とみなすのは、あまりにも図式的な文明論に依拠した評価である。

第三章　文明の誕生

あらためて「文明」とは

出発点に戻った「文明の定義」

いまから約一万年前、最古の農耕集落が西アジアで誕生した。その後、地球上のさまざまな地域で農耕集落が生まれ、しだいに規模の大きな集落へと成長していった。なかには一〇〇〇〇人を超えるような大規模集落が出現し、集落の周囲に強固な防御壁をめぐらせる場合もあった。農耕による余剰農産物を蓄積した集落とそうではない集落が狭い範囲に併存する状況が生まれたからである。

この余剰農産物という目のくらむような富は、集落内においても富んだ者と貧しい者という違いを生む大きな要因となった。しかし、そのことがのちに文明を誕生させる直接の原動力になったかというと、それほど単純に文明が誕生したわけではなかった。

これまで「文明とは何か」「文明と文化はどう違うのか」という問題について、さまざまな議論がなされてきた。文明と社会を同一視したり、無秩序な状態の社会状況、いわゆる野蛮な社会に対して秩序ある社会を文明とみなしたり、あるいは都市の誕生を文明の誕生と同一視する考えなどが提起されてきた。しかし、地球上の人間の営為が過去にさかのぼって広範かつ詳細に解明されると同時に、解明されていることといまだに解明されていないことが、ある程度把握されるようになった現在では、従来の定義や解釈のいずれもが一部の文明だけを対象としたものでしかないことが明らかとなりつつある。その結果、文明とは何か、文明と文化とはどう違うのかという問題はふたたび出発点に戻ったといえる。考察すべき対象の空間と時間が大幅に拡大深化し、それぞれの空間と時間の奥行きも深まったために、以前とは前提が大きく変わったのである。

したがって、人類の古代文明の推移をたどるには、文明とは何かをいま一度考え直す必要があるが、この問題を正面から取り上げるのは筆者の能力をはるかに超えているばかりか、現時点で過去の定義や解釈を超えるような説が定着しているわけではない。そこで人類初期の古代文明を考察するための作業仮説として、いくつかの文明を取り上げてその推移をたどり、文明とは何か、文明と文化とはどう違うのかを帰納的に考える方法をとることにする。

「文明」の従来の解釈

かつては、人類初期の古代文明は次のような過程を経て成立すると考えられていた。まず農耕の発展によって人口が増加し、やがて余剰農産物が生じるようになると、集落が大規模化し、大きくなった集落内でしだいに富が偏在するようになる。この富の偏在によって、社会的な階層化と職業の分化が進み、大規模集落とは性格を異にする都市という集住形態が生まれる。そして都市の形成とともに、さらなる社会的な垂直化が進行して社会階級が生まれ、職業の専門化による人々の相互依存と相乗効果の度合いがさらに増す。この段階で、ほぼ文明が形成されたとみなされてきたといってよい。

さらに文明の普及範囲内、つまり一つの文明圏の中で相乗効果による文明の高度化が進行すると同時に、灌漑《かんがい》をはじめとする水資源と水力の活用および統御が可能となり、各種の生産技術が進展する。このような現象と並行して、一つの文明圏と周辺との交易が広く開始され、遠方の異なる文明との相互刺激によって、さらなる文明の発展が促進されることもある。

以上のような従来の定義・解釈は、かなり図式的といわざるをえず、またもっぱら西アジアの文明に焦点を合わせたものであった。これは人類最古の文明の一つであるメソポタミア文明の誕生と展開にもとづく考え方であるから一定の説得力を有していることは確かであり、ユーラシア大陸に限定するなら、かなりの範囲に適用可能である。

しかし、ファラオ時代のエジプトはもちろんのこと、ナイル川流域を除いたアフリカ大陸、プレコロンビア時代の南北アメリカ大陸に、この定義を適用することは難しい。だからといって、両大陸に初期の古代文明がなかったわけではない。したがって、アフリカやアメリカに誕生した古代文明も対象として「文明とは何か」をとりあえず作業仮説として提示し、さまざまな文明を記述することによって文明というものの本質を抽出することができるかもしれないが、現時点でその見通しがあるわけではないことをお断りしておこう。

文明とは何かを語る際、文明と文化がどう違うのかを明らかにすれば、おのずと文明の輪郭が浮上してくるかもしれない。しかし両者がそれぞれ明確な輪郭をもち、異なる定義が可能かといえば、けっしてそうではない。たとえていうなら、この両者は黒から白へ連続して変化するグラデーションのような関係にあり、どの段階までが文化で、どこからが文明と区分することのできない連続した関係にある。このように考えるなら、文明と文化をあらためて定義するよりも、いくつかの古代文明に即してその興亡をたどることこそが、文明と文化を明らかにするより実効性のある方法といえるのではないだろうか。

こうしたことを踏まえて、まず世界最古の文明といわれるメソポタミア文明を生んだ背景と、この文明の特色と概略について述べてみたい。そのうえで、メソポタミア文明にくられる個々の時代について言及していくことにしよう。

古代メソポタミア

古代メソポタミアと呼ばれる地域は、現在のバグダード以北のイラクとシリア内のティグリス・ユーフラテス川流域を指し、バグダード以南の地域はバビロニアと称していた。しかし、古代文明発祥の地としてメソポタミアを考える場合、東のザグロス山脈、南のペルシア湾、南西のアラビア台地、それに北側のアンティ・タウロス山脈に囲まれた平地の全体を対象とする必要があり、ここでは狭義のメソポタミアには入らないバビロニアも含めることとする。

このかなり広い範囲のメソポタミア文明を考えるにあたり、まず注目したいのはこの地域

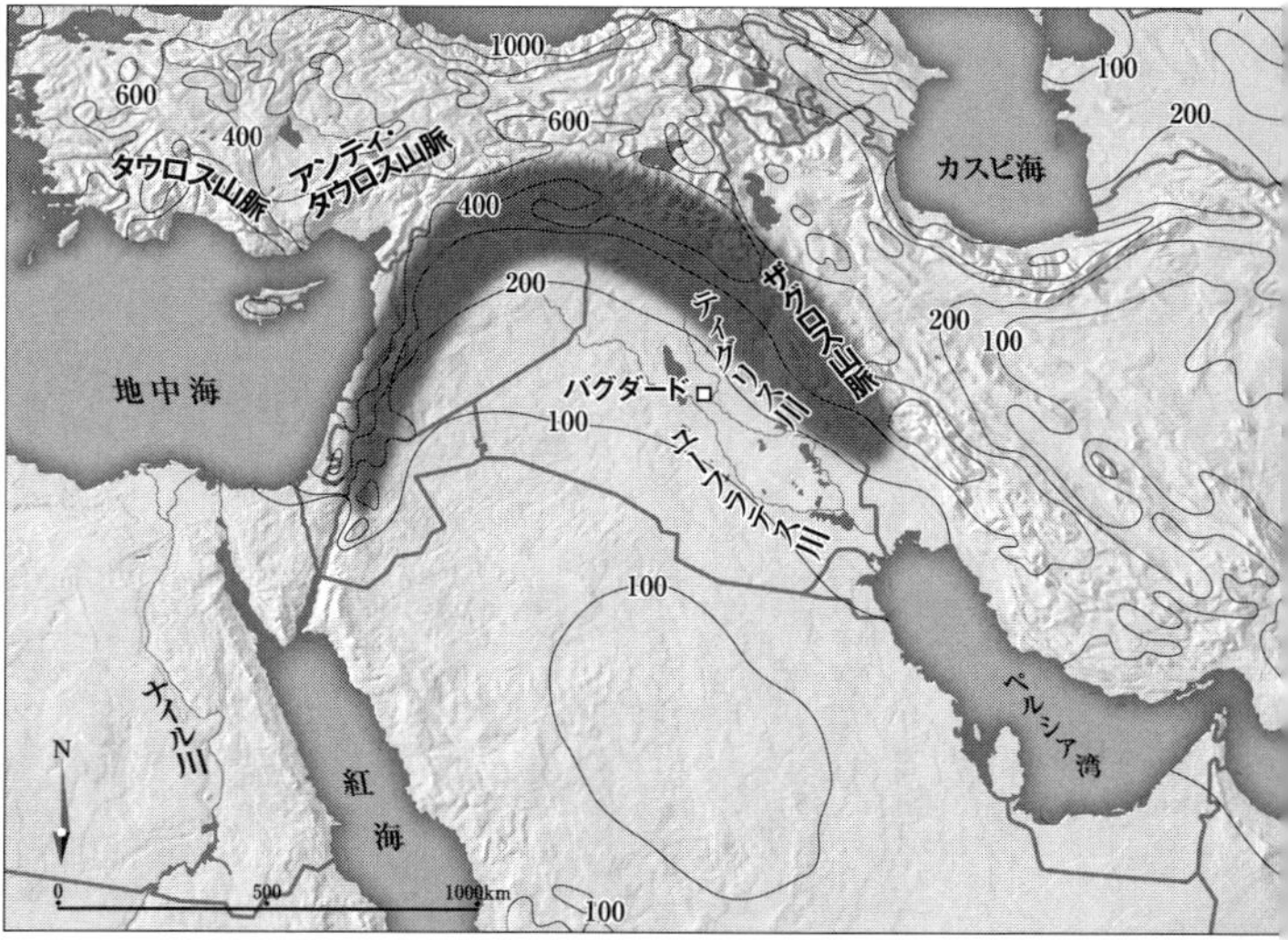

メソポタミア地方の年間等降水量線　北メソポタミアの年間降水量は250㎜を超え、肥沃な三日月地帯を形成する

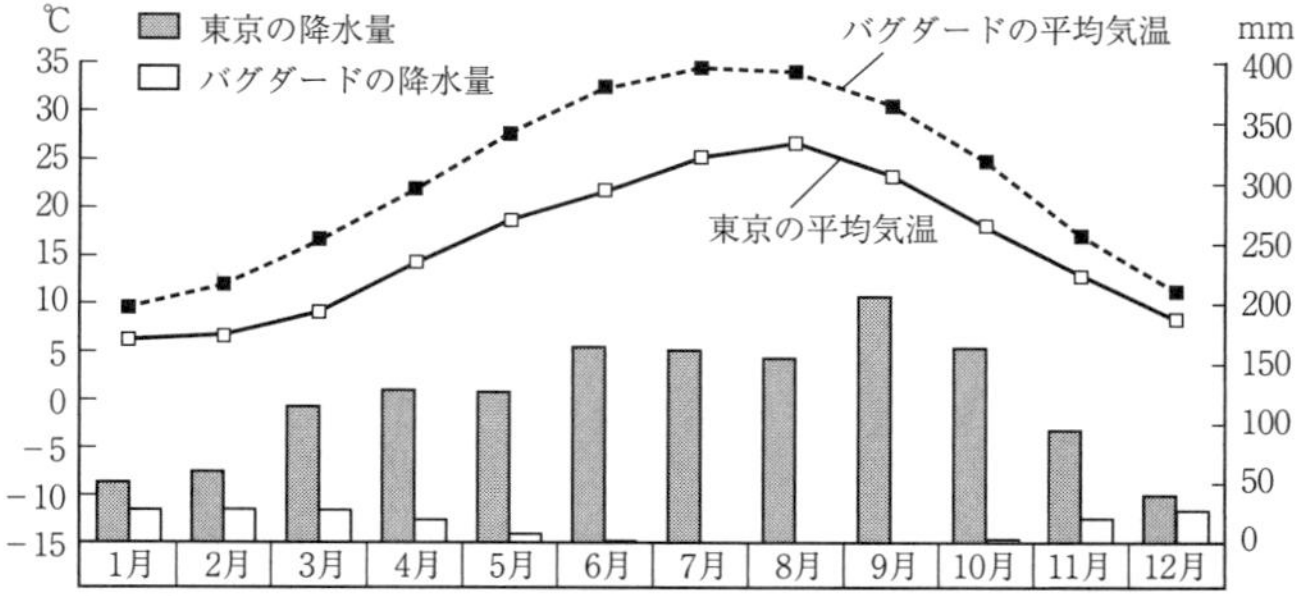

現代の東京とバグダードの平均気温と降水量　南メソポタミアの気候は、古代も現代も大きな違いはなく、典型的な夏季乾燥型の砂漠気候といえる

の気候である。現在の南イラクにほぼ相当する南メソポタミアの気候は、古代も現代も大きな違いはなく、典型的な夏季乾燥型の砂漠気候といえる。前ページの図に示すようにバグダードの七月の平均気温は摂氏三四度、降水量はゼロである。年間を通じても一五〇ミリ程度でしかない。東京の年間降水量が約一五〇〇ミリであることと比較するなら、いかに乾燥しているかが理解できる。

バグダードより北、現在の北イラクと北シリアに相当する北メソポタミアは、過酷ともいえる南メソポタミアの気候条件よりもいくぶん緩和され、年間降水量は二五〇ミリを超える。この降水量と高原・山麓という地形が北メソポタミアを「肥沃な三日月地帯」と呼ばれる地域にしたのである。これに対して南メソポタミアでは、厳しい気候条件のもとで農耕をおこなうには少なくとも年間八ヵ月近くを雨水に頼ることはできず、人工灌漑によるしかなかった。このため、周辺の丘陵地帯や、より降水量の多いアンティ・タウロス山脈の南斜面では紀元前一万年頃から農耕が開始されていたが、メソポタミアの中核部で農耕がおこなわれるようになるのは、灌漑施設が整備される紀元前五千年紀に入ってからである。

この灌漑施設は、農耕不能の八ヵ月間だけでなく不規則な降雨期にも対応できる年間を通じての灌漑として整備されたため、農業生産量は雨水頼みの耕作地域が必要とする量を凌駕《りょうが》することになる。このことがメソポタミアに余剰農産物をもたらす原因となった。農耕という当時最大、最新の生産活動にとっての自然条件が不適格な地域であったからこそ、その困難な条件を克服する工夫によって適格地以上の生産を可能にしたのであり、その意味では後進性ゆえの先進性とみなすことができる。

しかしなぜ、灌漑というきわめて困難かつ長期的な計画を必要とする工事をしてまで、南メソポタミアに農業を定着させなければならなかったのであろうか。

おそらくそれは、世界最古の農耕文化が形成された北メソポタミアの丘陵地帯で暮らしていた人々が、初期段階にあった農耕によって徐々に人口を増加させ、従来からの居住圏だけでは生活を維持することが困難になってきたからであろう。彼らはひとたび天候不順に見舞われると食料難に陥り、飢餓に苦しむこともあったに違いない。そうした背景から、より広い耕作地を求めて南メソポタミアへ進出したと考えられる。現時点で考えるなら、環境に適応した小規模農業から、一定規模の人口を養うことができる産業としての大規模農業を選択したことになる。

その南メソポタミアは、ティグリス・ユーフラテス川がしばしば氾濫し、沼地の多い低地でもあり、そのままでは耕作地にならなかった。しかし農耕には欠かせない水には恵まれており、沼地に排水用の運河を引き、その水を利用した灌漑施設を整えさえすれば豊かな耕作地になる可能性を秘めていた。この可能性に注目した人々が北部の丘陵地帯からおりてきて、運河づくりや灌漑施設の整備に乗り出したのである。

いうまでもなく、こうした大がかりな仕事は個人の力でできることではなく、組織力を必要とする。そのためこの地域には、人々が移り住んだ当初から集団を指揮する人物が不可欠であり、そうした指導者とそれに従う集団という上下関係にもとづく組織化された社会の原型のようなものが早くからあったと推定されている。

収穫物の集中と分配

じつは一九六〇年代に、ナイル・デルタ地帯の灌漑施設の近代化を援助するために日本の政府機関と企業がこの地域に進出を計画したことがあった。そのとき日本の土木技術者を驚かせたのは、その起源を古代にまでさかのぼることのできる灌漑施設がじつに精緻につくられていることだった。そこにはきわめて緩やかな傾斜の地形を巧みに利用してつくられた用水跡が広範囲に広がっており、近代土木技術をもってしても、これを十分に上回る施設をつくるのは容易ではなかったという。

古代の灌漑施設がどれほどのレベルのものだったかをうかがわせる話だが、見方を変えると、こうした高度で精緻な灌漑施設をつねに維持しないと農耕を続けることはできなかったことになる。ティグリス・ユーフラテス川流域の南メソポタミアにおいても同様であり、農耕を可能にする灌漑施設を維持するためには組織化された集団をつねに機能させなくてはならなかった。そうした事情が、早くからこの地域にタテ社会の構造をそなえた共同体を生むだけでなく継続発展させていった要因だったと考えられるのである。

共同体の頂点に立つ人物は、たんに灌漑施設の建設管理という公共事業の指揮者としてだけではなく、宗教的なカリスマ性をそなえていた可能性が高い。彼は神の言葉を仲介し、神により近い存在として人々を指揮する特殊な能力をもつと共同体の構成員からみなされていたはずである。そう推測できるのは、メソポタミア文明の初期に誕生したエリドゥ、ウル、ウルクのような都市国家の成り立ちを見ると、まず最初に神を祀る神殿がつくられているからであり、神を媒介として主導権を発揮したと推定できるからである。

やがて、その神殿をとりまくように人々の居住区が形成され、しだいに大規模化し、都市に発展した。都市のトップに君臨したのは、多くの人々を従属させるだけの宗教的なカリスマ性をそなえるとともに世俗的には王という強大な権力をもつ人物だった。南メソポタミアの灌漑施設は不毛の低湿地を豊かな耕作地に変えたが、そこから収穫される農産物、とくに保存のきく穀物が、いったん神殿に集められ、そのうえで人々に分配されたのは、灌漑農耕が神と密接につながっていたためである。神殿に集められるまでの農産物は、たんなる収穫物の集まりでしかなかったが、いったん神殿に入ると、分配、備蓄、奉献用、播種用という用途別の属性を付加された農産物となり、量の管理だけでなく、用途の管理もおこなわれるようになる。その意味で神殿に集められるまでと、集められて以後の農産物がもつ属性は大きく異なるのである。新たな属性、つまり付加価値を与えられた農産物は、食料以上の価値を初めてもつようになったのである。

こうした食料の集中分配システムが早い段階で確立されたのも、耕作地が初期においては共同体の共有地として人工的に生み出されたからであり、共同体の構成員全員でつくりあげた耕作地であればこそ、もたらされる恵みもまた、構成員全員のものであるとされたのである。後述するエジプトの場合は、ナイル川流域という本来的に豊穣な土地に恵まれたために、農耕可能な土地にするのにメソポタミアのような工夫と苦労をともなうことがなかった。このような耕作に適した地域であれば各自の収穫から税として一部を徴収することが可能だった。いっぽう人々の汗がしみこんだ共同体としての耕作地では、税としての徴収は人々に許容されることはむずかしかった。

そのため、メソポタミアではおのずと収穫物の集中分配システムができあがり、集中と分配の過程で共同体の長に立つ者は、相応の中間搾取をすることができた。その蓄積によって、共同体の長は王のような強大な権力を手に入れることになる。

こうして形成された古代都市とはどのようなものであったのだろうか。まず注目されるのは、その垂直的な社会構造である。一番上に支配者層があり、次に神官層、役人層と続き、大部分を占める商人と農民の一般層があった。これらの階級のうち役人層から上は直接、生産活動に従事していない。こうした非生産者を多くの生産者たちが養うことができる共同体に、すでに成長していたのである。さらに、階級や職域がいっそう分化することで一種の相乗効果がもたらされ、社会全体にダイナミズムが生まれていたと考えられる。こうした社会を構成する要素の多様性が生み出す共同体の活力が、たんなる大規模集落と都市の違いを生んだのである。そしてこの活力によって、生産活動だけではなく文化の領域でも新たな活動が創出される場こそが、メソポタミア型の都市なのである。

メソポタミアでは紀元前四千年紀の終わりごろから、このような都市が散発的に出現するようになるが、この古代都市を生みだしたのが初期のメソポタミア文明であるシュメール文明にほかならない。

最古の都市文明・シュメール

都市形成と旧約聖書

シュメール文明は人類が生みだした最古の都市文明を基盤とした。人類がそれまでけっして経験することのなかったタイプの文明であり、もしこの文明以前と以後を経験した個人がいたなら、ぼんやりとした夢心地の状態から、完全な覚醒状態に移ったような激変を感じたに違いない。その初期を代表する都市にエリドゥ、ウルク、ウルがある。

ウルのジグラト　日干し煉瓦を積み上げてつくられた古代の宗教建造物

　このうちエリドゥは南メソポタミアの都市国家群の南端に位置し、シュメール王名表によると人類最初の王権が誕生した都市とされている。その始まりは紀元前五〇〇〇年頃にさかのぼるが、前述のとおりまず神殿がつくられ、周辺部の人々が祈りのために集まるようになり、門前市のような空間が生まれた。その空間は徐々に居住区域として拡大し、都市が形成されていったと考えられる。

この都市形成のパターンはウルクもウルも同じだが、ウルについては、狩猟採集生活をしていた大きな集団の移住によってさらに拡大したことが判明している。こうした例はウルばかりではない。したがって、メソポタミアの都市形成は、最初からそこに住みついた集団が自己増殖しただけではなく、途中から他の集団の移住や吸収によって拡大したことになる。

そのウルには、ジグラトと呼ばれる古代の宗教建造物が残っている。日干し煉瓦《れんが》を積み上げてつくられたジグラトの規模は基底部の平面が六〇×四五メートルと大きく、上部は原形をとどめていないものの、高さは三〇メートルほどあったと推測されている。

ジグラトはメソポタミアのいくつもの都市でつくられているが、興味深いのはウルのジグラトが、のちに旧約聖書のバベルの塔のモデルになったのではないかと考えられていることである。事実、旧約聖書に出てくるアブラハムはウルで生まれ、信仰を求めてカナーン（現在のイスラエルにほぼ相当する地域）へと旅立っており、ほかにもメソポタミアの都市名や地名が旧約聖書にはいくつも記されている。一九世紀ヨーロッパで聖書考古学がさかんになり、その研究フィールドはイスラエルだけではなく、メソポタミアやエジプトにも及んでいる。旧約聖書に出てくるさまざまな土地や出来事を検証するためである。

メソポタミアが多くの近代ヨーロッパ人をひきつけたのは、このような旧約聖書と関連があったからであり、聖書考古学をとおしてこの地域の古代文明の様相が明らかにされていった。古代文明の発見、解明、位置づけには、多かれ少なかれ、そのときの社会的関心が反映しているのである。

楔形文字の登場

紀元前四千年紀初頭から前二〇〇〇年頃まで続くシュメール文明の後世に遺した最大の功績は楔形《くさびがた》文字の発明であろう。産業革命以前の人類の発明では、農業に次ぐ大発明だとする指摘さえある。

メソポタミアで文字が発明されたのは、農耕の発展がもたらした結果としての農産物の管理と密接に関連している。農産物は都市の中心である神殿に集められた。その際、だれがどれだけの農産物をもってきたかを記録しておく必要から文字が考え出されたのである。もっとも、最初は楔形文字ではなく、絵文字そのものを粘土板に表したり、絵文字を刻んだシリンダシール（円筒印章）の刻印で記録していた。その絵文字がしだいに単純化、規則化されていき、紀元前三五〇〇年頃から楔形文字が登場するようになり、前三〇〇〇年頃に文字として確立したと考えられている。

シュメール人たちはその楔形文字を、紙はまだ発明されていなかったため、葦《あし》の茎を使って粘土板に刻みつけた。紙の一種、パピルスが登場するのは、エジプト文明

楔形文字が刻まれた粘土板　紀元前2000年頃。マリ出土。アレッポ博物館蔵

の時代まで待たなくてはならない。粘土板は乾くと固まって文字を残すが、とくに長期間保存を要する記録についてはこれを焼成し、硬い素焼きの板として保存した。

葦の尖筆と粘土を使った記録方法は、後世に多くの情報をもたらした。通常、パピルスや羊皮紙、それに紙に記された歴史資料の多くは戦争や火災で焼失してしまうものだが、粘土板に刻まれた楔形文字は、戦争や火災などにあうと逆にしっかりと焼き固められて発見されるからである。そのような今日に残る楔形文字資料は、法律関連の文書や商取引に関する文書、さらに詩などの文学作品など、じつに多様かつ膨大な数にのぼる。シュメールというひじょうに早い時期に栄えた古代文明について、かなり細部にわたるまで知ることができるのは、粘土板という特種な記録媒体だったからである。

たとえば神々へのさまざまな祭事や儀式がどのようにおこなわれたか、灌漑工事はどの地域をどのような手順で進めたのか、あるいはその年の収穫量はどうで、その結果、神殿の蓄えはどれほどになったか。これらの記録は、後世の人々のために書き残されたわけではもちろんない。当時のシュメール人たちは、過去の記録を参照することで次に何をすべきかを知り、ある年と翌年の比較から次なる方策を工夫したりした。つまり彼らは文字を記録することによって、過去から現在への変化や推移を掌握することができるようになり、帰納的考察や演繹《えんえき》的考察を具体的に進めることができるようになった。人間が文字を使うようになったときから、その社会は明確な発展を遂げ始め文明の発展を促進するようになったのである。

楔形文字が残した史料

現代社会のさまざまなところ、さまざまな局面で、過去の経過や経験にもとづく工夫や改善が日々おこなわれているが、その系譜を起源までさかのぼると、粘土板に刻まれた楔形文字に行き着く。その意味でシュメール人たちが考え出した楔形文字は、人類の文明の発展にきわめて重要な役割を果たしている。その証拠に、古代においてだけでもアッカド語やヒッタイト語に楔形文字が採用されており、ウガリット文字のような、のちのアルファベットの源流ともいえる文字も楔形文字に刺激されて生まれたのである。また、古代メソポタミアで『ギルガメシュ叙事詩』が生まれたのも、楔形文字があればこそであった。

ギルガメシュというのは、紀元前二六〇〇年頃ウルクに実在したとされる王で、字《あざな》を「ウルクの城壁を築いた者」といった。この王にまつわる物語を記したのが『ギルガメシュ叙事詩』であるが、これがまとまった文学作品として成立するのが紀元前二〇〇〇年以降であるから、この主人公が実在したとされる時代よりもかなり後代になってからのことである。

『ギルガメシュ叙事詩』についてはあとで詳述するが、興味深いのは、次のような記述がみられることであろう。あるとき大洪水が起きて人々は死滅してしまうが一家族だけが舟に乗って生きのびることができた、というもので、旧約聖書の「ノアの方舟」を彷彿《ほうふつ》とさせる。この叙事詩の一部がのちに旧約聖書にとりこまれていったと推定され、それはシュメール文明の古代思想がユダヤ教やキリスト教に影響を与えた結果とみなすことができる。

また、この叙事詩には、ギルガメシュの死に対して「ちょうど月が欠けて漆黒の夜空になるように、あなたがいなくなって世の中が真っ暗になってしまった」と嘆く、有名な一節がある。さらに地獄の様相が描写されるなど、この作品には救いようがないほど悲観的な運命論が一貫して流れている。このいかんともしがたい悲観主義が、のちのローマ帝政時代に普及するミトラス教やキリスト教の復活思想に脚光を浴びせる土台になったのかもしれない。

人間一人ひとりがもつ漠然とした悲観的な思いを初めて具体的に記述した『ギルガメシュ叙事詩』が、アッシリア帝国の首都・ニネヴェの遺跡で発見されたのは一九世紀のことで、その後、解読が進められるにつれて、そこに記されている断片的な出来事や考え方などが各地の宗教や来世観に少なからぬ影響をもたらしていることが判明してきた。したがって、この叙事詩は貴重な古代の文学作品であると同時に、ほかのさまざまな宗教の血となり肉となって溶け込んでいるという意味で、われわれ人類の精神史を知るうえでも重要な文献資料といえるのである。

人類の精神世界を記述したきわめて古い記録が『ギルガメシュ叙事詩』とするなら、楔形文字によってきわめて古い社会制度を記述したのが「ハンムラビ法典」である。これは、シュメール文明において培われたさまざまな慣習やルールを順守しながら新たな時代の要請にこたえるかたちで、のちの古バビロニア王国の時代に編纂された。ハンムラビ法典ができる以前に世界最古の「ウル・ナンム法典」などいくつかの法典がシュメール文明期につくられており、ハンムラビ法典はこれら既存の法典を整理して編纂しなおしたものである。

一九〇一年、イランの古代遺跡スーサで発見された「ハンムラビ法典」は、高さ二・二五メートル、幅六五センチほどの大きな玄武岩の一本石の石面に、楔形文字で刻まれた法典であり、発見当時、その綿密詳細な内容に全世界が驚かされた。今日、ハンムラビ法典が世界的に知られているのはこの発見時の驚きによるところが大きいが、重要なことは楔形文字にしろ「ハンムラビ法典」にしろ、シュメール文明の遺産が今日に伝わっているのは古バビロニア王国の時代があったおかげだということである。『ギルガメシュ叙事詩』もまた、この時代にまとまった物語として読みやすい楔形文字で編纂し直されており、もし古バビロニア王国時代がなければ、はたしてシュメール文明の功績が正しく後世に伝わったかどうか疑わしいといえよう。

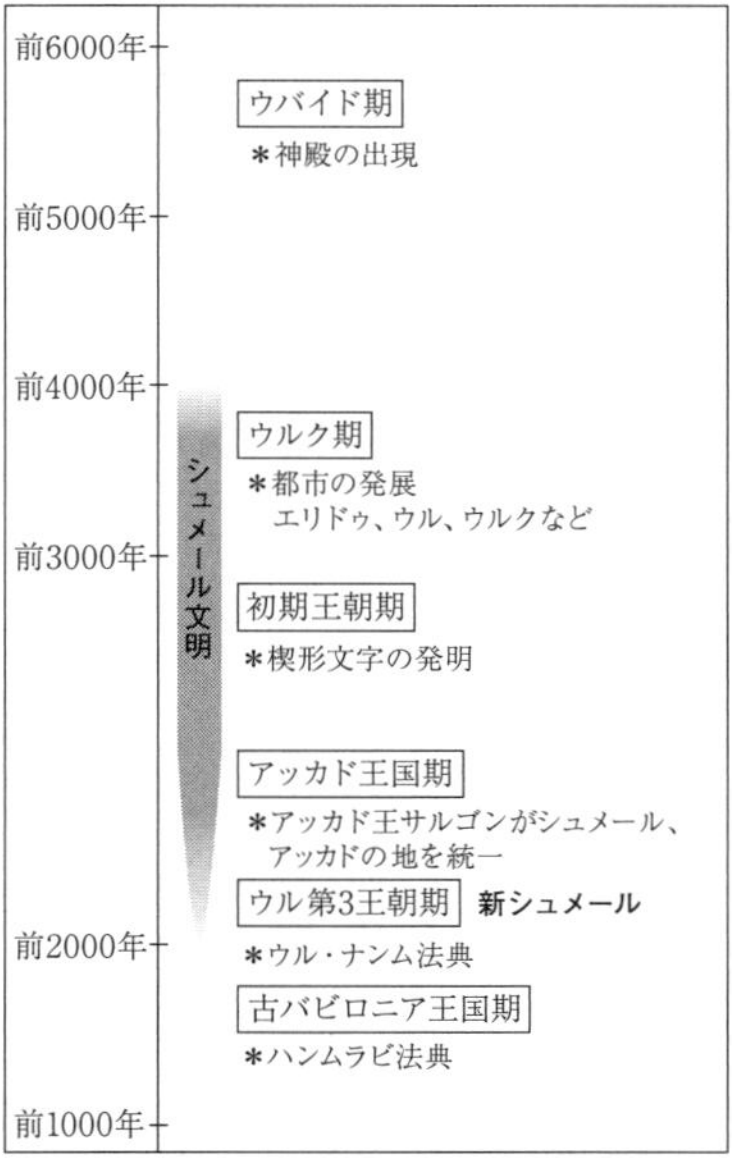

古代メソポタミアの都市文明

では、その古バビロニア王国に至るまで、メソポタミア文明はどのような変遷をたどっていったのだろうか。初期のウバイド期からウルク期、初期王朝期、アッカド王国期などを経て古バビロニア王国に至るまでのほぼ四〇〇〇年間の歩みをあらためて見ていくことにしよう。

ウバイド期

紀元前六千年紀の頃から、メソポタミアでは組織的な農耕がおこなわれるようになるが、この時期をウバイド期（紀元前六千年紀中頃〜前四〇〇〇年頃）という。シュメール人の登場に先だつウバイド期は、シュメール文明の前史ともいうべき段階で、人工灌漑が始まり、これに対応して集団をコントロールする行政組織のようなものができていったのではないかと推定されている時代である。メソポタミア文明が世界最古の農業文明といわれるゆえんがここにある。

前述のようにティグリス・ユーフラテス川流域の低湿地帯は人工の灌漑を施設しなければ農耕はできない。一定範囲に人工灌漑を施設するには一人ひとりの勝手な作業では限界があり、組織だった集団作業が前提である。それを考えると、この地域が集団から集落、さらに都市へと社会的な発展を遂げたのは、ある意味で最初から約束されていたといえる。

ウバイド期に栽培されていた農作物は、オオムギ、コムギ、エンマーコムギ、アワ、ゴマ、ナツメヤシなどで、とくにオオムギの栽培がさかんであった。これらの作物を栽培するための農具にいまだ鉄は使用されていなかった。農具以外の用途で青銅器が使用されていたが、本格的な金属器を使う段階には至っていなかった。

すぐれた農具が開発されていたわけではないのに農耕が栄えたのは、人工灌漑の技術と、それを施設、補修、運用、活用する管理組織がすぐれていたためである。組織化された集団活動の結果、余剰農産物を生み出すことが可能な効率的農業を実現し、それがのちに都市に発展させていく原動力となった。つまり、灌漑施設なしには農耕ができないという不利な条件が灌漑施設の組織的管理運営というソフトを発達させ、それが余剰農産物を生み出すほど豊かな農業をつくりあげたのである。すぐれていたのは生産のためのハードではなくソフトだったという点で、メソポタミア文明は世界的にもひじょうにまれな文明といえる。つまり、文明のタイプとして特殊であるということは、人類の古代文明全体を考えるときにも考慮しなければならない点であり、メソポタミア文明を古代文明として一般化するには十分な慎重を要するということである。

ウバイド期でも大規模集落が出現するのは末期になってからであり、そのころになると大がかりな神殿もつくられている。神殿の基壇部はしだいに高層化していき、やがてウルのジグラトのような大規模建造物へと発展していく。ということは、ジグラトに至る建築タイプの芽は、ウバイド期の終わり頃にあったことになる。

さらに道具では、鋤や帆、土器製造に使われる回転板などがこの時期に登場している。この回転板から発達してのちにろくろや車輪が開発されていく。このようにウバイド期に生まれた知恵や文化は、このあとのウルク期に大きく花開くことになる。

ウルク期

シュメール人がその文明を発展させたウルク期（紀元前四〇〇〇～前三一〇〇年頃）はお

よそ一〇〇〇年間続いたが、この時代になると、南メソポタミア地方に一〇以上の都市が出現する。なかでも特に急速な発展をとげたのは、エリドゥに次いで都市化を実現するウルクであった。

ウルクの周囲には城壁がめぐらされ、城壁が囲む面積は六平方キロメートルにも及んだ。メソポタミアの初期の都市人口は二〇〇〇〜八〇〇〇人程度だったが、最盛期のウルク（前二九〇〇年頃）は数万人に及んでいたと推定されている。ただし一万人といっても、奴隷を含む数で、奴隷がどのくらいを占めていたかはよくわかっていない。参考までに古代ローマ時代の地方都市ポンペイの場合、奴隷は二五パーセント前後とみられていることからすると、ウルクの数万人のうち一万人程度が奴隷だったかもしれない。さらにこの時代、都市は周辺民族との抗争に明け暮れており、戦いに敗れた側は奴隷にされていたから、ウルクの奴隷の割合はもっと高かった可能性がある。

いずれにしても、数万人という数の人々が限られた都市空間の中で生活するのであるから、稠密《ちゅうみつ》化した社会にふさわしい制度や慣習が整備されていったと推定される。その一つが、職業分化もしくは職業の専門化である。その裏付けとして注目されるのが、ウルクで出土する土器がどれも類似している点である。つまり、このころには前述の回転板から発達したろくろによって、あたかも一種の工業製品のように土器が大量生産されていた形跡がうかがえるのである。土器の質そのものは前の時代よりも劣っているが、これも大量生産の結果とみることができる。

このことから推測できるのは、短時間で大量に土器を製作していた専門集団の存在と、大量の土器を必要とする消費者集団の存在である。そして、おそらくこのような専門集団は、荷車の製造や建造物の建設にもいたと推定され、一定の職業分化がウルクの社会で進みつつあったと考えられる。

ウルクのもう一つの特徴は、北部地方から多くの人々が移住していることで、これによってこの都市はいっそう大きく発展した。しかし、この移住者の増大が意味するものは、たんに都市の拡大だけではない。習慣や文化の異なる人々が限定された空間のなかに集まって都市を形成するのであるから、社会生活を営むうえでの、摩擦や対立を防ぐためのルールづくりが必要だった。それが、のちにメソポタミアで世界最初の法律が生まれる背景となったのである。

ウルク　エアンナ神殿跡とジグラト

現在、文化の多様性を維持することが人類の将来を担保する重要な要素であると指摘されているが、二〇世紀末まで、文化の多様性が注目されることはほとんどなかった。おそらく、世界全体の国際化とグローバル化の進捗が文化の多様性に作用し、多様性の維持が危惧されるようになったからである。この人類の存続にとって欠かすことのできない多様性はメソポタミア文明の時代にすでに認識されており、社会的に認知されていたのである。多様な文化をもった複数民族が集まる古代都市で共通の決まりごとを設定していたことがそれを物語っている。

その多民族性に関連していることであるが、かつてシュメール人のインド起源説を唱えた研究者がおり、また言語学の立場からイラン高原からやって来たとする研究者もいた。あるいはさらにアジア寄りのコーカサス山脈から来たという説、地中海のクレタ島を起源とする説もある。シュメール人の起源は、結局いまもって判然としていないが、こうしたさまざまな起源説があること自体、シュメール人にさまざまな文化や習俗をもった民族が混在していた証拠であろう。

このようなウルクの姿は、今日のアメリカ合衆国とかさなる。アメリカもまた多民族国家として、さまざまな宗教や文化をもつ人々の集合体であり、それゆえにアメリカ社会は国民が大きな二つの価値観もしくは基準を共有することで成立している。一つはアメリカンドリームという夢の共有であり、もう一つは何よりもフェアであることを尊ぶ精神である。

この二つは、多民族社会を維持・発展させていくための目に見えないインフラともいえる。そうした多民族社会のインフラが、古代のシュメール文明のなかに、すでに息づいていたということなのである。

南メソポタミア地方に生まれた都市は、やがて都市国家の体制を確立する一方、北メソポタミアのアッカド地方にも都市が形成されるようになる。とくに現在の北イラクに位置するニップールのさらに北の都市国家キシュが強力な軍事力を背景に急速に台頭するが、この時代を初期王朝期（紀元前二九〇〇〜前二三五〇年頃）という。

それまでの都市はそれぞれに独立を保ち、それぞれの領域を明確にし、周辺の都市がそれを侵すたびに抗争を繰り返していた。都市の周囲には城壁をめぐらし、戦いになると、弓矢などの武器を積んでウマに引かせた四輪戦車などを駆使した。四輪戦車は平地戦用であり、起伏のある丘陵地帯での戦いになると、機動力に富んだ二輪車になり、さらに本格的な山間部では騎馬による戦いになった。四輪戦車が使用されていたことは、平地でかなり激しい戦いがおこなわれていたことを意味している。しかし、キシュが台頭すると、周辺都市はあえて抗争をせずにキシュと主従関係にある同盟を結ぶようになる。キシュは同盟関係を軸に都市国家としての勢力を拡大していったが、それを可能とし、支えていたのは軍事力である。

ウルの四輪戦車　初期王朝期のスタンダードに表されたもの。大英博物館蔵

こうした情勢変化とともに都市国家のトップに君臨

する王のありようも変わっていった。従来の王は同時に神官であり、宗教的権力と世俗的権力をかねそなえた存在であったが、初期王朝期になると、にわかに軍事的色彩の濃い王が登場するようになる。ウルク期までは都市間の抗争時にのみ軍を指揮していた権力者が、平時においても常態として必要になってきたことを物語っている。それだけ都市国家間の緊張関係が高まっていたということである。

やがて都市間の抗争がさらに激しさを増していき、より本格化したころ初期王朝期は終焉に近づき、シュメールは次の段階に移行する。その段階は、シュメールの北にあった都市、アッカドの王サルゴンの登場をもって始まる。サルゴンは紀元前二四〇〇年を過ぎた頃から圧倒的な軍事力でシュメールの都市を次々に陥落させてメソポタミアのほぼ全域を支配下におき、統一王国を築きあげる。

さらにアッカド王国は勢いを得てエジプトやエチオピアにまで軍を遠征させているが、この覇権主義的な政治は美術にも少なからず影響をもたらした。当時のレリーフなどの美術品に軍事行動や凱旋の様子を表現したものが多くなる。それまでのシュメール文化にはそうした要素は少なかっただけに、時代の変革を美術作品の中にも見てとることができる。

アッカド王国期

アッカド王国がメソポタミア全体を支配するようになったからといって、それでシュメール文明が滅びたわけではない。シュメール文明はその後も継承されており、それまでの都市

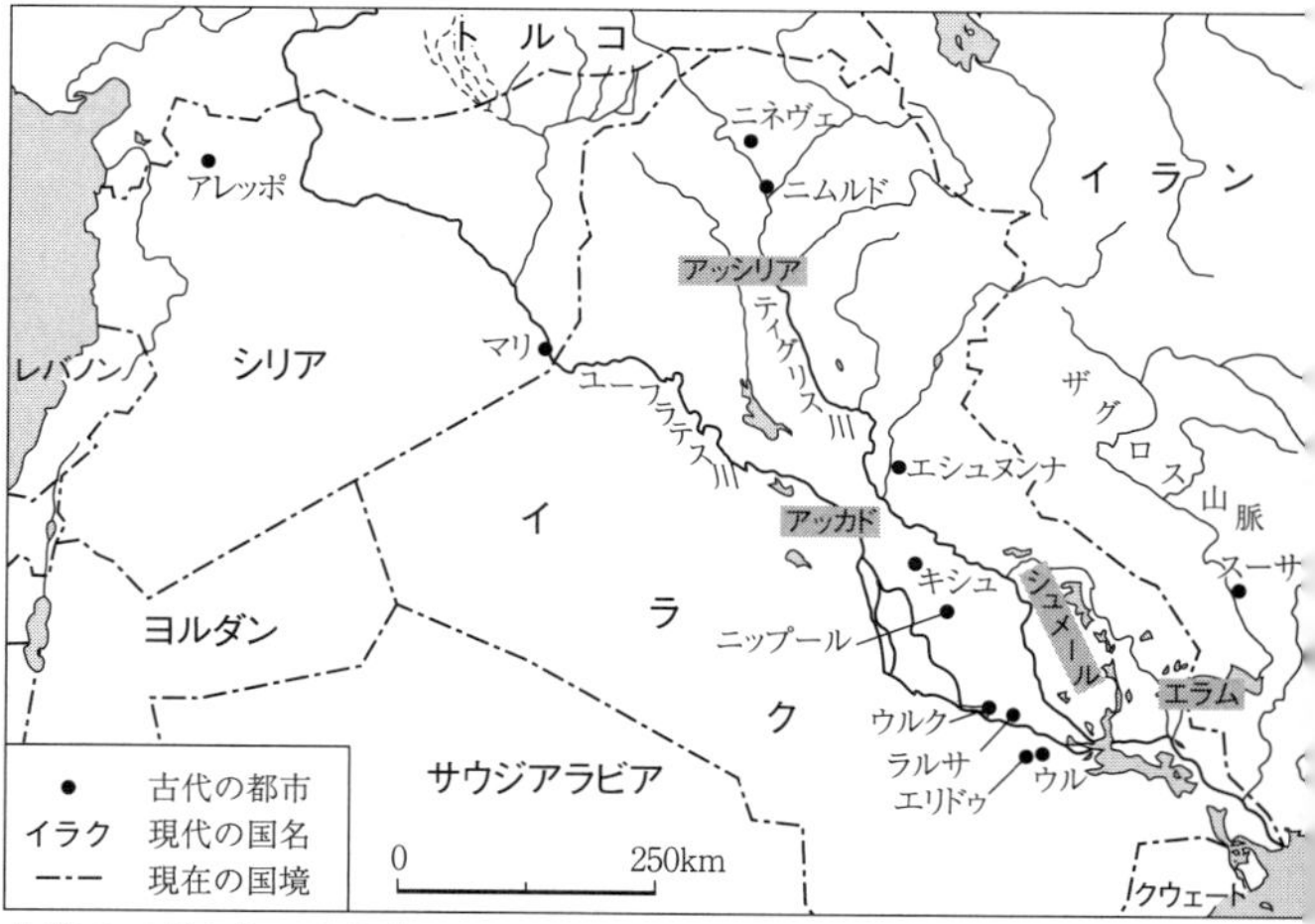

古代メソポタミアの都市

国家を中心に育まれた文明は、次の段階に入ったとみるべきであろう。

ただし、明らかに変わったのは、先にも触れた、支配者である王のありようであった。アッカド王国の出現によって、それまでの都市国家とは異なり広域を支配する本当の意味での国家が誕生したが、その背景にあったのは宗教的権力の神官と世俗的権力の王との分離である。その証拠に、かつては都市国家において神殿はすなわち王が暮らす王宮でもあったが、アッカド王国の時代（紀元前二三五〇〜前二一七〇年頃）になると、神殿の脇に王宮がつくられるようになり、しかも、その王宮はしだいに大規模化している。

しかし王が完全に世俗的権力しか保持していなかったかというと、そうではなかった。彼は世俗の支配者として神々の支援をうけた特別な存在で、それゆえに強烈なカリスマ性をもちあわせていた。したがって、神官と王が分離したといっても、王は神々の権威をまとい、いわば神によって世俗的権力を保証された存在だったのである。

それに加えて王は軍事的統帥権をもち、これも神に保証された大権であったから、王の権力はさらに強大なものとなった。アッカドのサルゴンは、その強大な権力を駆使して統一王国を築きあげたのである。

中央集権的な官僚政治による支配、メソポタミア全域での農業生産の奨励、度量衡の統一、メソポタミアから地中海東岸にいたる通商圏の構築などがアッカド王国の繁栄の基盤だった。しかし、繁栄は長くは続かず、二〇〇年弱という古代としては比較的短命で終わっている。もともと力ずくで諸都市を抑えつけていたので、サルゴン亡きあと力が弱まると同時に、経済力をもった都市が台頭し、抑えが利かなくなったためである。その結果、メソポタミアはふたたび都市国家による群雄割拠の状態に戻り、抗争が激化して、やがて次の時代に入っていく。

なお、メソポタミアに一時代を築いたアッカド王国だが、王国の都であるアッカドの遺跡は、四〇〇〇年以上たったいまもまだ、見つかっていない。

新シュメール時代

アッカド王国滅亡後に勢力を伸ばしたのは、かつてエリドゥやウルクとともにシュメールに栄えた都市国家ウルだった。アッカドに代わってウル第三王朝が統一国家を樹立するが、シュメールの都市国家が復興したことから、この時代は「新シュメール」（紀元前二一一〇～前二〇〇〇年頃）、あるいは「シュメール・ルネサンス」とも呼ばれる。

ウル第三王朝の創始者であるウル・ナンムはみずから「シュメールとアッカドの王」と名乗り、法典の編纂を手がけた。これが今日、世界最古の法典とされている「ウル・ナンム法典」である。この法典も後述のハンムラビ法典と同様、既存の法律を集めて整理したものにすぎず、学者や神官などの識者によって新たに法律が制定されたというわけではない。とはいえ、法典編纂は画期的なことには違いなく、さまざまな文化や習俗をもつ人々が暮らす地域で法整備を手がけたのは、社会の統一性を図るうえで有効かつ必要な手段であった。

さらに国王ウル・ナンムは、南メソポタミアと北メソポタミアの一部にまたがる領土全体を測量して属州と呼ばれる行政単位に区分けし、それぞれ官僚を派遣して中央集権国家をつくりあげた。さらに王族の者を地方総督に任命して地方の統治を確実なものとした。また、地域によってバラバラだった度量衡を統一するなど国家としての一体化と行政の効率化を目指している。

そのような統一王国ウルは、ティグリス川の下流に興ったエラム王国の首都スーサや遠く地中海沿岸から奉納品が届くなど栄華を誇ったが、この新シュメール時代もまた一〇〇年たらずの短命に終わっている。

古バビロニア王国期

ウルが滅びると西アジア一帯は混乱期に入るが、その中で台頭してきたのがアムル人（旧約聖書ではアモリ人）の一部族だった。やがてかれらは古バビロニア王国（バビロン第一王朝ともいう）を築き、その六代目の王がハンムラビである。かれはひじょうにすぐれた王でメソポタミア一帯の治水と灌漑の整備をおこなって農業生産の安定を図った。その一方で、メソポタミアのエシュヌンナ、エラム、ラルサ、ティグリス川沿いのニネヴェやニムルド、ユーフラテス川上流のマリ、さらにシリアのアレッポの近くまで勢力を拡大した。

こうしてティグリス・ユーフラテス両大河に沿って長さ約一一〇〇キロ、幅約一六〇キロの長大な王国が出現した。それは、それまでにメソポタミア地方に生まれたどの王国よりも広大な領土であったが、ハンムラビが死去すると、その国力は急速に衰退している。

この古バビロニア王国からは楔形文字が刻まれた大量の粘土板が見つかっているが、今日に伝わるきわめて貴重な文字資料が「ハンムラビ法典」である。

聖書にも見られる「目には目を、歯には歯を」の記述で知られるハンムラビ法典は、石に刻まれて神殿の中庭に設置することで広く人々の前に公開された。古代のほとんどの法律が一部特権者に私有化されていたことからすると、これは特記すべきことといわなくてはならない。そうした法典が人類初期の文明で誕生したことは、きわめて重要である。そこで、あらためてハンムラビ法典に注目し、その概要と意義について述べることにしよう。

ハンムラビ法典

すでに述べたように人類最古の法典は新シュメール時代のウル・ナンム法典であり、その後、リピト・イシュタル法典やエシュヌンナ法典などがつくられ、ハンムラビ法典はこれらを継ぐものとして誕生した。つまり、それまでのシュメール文明において培われたさまざまな慣習を順守しながら、古バビロニア王国期という新たな時代の要請に応えるべく編纂されたものである。

ただし法典といっても、そこに記されているのは規制力をもつ法律ではなく、過去のさまざまな判決を参考にした模範的判決の手本が記されていたと考えられている。そのため、通常の判例であれば具体的な固有名詞などが登場するが、ハンムラビ法典では固有名詞は排除され、あくまで一般化、理念化された判決が綴られており、現在の法律と比べると、かなり

ハンムラビ法典碑　上部には、右側に太陽神シャマシュが座り左にハンムラビ王が立つ姿が浮き彫りにされている。下部には282条の法文が刻み込まれている。ルーヴル美術館蔵

道徳的規範の色彩が濃いといえる。

とはいえ、いまから四〇〇〇年ちかく前に、そうした模範的判決の手本を公に掲げたのは、注目すべき営為というほかない。そんなハンムラビ法典が生まれた背景には、シュメールの都市文明の初期から育まれた組織的な行政が古バビロニア王国期に至って、いよいよ高度化したことがあげられる。高度かつ組織的な行政がおこなわれるようになった古バビロニア王国においては、社会と住民の生活を維持するうえで、それ相応の法整備が不可欠になっていたのであろう。しかも、成文法として人々の前に公表していたところに、この法典を文明史の中に特記すべき意義がある。

もちろん当時の一般人の識字率を考えると、ハンムラビ法典の内容を理解できたのは住民の一部だったであろう。しかし、エジプトの難解な象形文字と比べると、はるかに楔形文字は習得しやすい。したがって、のちのエジプト時代よりも識字率は高かったはずで、ハンムラビ法典を読むことができた一般人はかなりの数になったと思われる。というのも、ハンムラビ法典をコピーした粘土板がメソポタミアの各地から出土しており、法典の権威がわかるだけでなく、広く一般に親しまれていたと推定されるからである。

古代において法典が住民に公開されていたことがいかに先進的であったかは、のちの古代ローマにおける基本法典「十二表法」と考え合わせると、より明確になる。十二表法も青銅板に刻まれて公開されたが、それは紀元前四五〇年頃のことである。ハンムラビ法典の編纂は紀元前二千年紀初めのことであるから、古代ローマの十二表法よりもじつに千数百年も早いのである。その時代に、一般人に公開することを目的とした法律がすでにあったという驚異的な先進性は、いくら繰り返し強調してもしすぎることはない。

古代ローマで公開を前提とする法律が制定されるまでには、平民たちにとって辛苦の道のりがあった。紀元前六世紀末に王政から共和政に移行したローマだったが、当時さまざまな困難に直面し、経済活動も停滞していた。というのは、その直前までローマはテヴェレ川の北に勢力をもつエトルリアに支配されており、ようやく自立への道を歩み始めたところだった。そのため、旧支配勢力のエトルリアからさまざまな圧力がかかり、国政を困難なものにしていた。

とりわけローマの平民たちを悩ませていたのは借財である。かれらには兵役が課せられていたが、当時、武具調達は兵士の自己負担だったため、借財に苦しむ者があとを絶たなかった。借財の返済ができずに、奴隷とならざるをえない者もいた。平民たちは、国のために戦っているにもかかわらず、その兵役が原因で仲間たちが奴隷に身を落とすことに不満をつのらせていた。その不満はやがて、かれらをローマ郊外の山にこもらせ、国への一切の奉仕義務を放棄するという実力行使へと発展させた。

この実力行使にはローマの為政者たちも頭をかかえた。当時、ローマは異民族の侵入に悩まされており、平民を兵役にもどすことが急務だったからである。そこで、為政者は借財のために奴隷になっていた者をもとの身分にもどし、護民官と呼ばれる市民保護の任を負う高官を新たに設けることを約束した。このとき平民たちは、さらにもう一つの要求をかかげて運動した。それが自分たちの権利を保証した社会規範を成文法として公開することだった。

それまでもローマに法律や裁判はあったが、その内容が平民に公開されることはなく、貴族たちによって占有されていた。そのため判断基準も明らかにされないまま、しばしば平民たちに不利な判決が下されていた。こうした社会的不平等を是正すべく、平民たちはふたたび実力行使に出ようとしたため、為政者は譲歩せざるをえなくなり、ギリシア法を参考にした成文法がまとめられた。こうして一二枚の青銅板に刻まれ、市民生活の中心であった広場フォルム・ロマヌムに公開されたのが十二表法である。

その内容は、訴訟の進め方や貸借関係のとりきめ、家族に対する家父長の絶対的権限、資財や相続についての規定、紛争処理の方法などで、古代の法律の多くがそうであるように従来の慣習法を確認するという意味合いの強いものであった。それゆえに平民の権利を積極的に保証するには至っていないものの、平民にとっては大きな前進であったことに違いはない。事実、これ以降、ローマの平民たちはさまざまな運動によって新たな権利を少しずつ獲得している。

そうした意味で十二表法の制定とその公表は、古代における市民権獲得の記念碑といえるが、その偉業は、じつは十二表法が生まれる千数百年も前にメソポタミアにすでになされていたということなのである。

判決集としてのハンムラビ法典

ハンムラビ法典は、前書き、本文、後書きの三部からなり、本文は慣習法を成文化した全二八二条（一三条および六六〜九九条は欠損）という長大なものである。

前書きには「悪事や不正をおこなう者をなくして、強者が弱者を虐《しいた》げないようにし、国に正義を輝かせ、人々の福祉を増進する目的で神々から国の支配を委ねられた」とある。この基本理念と目的のもとに、本文は裁判、盗人、奴隷、家屋侵入、強盗、従軍、耕作、借家、商人、酒、運搬、債権、人質、穀倉、寄託、虚偽、貞操、婚姻、相続など多岐にわたる。そして後書きには、訴訟にあって虐げられた者を正義の王であるわが似姿のもとにまねき、石に刻まれた言葉を読ませ理解させせよ、という意味の文言が記されている。

注目すべきは、前書きに明記されているように弱者が不利に扱われることのないように配慮されていることである。さらに正義や福祉といった概念が、この人類初期の文明においてすでにあったことは驚きというほかない。女性の権利についても、ハンムラビ法典はのちの古代ギリシアなどと比べてはるかに認めているが、女性権利の容認はシュメール社会に特有のものであったようだ。それが古バビロニア王国にも受け継がれたとみられる。一方で、有名な「目には目を」の文言がみられるようにハンムラビ法典では厳罰主義がうたわれ、実際、犯罪者に科せられる量刑の重さはシュメール時代以上であったといわれる。

ハンムラビ法典は前述のように規制力をもたない一種観念化された規範であったが、規制力をもたないところが、この法典のミソでもあった。規制力をもつ法律であれば、必ず法解釈をともない、その解釈をめぐって論争が起きるのは避けられない。その点、模範的な判決集なら、新たな解釈が入り込む余地は小さい。固有名詞がないなど具体性に欠ける面があるにせよ、さまざまな問題や紛争に有効な規範であったことに変わりはなく、のちの旧約聖書に出てくる立法と比べてもけっして見劣りしない内容をもっていた。

あらためてこうした先進的ですぐれた法典がシュメール文明で生まれた要因を考えると、やはりシュメールがもともと多民族社会であったことと無関係ではない。多民族ゆえの多価値社会であればこそ、社会を維持するうえで普遍的なルールの整備は不可欠であった。

そしてもう一つ注目すべきは、このハンムラビ法典がいわゆる宗教的規範とは別個のものとして存在したという点である。シュメール初期の都市国家は、ウルやウルクがそうであったように、神殿を中心に都市が形成され、神官と権力者がほぼ一致する神政社会であった。しかし、時代をへるにつれて神官と権力者は分離していき、そういう意味で神政国家の色彩は薄れていくが、ハンムラビ法典は神官と権力者が完全に分離した段階で制定されている。つまり、あくまでも社会的規範として、この法典は編纂されたのである。

『ギルガメシュ叙事詩』

楔形文字が生んだシュメールのもう一つの遺産『ギルガメシュ叙事詩』は、たんなる文学作品としてだけでなく、シュメール人の宗教観や思想など精神活動を知るうえで、きわめて貴重な資料である。

シュメールでは、神々は自分たちに奉仕させるために粘土から人間をつくりだしたことになっている。そして人間が神々の意にそわないとき、神々はその怒りを地震や洪水で表現するとされた。したがって、これまでに多くの研究者が指摘しているように、シュメールにおいて神々は自然界の現象や事物を擬人化した存在であり、神々と人間の関係は、厳しい自然と人間の関係を概念化したものといえる。言い換えれば、それほどにシュメールの自然環境は厳しく、人々はつねに自然を強烈に意識せずには生きていけなかったのである。

おだやかな自然環境のもとでは、人はさほど自然を強く意識することはない。日本の花鳥風月がいい例で、古来、日本人はおだやかな自然が織りなす四季の移ろいを心やすらかに眺めてきた。しかし過酷な自然現象が容赦なく人々の生命を脅かすシュメールでは、自然は愛《め》でる対象にはなりえず、なぜこのような自然は存在するのかという本質的な問いかけをもって自然と真正面から対峙しなくてはならなかった。こうしたことが、やがてこの地域に観念主義的な思想をもたらす要因になったのではないかと考えられる。

シュメール人の像　両手をあわせ礼拝の姿勢をとる。小さな房が並ぶ衣服は羊毛でつくられている。ルーヴル美術館蔵

そうした背景をふまえてシュメール人の宗教をみていくと、まずこの地方の宗教の特徴として、もともとウルクやウルなどそれぞれの都市ごとに培われた信仰から始まっていることがあげられる。や

がて都市間での抗争が始まると、都市の序列ができあがり、それに準じて神々も序列化されていった。こうして紀元前三千年紀後半には、シュメールの主な神々がほぼ出そろっている。

その頂点に君臨したのは、神々の父で天空の神であるアヌ、大地と空気の神でありシュメール人にとって恐ろしい洪水をつかさどるエンリル、さらに甘い水の神で知恵をつかさどるエンキの三神であった。もっとも、この三神の役割はそれほど明確に分かれていたわけではなく、重複しているところもあった。それは、この三神がかつてそれぞれの都市で主神の位置にあったためかもしれない。また、天空神というのは、あまりはっきりした神話をもっておらず、神々の儀式でも大きな役割をはたしていない。むしろ天空神アヌよりも、大地と空気の神エンリルのほうが主神として傑出した存在だったといえる。そのエンリルがつくりだしたこの世の秩序を守るのがエンキの役割であった。ところが古バビロニア王国の時代になると、最高神の地位はバビロンの神であったマルドゥクにとって代わられている。

そのほかにも神々はたくさんいるが、女神として代表的なのがアヌの娘で金星の女神イナンナ（のちのイシュタル）であろう。この女神は愛と豊饒をつかさどり、のちのギリシアやローマにも同じ役割の女神アフロディテやウェヌス（ヴィーナス）が登場するが、イナンナは地母神的な性格が強いなどの違いがみられる。

シュメールの宗教は、その後の文明で形成された宗教にさまざまな影響をおよぼしているが、それは現代人が信仰する宗教についても同様である。たとえば「地獄」というと、われわれは暗く恐怖に満ちて救いようのない陰惨な光景を思い浮かべるが、この地獄イメージの源をたどっていくと、シュメール人たちの信仰によって生みだされた冥界の風景に行きつく。はるか昔のシュメールの古代宗教は、現代人が意識していないだけで、いまも人々の信仰のなかに息づいているのである。

その意味でシュメールの宗教がいかなるものであったかは現代人にとってもひじょうに重要であるが、シュメール人たちの信仰は、今日につたわる『ギルガメシュ叙事詩』によって知ることができる。そこで以下、この叙事詩の概要をたどりながら、シュメール人たちの宗教観と思想をさぐっていくことにしよう。（以下、テキストは月本昭男訳、岩波書店、一九九六年刊のものを参考にした）

『ギルガメシュ叙事詩』　楔形文字で粘土板に刻まれている。ニネヴェ出土。大英博物館蔵。写真提供・ユニフォトプレス

シュメール人の思考プロセス

ギルガメシュがウルクに実在した王であることはすでに述べたが、シュメール王名表によれば彼は何千年も生きたことになっており、正確な在位期間などはわかっていない。

『ギルガメシュ叙事詩』に記された物語は、ウルクの人々が暴君ギルガメシュを成敗するために、天空神アヌに懇願し、アヌは女神アルルに命じて野人エンキドゥをつくらせるところから始まる。獣のような姿をしたエンキドゥだったが、ギルガメシュの策略で聖娼シャムハトを抱いたために人間の姿となり、人間らしい生を得る。そしてエンキドゥはギルガメシュに戦いを挑むが、決着はつかず、相手の強さに感嘆した二人はたがいを称え合い、親友となる。

その後、二人は「香柏の森」を守る怪物フンババの退治に成功する。それにより、この森を手中におさめたギルガメシュに女神イシュタルが思いを寄せるが、男漁りの激しいイシュタルを彼は拒絶してしまう。怒った女神は、天の牡牛グアンナを送り込んで復讐しようとするが、ギルガメシュとエンキドゥはグアンナも退治する。だが、その後エンキドゥは、自分が命を落とす不吉な夢を見る。

エンキドゥは、フンババとグアンナを殺したために、神々によって自らの命を奪われる運命にあることを知り、人間の生を得たことをのろいながら衰弱していき、やがて死に至る（ただし、このくだりは欠落）。親友の死に接したギルガメシュは、死の恐怖にとりつかれ、永遠の命を手に入れたウトナピシュティムに会う旅に出る。そして苦難の末に出会うことができたウトナピシュティムは、人間でありながら神々に列せられ、永遠の命を手に入れた経緯をギルガメシュに聞かせる。

すなわち、神々が人間を滅ぼす目的で洪水を起こそうとしたとき、知恵の神の指示によって方舟をつくったウトナピシュティムは、命あるものの種を救うことに成功した。しかし、洪水をつかさどる神エンリルがこれに激怒したため、知恵の神が説得し、ついにウトナピシュティムは永遠の命を得ることができたと。

そう明かしたウトナピシュティムは、ギルガメシュに七日間不眠の試練を課すが、ギルガメシュは挫折してしまう。ウトナピシュティムはギルガメシュを追い返そうとする。しかし、妻のすすめで秘密の「若返りの草」のありかを教える。ギルガメシュは喜んでその草を持ち帰ろうとするが、帰途、泉での入浴中に蛇に草を持ち去られてしまう。この草のおかげで蛇は脱皮を繰り返していつまでも若さを保ち、ギルガメシュは失意のうちにウルクへ戻っていく。

以上が『ギルガメシュ叙事詩』に綴られた物語のあらましだが、このなかのギルガメシュは人間を超越した英雄である。しかし、親友エンキドゥを失ったときの悲しみと死の恐怖はどこまでも深く、そのときの気持ちを、

　われもまた死すべき者
　悲しみがわが胸を刺す
　われは死におののき、荒れ野を彷徨する

と記している。このくだりを見るかぎり、ギルガメシュは超人などではなく、なんとも人

間的な弱者である。このあたりは、われわれ現代人が古代人に対して一種の新鮮さと親近感をいだくところであろう。

さらにギルガメシュが旅の途中で、酌婦シドゥリからこういわれる場面がある。「神々は死すべきものとして人間をつくり、われわれの生命は神々の手にゆだねられているのだから、食べたいものを食べ、宴を繰り広げ、踊りを楽しめばよい」と。

運命は避けられない、だからいまを楽しめばよいという現世享楽的なフレーズであるが、じつはこのくだりをめぐって興味深い事実がある。このくだりが記されているのは、今日いくつかのバージョンが存在する『ギルガメシュ叙事詩』の中で「古バビロニア版」と呼ばれるものだけである。これよりもあとに編纂されてもっとも普及し、標準バビロニア語で書かれた「標準版」と呼ばれるものには、この現世享楽的なくだりは抹消されている。そればかりか、標準版では死の恐ろしさを強調する記述に差し替えられており、そこには死の怒りによって人間は砕かれてしまうという暴力的なまでの死の恐怖が記され、さらに死に対して人間がいかに無力であるかが強調されている。

なぜ古バビロニア版では現世享楽的な記述があったのに標準版ではこうなったか、その理由はわからない。しかし現世享楽的な記述も、死の恐怖を真正面から見据えた記述も、死の絶対性を前提としているという点では、ともに通底しているとみることもできる。つまり絶対的な死を前提とすると、一方はどうせ死は避けられないのだから享楽的に生きようとし、もう一方は、死をその恐怖もろとも直視して目をそらさない。けれども、どちらも死そのものの絶対性は否定していないのである。

もう一つ興味ぶかいのは、ギルガメシュが冥界のエンキドゥの死霊に会い、冥界はどんなところか尋ねたときの答えである。すなわち、そこは真っ暗で、からだは古着のように虫に食われ、口の中は塵だらけだとエンキドゥは答える。ここでは「地獄」という言葉は使われていないが、死後の世界をまことに陰惨で救いようのない場所として描写している。この死後のイメージこそ、のちのキリスト教などに登場する地獄のイメージの先駆けとなったものではないかと考えられるのである。

このような「地獄」のイメージは厳しい自然に囲まれて、死というものとつねに正対して生きてきたシュメール人が、死後の世界を突き詰めに突き詰めた末にたどりついた概念であったに違いない。そして、このように死後の世界のイメージをとことん探求する思考のあり方は、後世のとくにヨーロッパ人の思考に少なからぬ影響を与えたと考えられる。

仔獅子を抱えるギルガメシュ
悪に対する攻撃的な姿勢をとる。ルーヴル美術館蔵

近代ヨーロッパにとってシュメールは一種特別な存在になったが、これは人類の産業革命以降の展開のモデルとして、シュメール文明がひじょ

うに都合がよかったせいである。つまりシュメールには都市文明が栄え、天文学や六十進法などの科学的発達があり、その文明のありようがヨーロッパの普遍主義と合致するところがあるため、ヨーロッパ人によってシュメール文明は強調されてきた経緯がある。さらにヨーロッパ人にとってたいへん重要な意味をもつ聖書考古学が、シュメール文明の強調に拍車をかけた。キリスト教の起源を聖書考古学によってたどろうとすると、どうしてもシュメール文明に行きつくからである。しかも幸いなことに、そこには自分たちがよりどころとする都市文明のモデルがあった。シュメールをことさら特別視する条件は、十二分にそろっていたのである。

要するに近代ヨーロッパ人は、シュメール文明に人類発展の典型モデルを見いだしたといってよい。実際、物事をどこまでも突き詰めて探求するシュメール人の思考、極端にいえば要素還元主義の原型ともいえるその思考は、発展、展開、成長、あるいは開発というプロセスをともなって人類を最強の生物へと育てる要因の一つになったとみなすことができる。

灌漑が引きおこす塩害

そのようなシュメール文明も紀元前二〇〇〇年頃には凋落し、その後衰退していくが、この古代文明が滅びた要因として、塩害による農業生産力の低下が指摘されている。

メソポタミア南部は夏の気温が摂氏四〇度を超えることも珍しくなく、そのため地表は素足で歩くことさえ困難になるほど高温に達する。しかも昼夜の寒暖の差が大きい。そのため昼間は地表から水分が急速に蒸発し、地中にのこる水分の塩類濃度が上昇する。地中の塩類濃度が上がると、植物の根の水分吸収が低下して作物は育たなくなるのである。

これに加えて、シュメール地方では灌漑施設が塩類濃度上昇に拍車をかけた。クライブ・ポンティング著『緑の世界史』（朝日選書、一九九四年）によると、貯水と灌漑によって地中の水が増加したため、地下水が上昇して地表が水浸しになる帯水現象が起きた。これがさらに多くの塩類を地表にもたらし、激しい水分の蒸発により地表に分厚い塩類の層が出現するまでになったという。このことを裏付けるように、新シュメール時代末期の紀元前一七〇〇年頃の粘土板に「大地が白くなった」と記されている。

その結果、塩分に弱いコムギの収穫量は減少し、やがてオオムギも影響をうけ、ついには塩分に強いナツメヤシしか収穫できなくなった。さらに周辺の森林伐採が河川への土砂流入を増加させ、その土砂は用水路の底に沈殿していったが、そこには塩分が含まれていたため、塩害はいっそう加速した。そうしたことから、シュメールの農業収穫量は、紀元前二四〇〇年頃から前二一〇〇年までに四二パーセント下落し、前一七〇〇年までには六五パーセントも急落したという（『緑の世界史』）。

このような農業生産の不振が国力低下をまねき、周辺諸国から攻め込まれる要因になったと考えられる。そして、メソポタミア南部に栄えたシュメール文明の中心地は衰退し、塩害の影響が及んでいない北部のバビロニアへと政治経済の中心は移っていった。

ただ、シュメール文明が滅びた要因を塩害による農業不振だけに求めるのは、少し乱暴かもしれない。もともとメソポタミアが、高原地帯から降りてきた人々によって灌漑施設がつくられ農耕が始まった開拓地であるならば、そこで農耕がふるわなくなった段階で新たな土地を求めて出ていく選択肢もあったはずである。そう考えると、シュメール人の衰退はたんに塩害で農地が痩せたからではない。周辺民族と多くの抗争を繰り返すなかでダメージを受け続け、かつ都市国家の社会制度が時代の進展としだいに合わなくなっていったことも要因ではないかと思われる。

あらためてシュメール文明について考えてみると、かれらが世界最古の文明をつくりだすことができたのは、もともと農耕に適さないところを農地化するだけのソフトとハードの創意工夫があったからである。それは都市建設や軍隊の指揮にも有効に働き、それがシュメールのさらなる発展に寄与した。

しかし、かれらが得意とした創意工夫は、同時にマイナス要因も孕《はら》んでいた。灌漑施設を前提とした農耕ゆえに各都市の領域は運河や水路などの水体系ごとに区切られ、その範囲内で余剰農産物を生みだす豊かさを手に入れた。そのため、それ以上に大規模な領域国家になる必要性がなかったのである。つまりシュメール人たちの都市国家は、それぞれで自己完結していた。だから、一時的にアッカドが統一王国を樹立したものの、それが滅びると、またかつての都市国家を中心としたシュメール社会に戻ってしまった。この都市国家の居心地のよい自己完結性から抜け出せなかったことが、それ以上の発展を阻害し、ひいてはシュメール衰退の一因になったとも考えられるのである。

いずれにしても、ここで確認しておきたいのは、シュメール文明衰退の理由が農業不振であれ、都市国家の自己完結性の限界であれ、かつてこの文明をおおいに隆昌させた要因こそが、皮肉にも滅亡をまねく衰退要因になったという点であり、文明という人間活動の特徴ある総体の多くは、隆昌の要因によって衰退することを歴史的に示している。

シュメール文明の滅亡

繰り返しになるが、シュメール文明が栄えたメソポタミア南部は、もともと農耕に適した地域ではなかった。それをシュメール人は、治水と灌漑によって耕作地につくりかえた。しかし人工的な灌漑施設は同時に、土中に塩類を蓄積させるという負の要素をもつ装置でもあった。人間が自然に関与する場合、多かれ少なかれ、両刃の剣のような正と負の要素が付随するのである。

こうした長年のうちに塩類が蓄積した土地は、現代科学をもってしても、その塩類濃度を抑制することは難しいといわれる。唯一の方法は、耕作をやめて何年も土地を休ませるという、きわめて素朴な方法があるが、当時のシュメール人が不作の原因を知るよしもなく、強引に耕作を続けたあげく、土地に決定的なダメージをあたえてしまったのである。一般に農業というのは、限られた土地に決まった種類の作物ばかりを栽培することであり、これは土地にとってけっして好ましい行為ではない。とくに過剰生産や過度の連作は、土地を痩せさせてしまう。しかし、農業とは農作物を効率的に生産させることであり、したがって農業というもの自体、環境に負荷を強いる人為的なおこないであることを常に認識しておくことが重要である。

つまり現代風にいえば、シュメール文明は農業がもたらした環境破壊によって滅びたことになるが、そう考えると、人類にとっての農業のありようをあらためて考え直す必要があるのではないだろうか。農業は食料生産の有効な手段ではあるけれども、同時に環境への負荷という負の側面も併せもつことを、われわれはきちんと認識しなければならない。

仮にもっとゆるやかな農業生産に転換すれば、生産効率が低下し、とくに現代のような世界的な食料危機が指摘されている状況には対応できない。そのため農業のさらなる集約化が期待されているが、その期待に応えようとすると環境に負担をかけ、最終的に農耕不能の土地にしてしまう。現代人はこうしたジレンマのなかに置かれているのである。

高い農業生産によって文明を築いたシュメールが人類にもたらした貢献度はひじょうに大きい。シュメールに都市文明が築かれたからこそ、のちのギリシアやローマ、さらに中世以降の西ヨーロッパに都市文明が発展し、ひいては人類の文明を大きく進展させたのである。しかし、そのシュメール文明は、前述のようにこの古代文明を花開かせた農業という要因によって衰退をまねいた。人類の文明はつねにこうしたアンビバレントな特質を内包しているが、地球環境が悪化し、人類の存続すら危ぶまれている今日、シュメール文明の光の部分だけでなく、影の部分を学びなおすことも意義深いことではないだろうか。

大河が生んだ永続性——エジプト文明

ナイルの賜物

エジプト文明をさまざまな古代文明のなかでどう位置づけるか。これはなかなか厄介な問題である。他の文明と比較して論じたり、そこから演繹して古代文明の何たるかを見いだそうとするのは容易ではない。それはひとえにエジプト文明の特殊性に起因する。

「エジプトとはナイルの水が潤すすべての地、エジプト人とはナイルの水を飲むすべての者」というエジプトの言葉を伝えたのは、古代ギリシアの歴史家ヘロドトスである。同じく歴史家のトゥキディデスも「エジプトはナイルの賜物である」と記しているが、まさにナイル川を抜きにしてエジプト文明を考えることはできない。

古代エジプトは、地中海にそそぐナイル川の流域に沿って細長く形成された王国で、長さは南北におよそ八〇〇キロにもおよぶが、河口部以外の流域の幅はわずか数キロしかない。川の両岸につづくオアシス地帯から少しはずれると、もう砂漠が広がっているため、このような特異な地形となった。廊下のような細長い地域に紀元前三二〇〇年頃王朝が成立し、いくつかの時代区分を刻みながら三〇〇〇年近く続いた。

エジプト文明の最大の特色は、その長きにわたってきわめて安定し、人々の暮らしも社会のありようも、ほとんど変わらなかったことである。三〇〇〇年近い間これほど変わらなかった文明は、世界でもまったく類例がない。

なぜこれほど変わることなく安定した文明が維持されたのだろうか。それを可能にしたのは、いうまでもなくナイル川である。ナイル川はエジプトにとって、機械仕掛けのように規則的で律義な川ということができる。毎年、決まった時期に増水してゆるやかな氾濫を起こし、上流から作物の生育にとって理想的ともいえる肥えた土を運んだ。ナイル・シルトと呼ばれるその肥沃な土は、作物の種をまきさえすれば必ず豊かな恵みをもたらし、毎年の約束事をたがえることはけっしてなかった。世界に例を見ないほど安定したエジプト文明の繁栄は、すべてナイル川の恵みによってもたらされたのである。

一方、ナイル川の上流に位置する現代のスーダンは、アフリカでもっとも貧しい国の一つで、その貧しい地域でつくられる肥沃な表土はナイル川に流されてしまい、自国に恩恵をもたらすことはなかった。富の源泉はひたすら下流域に堆積してエジプトをより豊かにした。この豊かさの一方通行は、人間の力ではどうすることもできず、地形と自然条件がなしたあまりにも深刻な皮肉というほかない。

メソポタミアもティグリス・ユーフラテス川の恵みで栄えたが、メソポタミアとエジプトでは大河の性質が対照的だった。メソポタミアでは洪水のたびに耕作地は壊滅的な被害を受け、水が引くと、ふたたび耕作地にするための厳しい労働が待っていた。これに対してエジプトを流れるナイル川も毎年氾濫を起こしたが、メソポタミアと比べると、それは氾濫というよりも増水程度のものでしかなく、上流から運んできた肥沃なナイル・シルトを流域にもたらしたあと、おだやかに水位を下げていった。

　この対照的な両大河の性質こそが、メソポタミアとエジプトの文化の違いを決定づけたのである。

　都市を築いたシュメール人たちは、その都市の支配者を王とし、王は自然の猛威をもたらす神に従属する者と位置づけた。つまりメソポタミアにおいては、自然の猛威の前では人間は無力であるという観念にもとづいて宗教体系ができあがっていた。一方エジプトでは、おだやかな大河にめぐまれたゆえに、王はナイル川の水位を管理する存在と位置づけられた。すなわち王は自然をもコントロールすることが可能であり、そのためエジプトの王はメソポ

ナイル川に沿って繁栄した古代エジプト

タミアのように神の下におかれることがなかった。したがって、エジプトの王は人間でありながら神そのものでもあったのである。事実、エジプトの王をあらわす「ファラオ」は、エジプト神話に出てくるオシリス神の子であるホルス神の化身とされている。

古代エジプトのレリーフや絵画などでも、ファラオはときにオシリス神よりも大きく表現されており、そうしたことからエジプトにおいてファラオは神そのもの、それも最上位に位置する神として認識されていたことがわかる。しかし、王すなわち神になることは世界の文明を見渡したとき、たいへんにめずらしい例である。神に近い存在の王であれば新世界の中米や南米にその例を見いだすことができるが、王が神そのものとして、しかも三〇〇〇年もの長きにわたって人々に認識された例は世界のどこにもないのである。

このような特異な王が出現したのも、ナイル川という特殊な河川があったためである。ナイル川は豊かな恵みをもたらしこそすれ、けっして人々を苦しめることはしなかった。その信頼が裏切られることがなかったがゆえに、それを管理する存在である王を人々は絶対視し神と崇めたのである。

そのナイル川がエジプトにもたらした恩恵がどれほどのものであったかは、あの巨大建造物のピラミッドが雄弁に物語っている。ピラミッドこそナイル川の恵みが生んだ余剰農産物の象徴にほかならない。十分な余剰農産物があったから、農閑期に巨大建造物の建設に多くの人々を従事させることができたし、また、農繁期にも建設事業に専従者を充てて、かれらを養っていくことができたのである。観点をちがえるなら、ピラミッド建設という途方もない無駄ができるだけの富がある一方で、その富をより有益なことに利用するだけの外界からの刺激がなかったともいえるのである。

神政国家の官僚組織

王であるファラオがそのまま神であったエジプトは、三〇〇〇年間にわたり一貫して神政国家であった。そのため、ファラオの住居である宮殿は、政治の中心であると同時に信仰の中心でもあった。

そうであるなら、宮殿を中心にして大都市が形成されてもよさそうなものであるが、メソポタミアとちがって、ファラオがいるところが大都市として発展することはなかった。もちろんプトレマイオス朝になってアレクサンドリアという大都市が出現するが、ギリシア人がギリシア文明をエジプトの地に適用した結果である。それ以前のエジプトの場合、まずナイル川沿岸に点在するように市場が立ち、その市場の周辺に町が形成され、それらの町をいくつか集めて州のような統治区域がつくられた。前述のようにエジ

ツタンカーメン王墓玄室　壁面にはオシリス神（左端）を抱くツタンカーメン王の姿が描かれている

プトはナイル川流域に沿ったごく細長い国土だったために分散型の行政区分になったと思われるが、この広大な流域を統治するうえで有効に機能したのが、ファラオの下にある官僚組織であった。官僚組織の中核をなしていたのは書記である。その書記の心得を説いた当時の記述が見つかっているが、そこには「学問に励み自己を抑制し、冷静沈着を旨として、統計や法律を正しく理解することが大切である」と書かれている。今日の官僚のありようにそのまま通じるような記述である。

古代エジプトの支配層には官僚のほかに神官グループがあった。神政国家ゆえにかれらも大きな力をもっており、紀元前一四世紀、第一八王朝のアメンヘテプ四世（イクナートン）のときには、アメン神官団との対立からアマルナへ都を移すほどであった。しかし、通常はファラオのもと実際に国を動かしていたのは官僚であり、古代エジプトの象徴であるピラミッドも、官僚組織があればこそ建造することができたといえるのである。あれだけ巨大なものをつくりあげるには、資材の調達と運搬の段取り、それに要する時間と労力の緻密な計算などが事前にできていることが前提となる。それぞれの作業を無駄なく効率的に動かしながら、全体を組織的に進行させていくノウハウなしにピラミッドをつくりだすことは不可能だったはずで、こうした仕事こそ官僚たちがもっとも得意とするものだった。そういう意味で、ピラミッドは精緻な組織力の産物とみることができるのである。

おだやかなナイル川によってもたらされた古代エジプトの安定性は、その安定性にふさわしい官僚組織をつくりあげ、その官僚によってさらなる安定的な国家経営がなされたことになる。

しかしその反面、エジプトには軍事面に弱点があった。三〇〇〇年近く続いた古代エジプトの歴史の中で一時的にエジプト軍が強くなった時期もあったが、アッシリア、ペルシア、ギリシア、ローマなどと比べると、ほとんど軍の体をなさないほど弱かった。軍隊を組織的に動かす統制力には長けていても、実戦での臨機応変な行動や、機を見て敵陣に切り込むといった勇猛さに欠けていた。安定的な官僚国家ゆえに、猛々しい軍隊を機能させる社会基盤にとぼしかったといえる。

主要王朝	主要王名
初期王朝時代（前3000年頃～）	
第1王朝	ナルメル王
第2王朝	ヘテプセケムイ王
古王国時代（前2650年頃～）	
第3王朝	ジェセル王/フニ王
第4王朝	クフ王/カフラー王/メンカウラー王
第5王朝	ウセルカフ王/サフラー王
第6王朝	テティ王
第1中間期（前2180年頃～）	
第7～第11王朝前半	
中王国時代（前2040年頃～）	
第11王朝後半	メンチュヘテプ2世
第12王朝	アメンエムハト1世/センウセレト1世
第2中間期（前1785年頃～）	
第13・第14王朝	ネフェルヘテプ1世
第15・第16王朝	アポピス王
第17王朝	カーメス王
新王国時代（前1565年頃～）	
第18王朝	イアフメス王/トトメス3世/アメンヘテプ4世/ツタンカーメン王
第19王朝	セティ1世/ラメセス2世
第20王朝	
第3中間期（前1070年頃～）	
第21～第25王朝前半	
末期王朝時代（前1085年頃～）	
第25王朝後半～第31王朝	
マケドニア支配時代（前332年～）	アレクサンドロス大王
プトレマイオス朝（前304年～）	プトレマイオス1世/クレオパトラ7世
ローマ支配時代（前30年～）	

古代エジプト王朝とおもな王　古代エジプト史の編年は研究者間で諸説ある。本図は『世界美術大全集　第2巻』（小学館、1994年）をもとに作成

もとよりエジプトは、ナイル川の豊かな恵みのおかげで自分たちから他国へ進出していく必要はなく、逆にその豊かさは他国の侵攻の標的となった。そのためエジプト軍の行動は防御を基本としており、国外に軍を出すときも、外敵の侵入を防ぐために事前に敵を叩く場合がほとんどだった。あくまでも自分たちの富が奪われないための防衛的な軍事行動である。

それに対して周辺諸国はつねに隙あらばエジプト攻めをうかがい、とくに下エジプトのナイル・デルタ地帯への侵攻をねらっていた。それほどにエジプトの豊かさは大きな魅力の対象だった。のちのローマ時代の紀元前三一年、アウグストゥスがアントニウスとクレオパトラの連合軍を破って地中海の覇者となったとき、彼はエジプトの豊かさをまのあたりにする。そして、もし自分の政敵がエジプトを制したら大変なことになると考え、元老院議員のエジプト入国を禁止とした。ローマ帝国初代皇帝を警戒させるほど、エジプトは特段に豊かな国だったのである。

ピラミッドをどう評価するか

しかし、豊かさが高度な文明を約束するとはかぎらない。むしろ安定した豊かさの保証は、変革や進歩を阻害する傾向がある。豊かさゆえに、自分たちで何か新しいものを生みだしたり、イノベーションを興す必要性がないからである。

通常、社会や文明は変化することでエネルギーが生みだされ、新たな局面へ展開していくが、エジプトの場合、いつまでも変わることなく、三〇〇〇年のあいだ同じことをひたすら繰り返した。変わらなくとも生きていける保証があったためであり、その意味では、古代エジプトの歴史は一種の思考停止が三〇〇〇年続いた歴史ということができる。エジプト文明をそのようにとらえるなら、あのピラミッドに対する見方もとうぜん変わってくる。

　ピラミッドは古代エジプトの第三王朝、つまり紀元前三千年紀のなかば頃から建造され始めたもので、とくに今日有名なのがメンフィスに近いサッカラのピラミッド群である。そこにそびえる階段状の大規模ピラミッドを最初に設計したのは宰相イムヘテプという人物で、王の秘書であるとともに建築家、天文学者であり、さらに神官でもある賢者であった。かれは王以外でのちに神格化された唯一の人物で、それほど建築家として高く称賛されていた。

　イムヘテプが先鞭《せんべん》をつけた大規模ピラミッドがファラオの墓であったことはおそらくまちがいないが、それにしてもその規模の大きさには圧倒される。有名なギザの大ピラミッド（クフ王のピラミッド）は、底辺約二三〇メートル、高さ約一四六メートルで、積み上

古代エジプトの象徴ピラミッド　上はサッカラにある第３王朝ジュセル王の階段ピラミッド。下はギザ３大ピラミッドの一つ、第４王朝クフ王の大ピラミッド

げられた石は平均二・五トン、最大の石は一五トンもある。大きいばかりではなく、きわめて正確な四角錐《すい》をしており、それぞれの底辺の誤差は二〇センチしかなく、しかも、四つの各辺が正確に東西南北の方角をさしている。

この一四六メートルという高さは、建造物の高さとしては一四世紀にイギリスのリンカン大聖堂ができるまで凌駕されることはなかった。この事実をどのように考えるかで、ピラミッドの評価は大きく違ってくる。ピラミッドの高さが一九世紀に凌駕されたのであるなら、ピラミッドは途方もなく偉大な建築物であると称賛することができる。ピラミッドに対して過剰な称賛を慎みたいと考える理由は、古代よりもむしろ建築技術が落ち込んでいた一四世紀に、しかも大英帝国が誕生する以前の、ヨーロッパの一「田舎国」にすぎなかったイギリスで凌駕されてしまったことにある。以上のような見解を、イギリスの歴史家が述べている。

ピラミッドの建造技術は、1＋1＝2、2＋2＝4というきわめて単純なものの積み重ねでしかない。つまり、ピラミッドは何よりもあの大きさで見る者を圧倒しているのだということを、われわれは認識しなければならない。

ピラミッド以外のエジプトの巨大建造物、たとえば岩山を掘ってつくられたアブ・シンベル神殿などを見ても、その大きさと荘厳さは感動的だが、建造物自体は複雑な構造計算を要するものではない。これに比べると、古代ローマのパンテオンは内部に直径四二・八メートルの球体を取り込むようにつくられ、ドーム上部には軽い部材が、下部には重い部材が使われるなど、高度な構造計算や強度計算にもとづいて建てられている。

ピラミッドに代表されるエジプトの建造物は、こうした高度な建築技術とは無縁であった。ピラミッドは、単純なものを愚鈍なまでに集積してつくられたもので、いわば大いなるマンパワーの産物といえる。したがって注目すべきは、そのマンパワーを生みだした、ナイル川の恵みであるところの余剰農産物とマンパワーを組織化した官僚制度であろう。

ピラミッドの建築技術でもわかるように、古代エジプトがもっていた数学や天文学などの科学的知識は、その後の人類に大きく貢献することはなかったが、一つ例外があった。太陽暦の発明である。この太陽暦については、シュメール文明の暦である太陰暦よりもすぐれていた。

もっとも、この地に太陽暦が生まれたのもまた、ナイル川の恩恵である。というのは、エジプトではナイル川が増水するとき、決まって明け方の東の空に明るいシリウス星が輝くのである。そこで、その日から次の増水でシリウス星が輝くときまでを正確に計算すると三六五日となる。ところが、これを四回繰り返すと一日のズレが生じるので、それぞれの年に四分の一日ずつ加えて、三六五日プラス四分の一日で一年とすることにした。そして三〇日を一ヵ月とし、一年が一二ヵ月で三六〇日。これだと五日足りないため、最後の月だけ五日加えて三五日とした。こうしてエジプト人は一年を三六五日とする太陽暦をつくりだした。これによって、かれらはほとんど狂うことのないナイル川の増水期を、前もって正確に知ることができたのである。

古代エジプトの死生観

古代エジプト人の宗教観や死生観を考えるときも、ナイル川を抜きに考えることはできない。ナイル川の規則正しいサイクルは農作物の恵みを約束したが、エジプト人にとって、その安定した自然のサイクルを唯一破るのが人間の死であった。そのため、エジプト宗教の最大のテーマは死であり、死はなぜ起きるのか、死後、人間の肉体と魂はどうなり、死後の世界とはどういうものなのか。この疑問にすべての叡知が注ぎ込まれたのがエジプト宗教の特徴である。人間にとって避けられない死を真正面からとらえ、突き詰めようとしたことでは シュメールと同じである。だが、その結果、エジプト人がたどりついた考えは、シュメール のそれとは大きくかけ離れたものだった。かれらは、人間は肉体と魂(Ｂａ＝バー)と聖霊(Ｋａ＝カー)の三つからなっており、死ぬと魂は肉体から離れて冥界へ行き、そこに自在に存在していると考えた。その魂と肉体の仲立ちをするのが聖霊で、これにより冥界に行った魂は、肉体がそのままであれば現世に戻ることができると信じた。肉体を保存するためにミイラづくりがおこなわれたのはこのためである。

もっとも、すべての人が死後そうなるわけではなく、最高神であるオシリス神のお墨付きを与えられた者だけが冥界で永遠の生命を与えられるとされた。たとえ一握りにせよ、死後もなお人は生き続けると信じた楽観性は、シュメール人が描いた陰惨きわまりない死後の世界や悲観的な運命論とはいかにも対照的である。

しかし、この楽観的なエジプト宗教の思想は、エジプト以外の地域にはまったく広まっていない。正確にいえば、エジプトのオシリス神やイシス神といった個々の神々は魅力的で、それゆえにギリシアやローマにも広まり、信仰を集めた。イシス神などは航海の女神とし

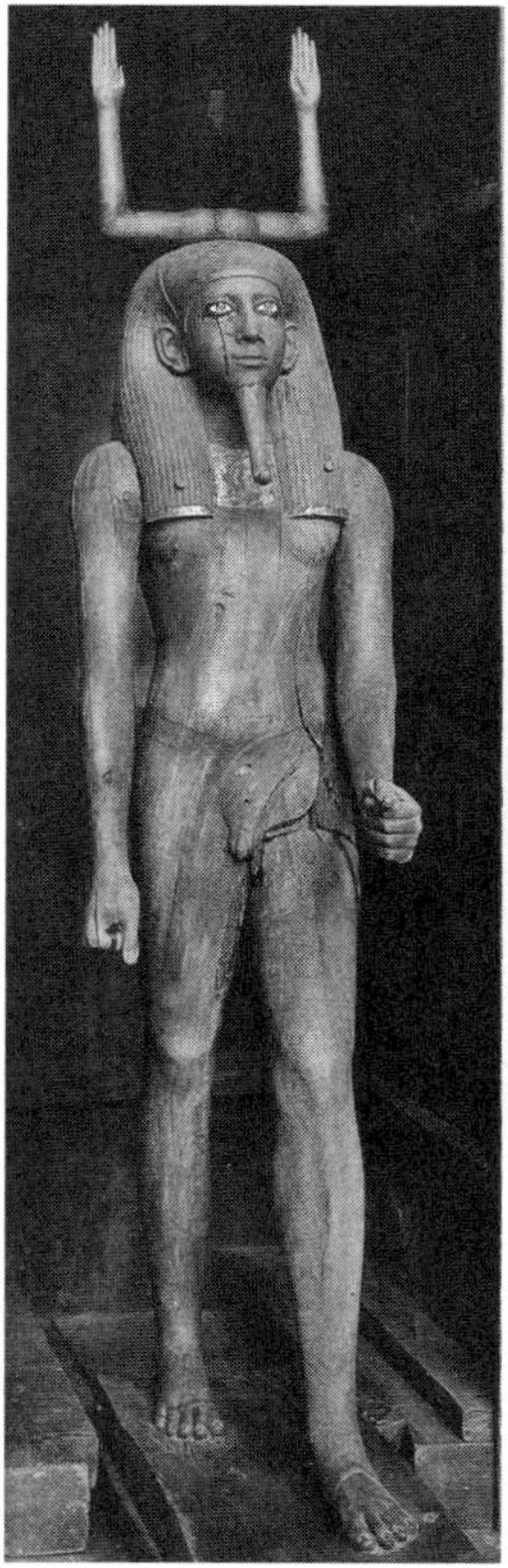

第13王朝ホル王のカーの像（左）　頭上の両腕はカーの文字を表し、死者の生き写しを意味している。古代エジプトの死生観がうかがえる。前に出した左足が不安定な印象を与える、典型的なスタイル。カイロ美術館蔵
冥界を支配するオシリス神座像（右）　カイロ美術館蔵

て、あるいは商人たちの守護神としてローマ時代にたいへん広く信仰されている。このように個々の神々は他の地域に普及したにもかかわらず、エジプト宗教の根本にある楽観的な運命論や復活思想は、ギリシアにもローマにも伝播することはなかった。

このことはエジプト宗教の楽観性が、他の地域ではいっさい受け入れられないほど特異なものであったからにほかならないことを示している。一方、悲観的きわまりないシュメールの宗教は、『ギルガメシュ叙事詩』の洪水と方舟の話が旧約聖書に登場することでもわかるように、他の宗教に浸透している。さらに旧約聖書に出てくるさまざまな地名もシュメール地方のものと重なっているが、こうした要素もエジプト宗教には見られない。

これはやはりエジプト文明がナイル川という特異な自然に立脚しており、その自然によって育まれた宗教であるから、異なる自然条件をもつ他の地域に影響をおよぼすことがきわめて小さかったためであろう。

パピルスと美術工芸

宗教や思想が特異だったからといって、エジプト文明を構成するさまざまな要素のすべてが他の地域で否定されたわけではもちろんない。エジプトで生まれた特筆すべき発明の一つにパピルスがある。

植物の表皮からつくられたパピルスは、のちに中国で発明された紙がユーラシア大陸に広まるまで、貴重な筆記媒体として重宝された。パピルスのほかに、ヒツジの皮を使う羊皮紙もあったが、これは湿気に弱く扱いが面倒なうえに高価だったため、パピルスのほうがはるかにすぐれていた。記録媒体として保存性もよく、中東のような乾燥地帯ではいまでもパピルスに書かれた古代文書が大量に見つかることがある。

またエジプトでは、ミイラづくりがさかんだったために医術が早くから発達している。頭の中にできた腫瘍《しゅよう》をとり除く手術が、紀元前三千年紀のエジプト古王朝の時代にすでにおこなわれていたことも判明している。

さらに、われわれ現代人にとって魅力的なのがエジプトの多彩な美術工芸品であろう。とくに一九二二年にツタンカーメンの墓が発掘されて以後、エジプト美術のすばらしさをまざまざと見せつけられる発見が相次ぎ、これによって世界は驚嘆し、その影響はいまも続いている。実際、他の文明で見られる美術工芸品と比べて、ガラス細工や金属加工、あるいはファイアンスと呼ばれる七宝に似た焼き物などの完成度はたいへんに高い。

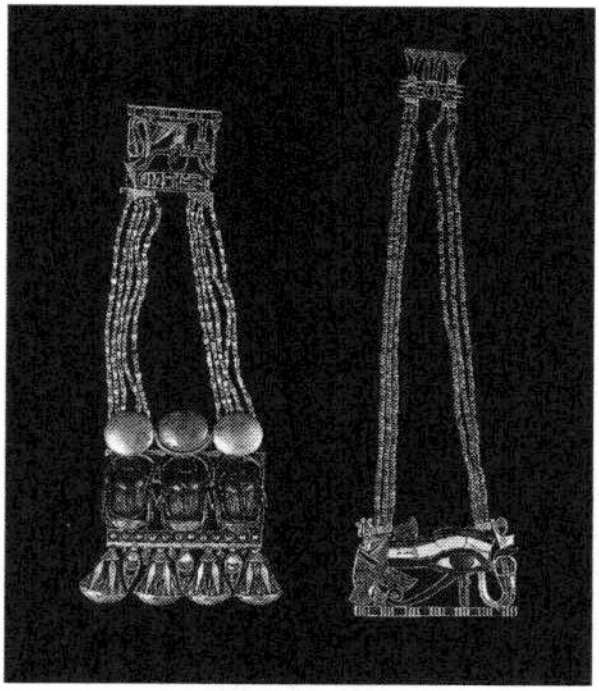

ペンダントと胸飾り　ツタンカーメン王のミイラに添えられていたもの。黄金に貴石や色ガラスを用いている。エジプト美術館蔵

エジプト美術でもう一つ特筆すべきは、神殿の壁面などに彫られた高浮き彫りや丸彫りの彫刻である。とくに丸彫り彫刻によるファラオの像は、およそ七・五頭身とたいへん人間的なプロポーションをもち、それだけに安

定感のある、まるで生きているかのような像である。

こうしたエジプトの彫刻は、ギリシア彫刻の歴史のなかで、初期の大型人体像であるクロース像などにも大きな影響を与えた。ただし、こまかな点に注目するなら、エジプトのファラオ像は、頭部と体重のかかった軸足を結ぶ線がほぼ垂直になっている。このため、前へ出したもう一方の足が不安定な状態になっている印象が否めない。これに対してギリシアの彫刻は、両足にバランスよく体重がおかれて立っているため、より自然な感じをうける。つまり、ギリシアではエジプトのファラオ像の影響を受けて彫刻がつくられるようになったが、エジプト像に見られる不自然さは最初から改めているのである。

ここにエジプトの形式主義とは異なるギリシアの自然主義を見いだすことができるが、言い方を換えると、エジプトは独自の表現法をどこまでも変えることはなかった。ギリシアをはじめ他の地域では一種の飽きも手伝ってさまざまに変わっていく中で、エジプトでは彫刻の様式がまったくといっていいほど変わっていない。それもじつに三〇〇〇年の長きにわたって変わらなかったのは、世界の美術史上においてきわだった特徴といえる。

なぜエジプトの彫刻が変わらなかったのか。それは変える必要がなかったからであり、その不変の永続性を生みだしたのもまた、毎年決まってエジプトに増水と豊穣をもたらしたナイル川にほかならない。

第四章　多様な文明の隆昌

インダス文明とトランス・エラム文明

謎だらけのインダス文明

インダス文明は、一九二〇年代にインダス川流域で古代都市遺跡が発見されたことでその存在が明らかになった。この発見は世界に大きな反響をもたらしたが、インダス文明については今日なお、よくわかっていないことが多い。なぜこの地に文明が栄え、そしてなぜ滅んでいったのかも、ベールにつつまれている。シュメール文明やエジプト文明と比べるなら謎だらけといってもよい。インダス文明を考察するにあたって、最初にそのことを踏まえておかなければならない。

インダス文明の存在を知らしめた都市遺跡はインダス川流域のハラッパーとモヘンジョ・ダロの二つであったが、その後、インダス川の東に並行して流れていたガッガル・ハークラー川（現在は涸河床となっている）の流域にも遺跡が見つかった。さらにこの二つの流域だけではなく、南西部は現在のパキスタンの西に位置するグジャラート地方、アラビア海に面したマクラーン地方、カーティヤワール半島や現在のムンバイ周辺まで、文明圏がたいへん広域にわたっていることが判明した。そのため「大インダス文明」と称する研究者もいるほどである。

近年の放射性炭素14による年代測定により、インダス文明が栄えたのは紀元前二六〇〇年頃から前一八〇〇年頃までとみられている。

インダス文明となんらかの関係をもっていたと思われるメソポタミアのアッカドの碑文には、交易相手として「メルッハ」という地名が記され、そこから黒檀《こくたん》、アシ、ヤギ、クジャク、紅玉髄《こうぎょくずい》、金、銅、象牙などがもたらされたとある。これらの産物から判断して「メルッハ」はインダス文明圏であろうと考えられる。メソポタミアの資料でこの「メルッハ」が初めて登場するのは紀元前二三五〇年頃、最後に出てくるのは前一八〇〇年頃なので、文字資料からは、この間がインダス文明の存続期間であると判断できるが、これは放射性炭素年代測定の結果とおおむね合致している。

前述のように現在までに判明しているインダス文明圏はきわめて広大であり、したがってその気候風土も多様であるが、全体としては半乾燥地帯といえる。そこでの農業はコムギやオオムギなどの穀物栽培が中心で、ヤギ、ヒツジ、ウシなどの家畜動物も飼育され、西アジアとは大きくは変わらない。こうした農耕と家畜の飼育は紀元前七〇〇〇年頃に始まり、前三〇〇〇年頃にはかなりの規模の集落が誕生していたとみられる。

そうした中からインダス文明が誕生していったが、このインダス文明の始まりに関して、先史時代末期の集落群と文明揺籃《ようらん》期の集落群は連続性をもっておらず、別個のものだとする説もある。これについては交易路の変更にともなって集落の消長がみられることなど、いくつかの理由が指摘されているが、現状では推論の域を出ていない。

ともあれ、これまで発見されている主要な都市遺跡には、シンド地方のモヘンジョ・ダロ、パンジャーブ地方のハラッパー、ラージャスターン地方のカーリーバンガン、カッチ地方のドーラビーラー、カーティヤワール半島の付け根にあるロータルなどがある。なかでも最大級の遺跡であるモヘンジョ・ダロを通して、この古代文明をながめていくことにしよう。

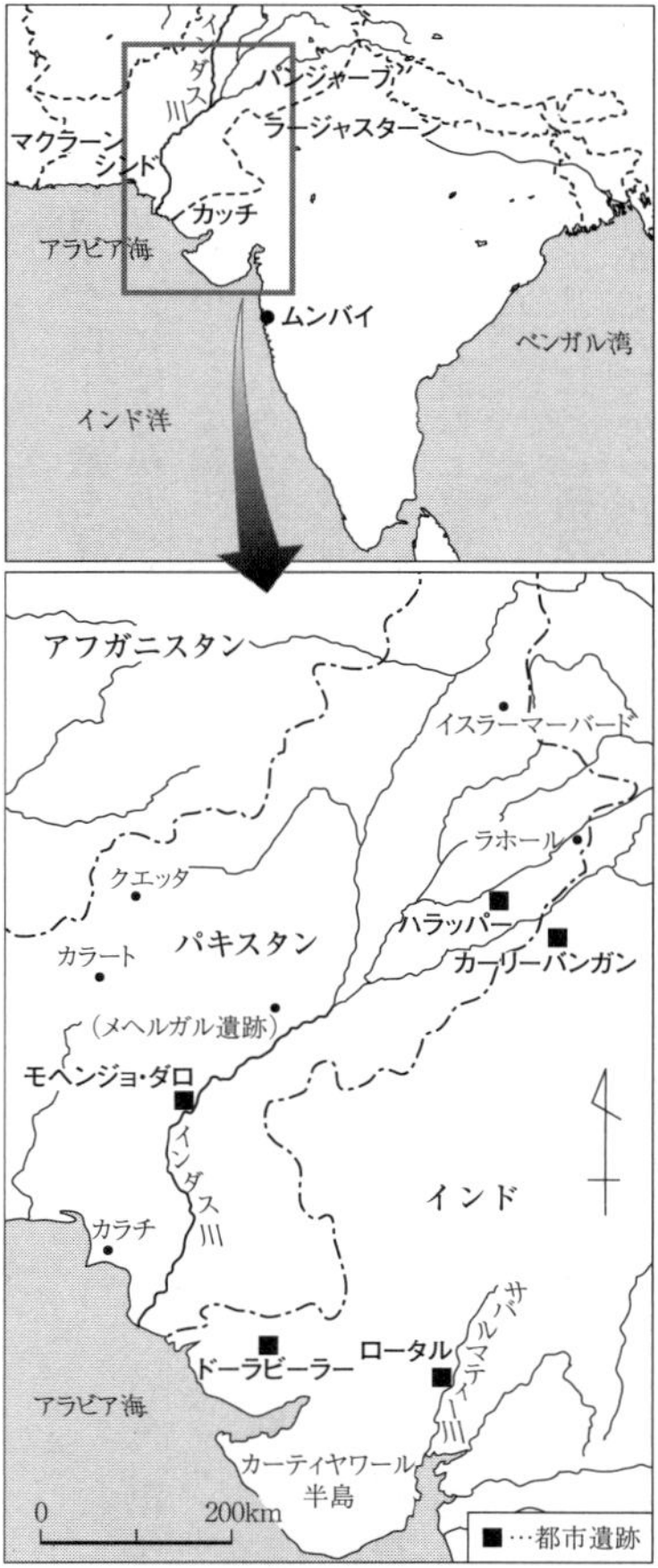

インダス文明の主要な都市遺跡

モヘンジョ・ダロ――窓も扉もない街路

モヘンジョ・ダロは現在のパキスタン南部、インダス川の右岸に位置している。紀元前二六〇〇年頃に都市として誕生し、それから約八〇〇年間存続したのであるから、インダス文明の最初から最後まで存在したことになる。都市域は小高い丘状の台地に形成され、広さは約二五〇ヘクタール。古代都市としてはかなりの規模である。東京大学の本郷キャンパスが五四ヘクタールであるから、その五倍ほどもあった。そこに最盛期およそ四万人が暮らしていたとみられ、神官など支配者層が住む城塞地区と、それ以外の住民が住む市街地エリアとに分かれていた。

その市街地エリアに足を踏み入れると、奇妙なことに気づく。市街地は主要街路に沿って方形の住居跡が並んでいるが、各戸の開口部は街路に面しておらず、そこから枝分かれした細い路地に面している。つまり家に入るのに表通りからではなく、わざわざ路地に回らないと入れない造りになっていた。そのため街路に立つと、両側に窓も扉もない住宅の壁が続いており、不気味なほど殺風景な景観だった。

なぜこのような造りにしたのか、その理由は十分に解明されていないが、古代の家屋は一般に開口部が小さい。北アメリカの先住民族の村では、ハシゴをかけて家に入り、入るとハシゴを引き上げる例もある。家屋の開口部から外敵が侵入するのを防ぐためと考えるなら、モヘンジョ・ダロにみられる家屋の奇妙な出入り口の位置も防衛のためだったとみることができよう。

　しかしそう考えると、この古代都市に対する見方が変わってくる。およそ都市というのは、その周囲の防衛を強める一方、内部においては防衛施設を排除して居住空間としての利便性を高めるのが普通である。ところがこの古代都市は、住民の利便性を犠牲にして、各戸で防衛と用心に努めているかのようである。また、都市というのは共同生活をおこなう空間としての自由さや開放感をそなえているものだが、窓のない城壁のような壁が続く奇妙なこの都市にはそうした開放感がない。少なくともそういう意味では、モヘンジョ・ダロは進んだ古代都市だったとはいえないのではないだろうか。

モヘンジョ・ダロ遺跡　焼成煉瓦の建築群は、街路に窓や扉がなく、殺風景な印象を与える

　これまではその壮大堅牢な都市遺構から、そこに暮らした人々の精神生活もそれなりのものであったであろうと考えられていた。シュメールの『ギルガメシュ叙事詩』のような、それを裏付ける資料がまだ見つかっていないだけと考えられていたのだが、そうした見方に対する疑問も払拭できなくなっている。都市発展史の中にこのモヘンジョ・ダロを位置づけるなら、どうやらまだ十分な発達をとげていなかった古代都市と考えたほうがよさそうである。

古代都市としてのモヘンジョ・ダロをあらためて見ていくと、各住居は二階建てないしは三階建てであったことが壁厚から推測され、その壁厚は住居によって異なり、また住居スペースも大小あることから、すでに社会階級のようなものがあったことが推測される。実際、ここには祭儀に携わる神官、行政に関わる書記などの支配者層のほかに、土器や煉瓦《れんが》、金属器、印章（インダス文明特有の立方体の印章）などをつくる手工業者、石工や大工などの職人、あるいは商人といったさまざまな職業の人々が暮らしていた。また住居の中央には中庭が設けられ、そこから採光をしているが、こうした形態は古代のギリシアやローマ、スペインの都市、さらに中世の住宅などでもみられる。

焼成煉瓦の建築群

以上のような特徴よりもこの遺跡で注目すべきは、建物の多くが焼成煉瓦を用いてつくられていることである。世界各地の古代文明を見渡しても、これほど多くの建物に焼成煉瓦を使用している例はきわめて例外的である。メソポタミアでも焼成煉瓦は宗教施設などのごく限られた建物にしか使われていない。焼成煉瓦は耐久性が高いという点で優れた建材ではあるが、日干し煉瓦にくらべて製造にはるかに手間とコストがかかるからである。

そこまでしてモヘンジョ・ダロの人々が焼成煉瓦を使わなければならなかった理由は不明である。雨の多い地方ならば日干し煉瓦が敬遠されるのも理解できるが、インダス川流域は前述のように半乾燥地帯であり、メソポタミアとそれほど変わるわけではない。

もとより古代のことであるから、手間とコストに見合っただけの耐久性が本当に得られていたかどうかもわからない。ただ、合理的な解釈をわきに置くなら、都市建設にかかる膨大なコストが都市活動によって十分に回収できるという目算があったから、インダス文明の担い手たちは都市を誕生させたはずであり、それと同様にコストのかかる焼成煉瓦も、それだけの価値を見いだしていたから製造を続けたのであろう。つまり都市づくりも焼成煉瓦の建物も、ともに見通しがあったからこそ、モヘンジョ・ダロのような大規模で構築的にもすぐれた住居群をもつ古代都市が出現したと考えられる。しかし、その内部をよく見ていくと、都市にあるべき開放性や利便性が犠牲にされており、その意味で先進性と後進性という矛盾した要素をもつ都市といえる。

しかも焼成煉瓦の使用とともに、この古代都市の大きな特色であり、謎でもあるのは、街路に施された排水溝とみられる跡である。

整備された「排水溝」　モヘンジョ・ダロ遺跡。用途はいまだ明らかではない

排水溝は各戸からそれぞれ延びて主要街路へと続いているが、そのつくりなどから、各戸から出る排泄物がいったん汚水溜めに流れ、その上澄みだけが主要街路に設けられた排水溝に流れる仕組みになっていたとする見方がある。しかし、そのような下水施設であったとするなら、排泄物を流すために大量の

水を必要とするが、その水をどう確保していたのか疑問が残る。また、雨水を処理するための排水溝だったとの見方もあるが、そう考えるには排水溝が小さすぎる。結局のところ、この排水施設らしきものが何であったのかは、いまもって十分に解明されていない。

排水溝と思われる遺構を排水施設と決めつけないほうがよいと考えるのは、かつて研究者が短絡的に連想したものがそのまま定説化してしまった可能性があるからである。モヘンジョ・ダロは、発見当初の発掘で十分な科学的調査がなされないまま今日に至ってしまった経緯があり、あらためて科学的調査にもとづく探究がまたれるところである。

インダスとメソポタミアの仲介役

このようにインダス文明については今なお不明な点が多いが、周辺地域、さらにはメソポタミア文明とのかかわりについて、近年、興味深い指摘がなされている。

そもそもなぜこの地方に文明が誕生したかというと、おそらくシュメールと同じような文明誕生のメカニズムが働いたためと思われる。すなわち、山間部で興った農耕文化が人口増加をもたらし、その人口圧力が河川下流域を耕作地に変え、移動してきた多くの人々によって、やがてそこに都市が築かれるという流れである。

ただし、インダス文明がシュメールのそれと大きく異なるのは、約一〇〇〇年遅れで文明が興っていることである。したがってインダス文明は、先に栄えたシュメール文明から何らかの影響を受けたと考えるのが自然であろう。この二つの文明は早い段階から交流があったというのが、かつての定説になっていた。

しかし現在、この「定説」はかなり揺らいでいる。というのも、これまでにインダスではシュメールからもたらされたような考古資料も、あるいはシュメールの影響を受けたとおぼしき考古資料も見つかっていない。では、インダスとシュメールは、地球の裏側同士のようにまったくつながりがなかったかというと、それも正しいとはいえない。なぜなら、この二つの文明は直接の接触こそなかったものの、他の文明を介して交流があったとする、かなり信憑性の高い指摘が後藤健氏によってなされているからである。インダスとシュメールの仲介役をはたしたのは、シュメールのすぐ東側、現在のイラン高原のもっとも南西部に位置するザグロス山脈沿いのエラム王国だったとする指摘である。

この地域は、農業はふるわない反面、天然資源に恵まれ、石材や木材、貴石、貴金属などを産出した。一方、シュメールは農業こそさかんであったが、天然資源にはほとんど恵まれていなかった。つまりエラムとシュメールはちょうど補完関係にあり、そのため、この二つの地域は早くから交易で結ばれていた。エラムにとって幸いだったのは、シュメールとの間に砂漠と湿地帯があったために、シュメールの侵攻を受けずにすんだことである。いわば天然の障壁があったおかげで、エラムは隣の強国に併合されることなく、長年独立を保って繁栄することができた。

ところが紀元前二六〇〇年頃、エラムはシュメールの都市キシュによって攻められ、首都スーサが陥落してしまう。これは明らかにエラムの天然資源を狙った侵攻である。このためエラムの人々はこの地を離れ、現在のケルマーン州に相当するイラン東南部に新たに王国をつくると、首都アラッタを中心にシュメールとの交易を継続した。シュメールとの交易の中心地は、それまでよりもインダスに近づいたことになる。そしてアラッタを通して、周辺で採れる石材や木材をはじめ、クロライトと呼ばれる緑泥石の加工品、現在のアフガニスタンで産出する貴石のラピスラズリなどがメソポタミアへ陸路や海路でもたらされた。

このアラッタを中心とした地域の文明は、近年「トランス・エラム文明」と呼ばれ、最近の研究によって、インダス文明とメソポタミア文明を結ぶ仲介役として重要な役割をはたしていたことがしだいに明らかになりつつある。

このトランス・エラム文明の発見は、古代文明を考えるうえで、われわれに重要なことを示唆している。これまで古代文明といえば、ティグリス・ユーフラテス両大河やインダス川といった大河流域に農業生産を基盤として栄えた文明を指していた。しかし、トランス・エラム文明の発見によって、農耕や都市といったキーワードだけではとらえられない、交易を中心とした非農耕文明というものが存在したことが判明しつつある。そして、大河を中心にそれぞれ個別におこり栄えていたかに見えていた古代文明が、交易という有機的な結びつきによってネットワーク化されていた可能性が浮かび上がってきたのである。

中国の多様な古代文明

「四大文明」という認識

中国浙江省《せっこうしょう》の長江流域に河姆渡《かぼと》遺跡が発見されたのは一九七〇年代のことである。これにより、中国では紀元前六〇〇〇年頃にすでに稲作文化があったことが明らかにされたが、同時に中国最古の文明といえば「黄河文明」であるという、それまでの常識が覆された。しかも河姆渡遺跡発見の余波は、中国国内だけにとどまらなかった。われわれが親しんできたいわゆる「四大文明」の一つである黄河文明の他にも中国最古の文明があったことが判明したからである。そこで、中国の古代文明について述べる前に、「四大文明」という概念がなぜ生まれ、定着していったのか、歴史をさかのぼって考えてみたい。

じつは、この「四大文明」という語は世界共通のものではなく、日本特有の用語である。金沢大学の村井淳志氏によれば、「四大文明」という語をつくったのは「騎馬民族征服王朝説」などで知られる江上波夫氏で、昭和二七年発行の教科書『再訂世界史』（山川出版社）が初出という。そこには、かつてアジアには高い文明があったことを強調することで、敗戦に打ちひしがれた日本人を鼓吹しようとする意図があったと推定される。

しかし、古代のアジアを四つの文明地域に分けるという発想自体は、日本特有のものではなく、むしろヨーロッパで形成されたとらえ方なのである。

ギリシア時代、ヘロドトスはその著書『歴史』の中で、世界をヨーロッパと北アフリカとアジアの三地域に分けて認識している。ギリシア人は自分たちが認識していた世界を「オイクーメネー」と呼び、この外にある未知の世界は切り捨てていた。ちなみにギリシア人にとっての「アジア」とは現在の中近東からインドまでを指し、インド以東の中国や東南アジアなどはオイクーメネーの外であった。

旧約聖書においても、「世界」はかなり限定的である。「創世記」には、太陽の昇る東にエデンの園という楽園があり、そこで人間は神によってつくられたと記されている。この楽園には川が流れており、その支流はピソン、ギホン、ヒデケル、ユフラテとあり、この四つのうちヒデケルをティグリスとするなら、ユフラテはユーフラテスとなる。いずれにしても、現在の西アジア一帯であり、旧約聖書における「世界」とは中近東に限定された地域であった。

では、さらに時代の下ったローマ時代はどうであったかというと、ローマ人もまたギリシア人と同様に、世界を「既知の世界」と「未知の世界」とに分けて認識していた。もっとも、ローマ人は「未知」に含まれる中国についてはある程度の情報を得ており、二世紀のプトレマイオスの地図には中国が表されている。しかし、そうした未知の世界が既知の世界に重要な影響をおよぼすとは考えていなかったようである。

一世紀にエジプト在住のギリシア人が記した『エリュトゥラー海案内記』は、紅海、アラビア海、インド洋の航海案内と海上貿易についての書物であるが、これにも中国が触れられている。「ティーナイと呼ばれる内陸の大きな都があり、此処からセーレスの羊毛と糸と織物とがバリュガザへとバクトゥラを通じて陸路で運ばれ、またリミュリケーへとガンゲース河を通じて運ばれる」（村川堅太郎訳註、中公文庫）とあり、このティーナイとセーレスが中国を指しているが、ここではあくまで羊毛や糸の産地として登場しているにすぎない。
以上のことから、古代におけるギリシア人、ユダヤ人、ローマ人のインド以東に対する認識の程度を知ることができる。しかし注目すべきは、こうした古代の認識が、のちの大航海時代を経て、一九世紀になってもなお、ヨーロッパの知識人に影響をあたえていたという事実であろう。

たとえばヘーゲルは、『歴史哲学講義』のなかでアジアを次の四つの地域に分類した。すなわち、①黄河・長江の流域と中央アジアの高地、②ガンジス・インダス川の峡谷、③アムダリア・シルダリアの流域平野とペルシアの高地、およびティグリス・ユーフラテス川の谷間の平地、④ナイル川流域の平野、である。

このように四地域に分類するという発想のなかに、のちの四大文明という概念につながる萌芽をうかがうことができるが、ヨーロッパの知識人がアジアの主要な歴史と文化はいずれも大河流域にあると認定したのはなぜか。それは、すでに大航海時代に世界の七つの海に進出したヨーロッパに対して、海洋に出ることのなかったアジアの閉鎖性と停滞性を強調するためであった。

このことを裏づけるように、一八五三年にエンゲルスはマルクスに宛てた書簡で次のように述べている。すなわち、サハラからアラビア、ペルシア、インドおよびタタールに至る乾燥ベルト地帯を一つの塊《かたまり》とすると、その乾燥地帯で農耕をおこすには、個人の力をはるかにこえた王による人工灌漑が不可欠であることからデスポティズム（専制君主制）が生まれ、ひいてはそれが四つの大河文明を誕生させたと記している。エンゲルスはヨーロッパを対峙させる対象としてアジアをひとくくりにして論じており、その思考の背景にヨーロッパの優位性、ヨーロッパ中心主義があることは否定できない。

つまり「アジアの四つの地域」というとらえ方は、個々の古代文明の丹念な発掘調査によって浮かび上がったものではなく、ヨーロッパ人の伝統的なアジア観にもとづいて形成されたものなのである。そのアジア観の基本にあるのは、先進的なヨーロッパと後進的なアジアという図式である。人類の最古の文明はアジアで生まれたけれども、その後の展開の中でアジアは後進地域となり、ヨーロッパのほうがすぐれて先進的であるという、みずからの優位性を強調しようとするアジア観、歴史観がある。そうしたヨーロッパ人のアジア観を逆手にとり、戦後日本では「四大文明」という魅力的な用語で、「ヨーロッパ中心史観」に対抗しようとしてきたのである。

河姆渡遺跡の発見

そうしたなかで、なぜ黄河文明が特に重視されてきたのであろうか。それは、ドイツの地質学者、F・フォン・リヒトホーフェンの発見によるところが大きい。かれは中国を調査し、中央アジアからの到達点である中国に至るルートを一八七七年に有名な「絹の道」と名づけた。そして、中国が秦嶺《しんれい》山脈によって南北に分断されていることを発見し、山脈の北側、とくに黄河流域のコムギ栽培の豊かさに注目して、ここを中国の古代文明の発祥地であ

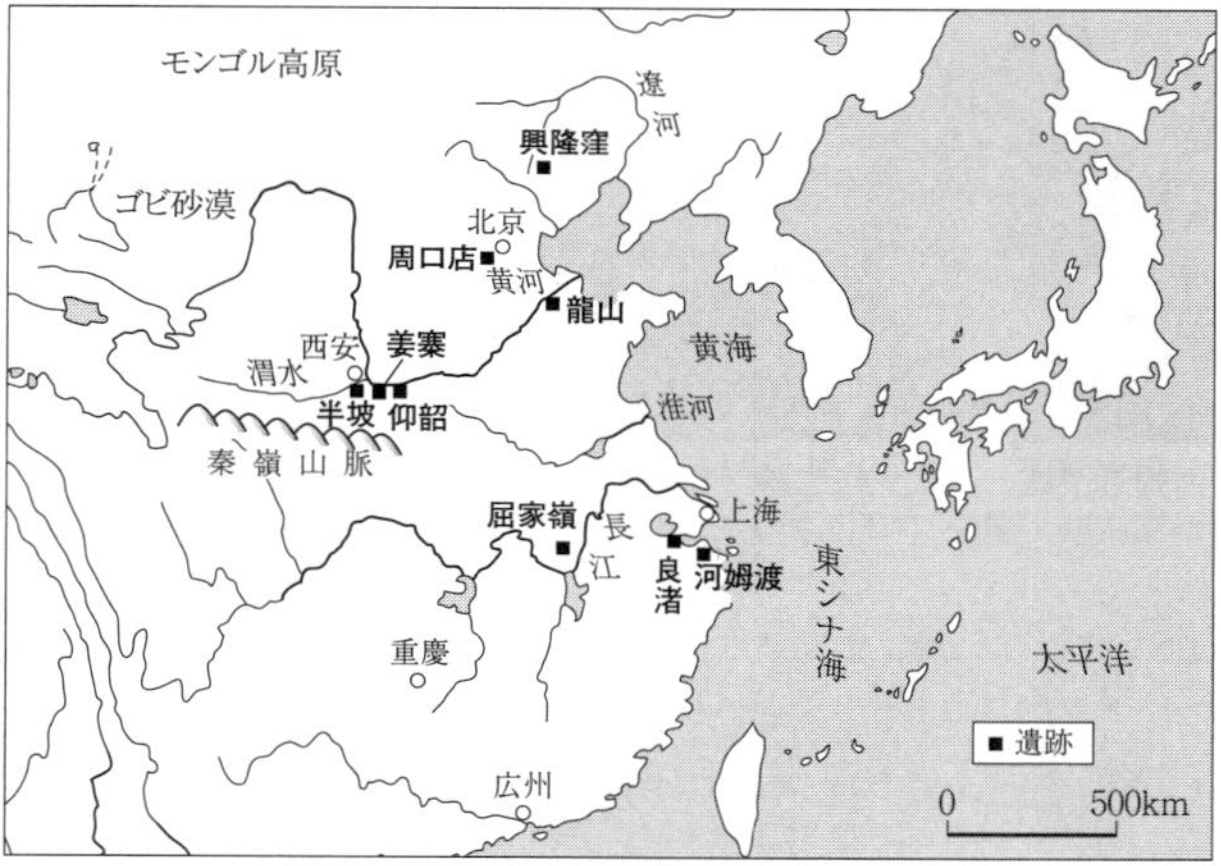

中国のおもな古代遺跡

ると指摘した。

　この見解は二〇世紀になってからも有効であり続け、アメリカの農業経済学者、ジョン・ロッシング・バック（『大地』の作者、パール・バックの夫、その後離婚）は、一九二九年以降、中国の農業を調査し、稲作の北限ラインを定めた。それは年間降水量八〇〇ミリ、年間平均気温一五度の地帯で、これより降水量が少なく気温の低い北側はコムギ地帯であるとした。この稲作の北限ラインは、現在の中国の農業実態ともほぼ合致する。ただし現在では年間降水量一〇〇〇ミリの等降水量線が、秦嶺山脈と淮河《わいが》を結ぶ線と重なっているので、南北の農業分布を分けるラインは「秦嶺・淮河線」と呼ばれている。この北限ラインは、中国における古代文明はラインの北に広がるコムギ地帯でおきたとする文明史観

河姆渡遺跡　高床式住宅跡（左）と出土した稲籾（右）。『日本人はるかな旅展』図録（NHKプロモーション、2001年）より

を補強するのに有効であった。つまり、黄河文明が中国最古の文明であることを語るうえで、北限ラインの存在は都合がよかったのである。

こうした中国古代文明の定説を覆したのが、長江流域の河姆渡遺跡の発見であった。低湿地帯である浙江省余《よ》姚《よう》市にあるこの遺跡では、紀元前六〇〇〇年頃の炭化したイネが大量に見つかっており、分析の結果、野生種と栽培種の両方が含まれていることが判明している。また、煮炊きに使用された土器が多数出土し、ブタが家畜として飼育される一方で、狩猟や漁労も同時におこなわれていた。このように狩猟採集と並行していたにせよ、河姆渡遺跡では紀元前六〇〇〇〜前五〇〇〇年頃には稲作がおこなわれていたことが証明されており、それを裏づけるように高床式住宅の跡も見つかっている。

したがって、北の黄河文明とほぼ同じころに、南にも稲作を中心とした長江文明があったことから、中国ではひじょうに早い時期から、北のムギ作文化と南の稲作文化の二つが併存していたことが河姆渡遺跡の発見により明らかになった。

中国北部のナラ林文化

このような経緯を確認したうえで、あらためて古代の中国文明を考えると、まず注目すべきは、中国文明の多様性であろう。それは黄河文明と長江文明の併存のみならず、これらとほぼ同時期に、内モンゴル東部から遼寧《りょうねい》西部にかけての遼河《りょうが》流域に黄河とも長江とも異なる文化圏が形成されていたことでもわかる。

その一帯は、ちょうど東日本に見られるナラ林帯とほぼ共通する植生をもつ地域で、ナラ、ブナ、クリ、カエデ、シナノキなどの温帯落葉広葉樹林が広がっている。この植生は中国東北部から朝鮮半島、東日本にかけて広く分布しており、これらの地域に共通する文化を中尾佐助氏が「ナラ林文化」と名づけたのは有名である。

このナラ林の大きな特徴は、南日本に広がる照葉樹林帯よりも自然の食料生産力がまさっていたことである。ナラ林が産する堅果類は砕いたり煮ることで栄養価の高い食料となり、乾燥させれば貯蔵食品にもなった。そのうえナラ林は、照葉樹林のように木々が密生しないため、地面に届く日光が豊かな草木を育て、さらにそれを食料とするシカやウサギなどの動物を育てる。これら山の恵みに加えて、サケ、マス、イワナなどを捕らえれば、豊かな食料を確保することができた。こうした東日本の狩猟採集文化は、一定の人口なら十分に養うことができたのである（集落の数や規模の大きさから縄文中期がもっとも人口が多く、三〇万人程度と推定される）。

東日本の縄文文化はまさにナラ林文化と言い換えることも可能であるが、一方で農耕文化である弥生文化が九州北部を起点に照葉樹林帯から普及していったのは、ナラ林帯ほど食料資源に恵まれていなかったからかもしれない。これに対して東日本は西日本よりも自然界の食料に恵まれていたために稲作に飛びつく必要はなかったとみなすことができる。その一方で、西日本より寒冷なため稲作ができなかったともみなすことができる。おそらく両方の理由によって、稲作文化が短期間のうちには北上しなかったのであろう。

このように見てくると、農業の開始時期の早さによって文化の発展の度合いをはかるのは、単純化しすぎた文明史観によるといわざるをえない。重要なのは、食料確保の方法が農耕であれ、狩猟採集漁労であれ、人間生活の充実度の観点から食料の長期保証が確保されているかどうかという指標である。

中国に話をもどすと、内モンゴルの興隆窪《こうりゅうわ》遺跡は、東日本に似たナラ林文化の遼河文明の基準遺跡で、紀元前六二〇〇～前五〇〇〇年にかけて栄えたその文化を興隆窪文化という。ここは日本よりもやや寒く、落葉広葉樹と針葉樹の混交林地帯であるが、かつては現在よりも温暖湿潤だったと考えられている。

ここでの暮らしは狩猟採集によるものであったが、すでにブタの飼育もおこなわれていたようである。集落の規模は約二万平方メートルだから東京ドームの半分くらいで、周囲に濠をめぐらした環濠集落の中に竪穴式住居が七〇戸ほどあったことがわかっている。また、この文化圏では中国最古の玉器である楔《くさび》状耳飾りや手捏《てづく》ね土器が出土しており、狩猟採集漁労文化としての充実度をうかがうことができる。

この遼河文明は中国古代文明の多様性の一端を示すものであり、それをふまえて以下、黄河文明と長江文明に触れていくことにしよう。

黄河文明

黄河文明とは、黄河中流域に数千年にわたって栄えたいくつもの文化の総称であり、黄河文明前半を代表する仰韶《ぎょうしょう》文化（紀元前五〇〇〇〜前三〇〇〇年頃）は、一九二一年に河南省の仰韶村でスウェーデンの研究者によって彩文土器が発見されて明らかになった。

仰韶文化に属する遺跡としては、陝西《せんせい》省の半坡《はんぱ》遺跡や姜寨《きょうさい》遺跡などが知られる。これらの遺跡では、点在する集落の中には二〇〇人規模の集落も見られ、周囲にめぐらした環濠の中

仰韶文化の彩文土器　上は彩陶人面瓶。下は彩陶獣面壺で、女性の墓に供えられていたもの。甘粛省博物館蔵

に中央広場があり、それを囲むように竪穴式住居が並ぶかたちをとっている。ここでの耕作はアワが中心であったが、ムギやコメもつくられていたほか、ブタやウシ、ヒツジ、ヤギなどが飼育され、養蚕がおこなわれていた可能性も指摘されている。また、これらの農耕と並行して狩猟採集もおこなわれていた。

仰韶文化を有名にした彩文土器は、白や黒、赤などで動物や人面や幾何学文様が描かれた土器で、煮炊き用の実用品ではなく、幼児の埋葬に用いられた土器棺であったと考えられている。

この彩文土器の製造にはろくろは使われていないが、黄河文明でも後期の山東龍山《さんとうりゅうざん》文化（紀元前三〇〇〇～前二〇〇〇年頃）になると、ろくろを使用したきわめて精緻な陶器が登場するようになる。それは高温で焼成された灰陶や黒陶で、微細な装飾がほどこされている。ろくろの使用により大量生産がなされるようになり、また器形にもバラエティの広がりがみられる。陶器の他にも石包丁などの石器や骨角器、ヒスイ、さらに後期には青銅器も出現している。

このころになると都市に近い大規模集落が登場するようになる。住居は依然として竪穴式が主流だったとはいえ、一戸あたりのスペースも大きくなり、なかには周囲に敷地をもつ同じような住居が規則正しく並んだ集落も見つかっている。農業も仰韶文化時代に比べると格段に発達し、イネの栽培が開始されたほか、牧畜、養蚕、染織もおこなわれていた。さらに動物の肩甲骨を用いた占いがおこなわれており、原始的な宗教の揺籃がすでにあった可能性もある。

長江文明

一方、稲作を中心とした長江文明についても多くの遺跡が見つかっているが、長江中流域の屈家嶺《くつかれい》文化（紀元前三〇〇〇～前二五〇〇年頃）と、下流域に栄えた良渚《りょうしょ》文化（前三三〇〇～前二二〇〇年頃）の時代が最盛期である。

その長江文明の存在を知らしめた河姆渡遺跡で栽培種のイネが見つかっていることはすでに述べたが、長江流域では紀元前四千年紀初頭になると水田が出現する。それまでは稲作といっても、沼地などにイネを植えるだけであったが、このころになると、畦をつくって水を張り、給水用と排水用の水口を設けるようになった。水田一枚一枚は畳一枚分ほどしかなく、栽培効率が高いわけではなかったが、それでも従来の自然栽培と比べると収穫量ははるかに増大した。

こうした水田をもつ集落は、しだいに大規模化していき、やがて直径三〇〇メートル以上もある環濠と土塁で防御した集落が長江流域にみられるようになる。さらに紀元前三〇〇〇年頃には五〇〇人を超える大集落が出現するが、この段階になると、集落は長老を頂点とした血族的な結びつきから、政治的、宗教的な結びつきをもつ集団へと移行し、首長的存在が集団をたばねるようになる。

また、この段階で特徴的なのは、それまでの狩猟用の道具が大幅に改良されていることである。鏃《やじり》が大きくなるなどの変化がみられるとともに傷跡を残した人骨が出土するようになり、人を殺傷する武器が登場し始めたことを示している。明らかに集落間の紛争が戦闘にエスカレートする場合があったことを物語っているが、そのころには集落の環濠はより深く、土塁はより高くなっていく。やがて、高さ六〜八メートルもの城壁をめぐらせた巨大な城郭集落が出現し、そこに数千人が居住する例もみられるようになる。

こうした巨大集落は、周辺に一定の距離をおいて中小の衛星集落を従え、さらにその中小集落の周辺には、防御施設をもたない五〜一〇家族ほどの小集団が配置されていた。これらのまとまりが一つの政治勢力を形成していたと考えられている。

稲作と玉器の良渚文化

このような集落の大規模化を可能にしたのは、いうまでもなく稲作の発展であったが、新石器時代の中期末から後期にかけて、集約的農業によって集落を都市に近い規模にまで発展させたのが、良渚文化である。

長江文明を代表する良渚文化の遺跡は、一九三〇年代に浙江省杭州市の郊外で発見され、稲作のめざましい発展が注目を集めた。発見された稲籾が現在の栽培種のような大きさだったからである。農耕具ではイネの収穫に用いる石鎌が普及し、水田の泥をかき混ぜながらこねる特殊な道具も使われていた。また、もともとこの地方ではシカなどの野生動物がよく食されていたが、この文化期になると、圧倒的にブタが食べられるようになる。ブタは年に二回出産するため増やしやすく、動物性タンパク質の安定的な確保に適していた。このようなブタの飼育をともなう集約的農業がかなり進捗していたのである。

遺跡群に目を転じると、三〇ヘクタールにもおよぶ巨大な基壇が築かれた莫角山《ばっかくさん》遺跡が注目される。そこには複数の宮殿が立ち並んでいた可能性が高く、一大土木工事のために膨大な数の農民が動員されたことであろう。このことは同時に、社会的な身分階層がかなり確立されていたことを物語っている。

玉琮　良渚遺跡のうちの反山遺跡出土。高さ10㎝。浙江省文物考古研究所蔵

祭壇や墓からは、権威や富を象徴する装身具の大型玉器や祭祀用具、儀式用武器などが出土しているが、このうち祭祀用具の玉琮《ぎょくそう》は、高さ五〇センチ以下の角柱状のものである。その内部は垂直に円筒形にくりぬかれていて、円形は天を象徴し、そこに天地の神が宿ると信じられていた。その天を囲む四角い形状は、大地そのものであり、人間界を象徴した。したがって、玉琮とは天と大地の合体を象徴している。そうした玉琮の所有者は、地上を支配し、天の神と交信できる巫師のような存在であり、祭政一致の頂点に巫師を戴くピラミッド型の社会が形成されていたようである。また墓から出土している円盤形の玉璧は、巨万の富もしくは日月を象徴し、おそらく社会階級の存在を示唆

するものと推定されている。

これらの玉器が多数出土している墳丘墓は、集落の支配者たちの墓であり、貧相な副葬品だけの一般の墓とは対照的である。この良渚遺跡のような大集落で製作された玉器は、ほかの規模の小さな遺跡でも見つかっているが、大集落の支配者から小集落の支配者に玉器が与えられていたためで、集落間で主従関係があったことを示している。

良渚は紀元前二五〇〇年頃から衰退を始める。その要因として、かつては洪水が指摘されていた。しかし、要因はそれだけではなく、おそらく集約型の農業によって繁栄したものの、それにともなう人口増と環境への負担増、支配者による過度の収奪や戦争などがあり、そこに洪水をはじめとする自然災害や気候変動などが重なりあって衰退をまねいたと考えられる。

衰退期に入ると、良渚ではそれまでさかんに飼育されていたブタが極端に減り、狩猟や漁労による食料が多く消費されるようになっている。つまりこの地は、背伸びした農耕によって土地に過度の負担をかけて減産を余儀なくされ、農耕から狩猟採集社会へ回帰したのである。それからまたふたたび繁栄をとり戻すまでには一〇〇〇年以上を要しているが、そうした盛衰をへて、やがて中国は夏《か》や殷《いん》が台頭する王朝時代に移行していくことになる。

アメリカ大陸の文明

アンデス文明

クリストーフォロ・コロンボ（コロンブス）がスペインのパロス港を出発したのは、一四九二年八月三日のことだった。彼は大西洋を横断すれば必ずインドにたどり着くという信念のもとに西へ航海を続け、出航から二ヵ月以上たったある日、ようやくある島に着く。これが西インド諸島に属するサン・サルバドル島である。このコロンボの「新大陸」発見にともなって南米大陸に移住したスペイン人が目にしたのは、ヨーロッパとはまったく異なる文化をもったインカ帝国の姿だった。彼らはこのとき中米のマヤ文明やアステカ王国にも出会っているが、もっとも大きなインパクトをうけたのはインカ帝国だった。

クスコ王国を前身とするインカ帝国はごく短命の帝国で、存続したのは一五世紀中頃から一五三三年、スペインの征服者たちによって滅ぼされるまでのわずか一〇〇年ほどにすぎない。しかしその支配領域は、北は現在のエクアドルから南はボリビア、チリ、アルゼンチンの一部までにおよび、世界でも有数の領域をもつ広大な大帝国であった。

精緻な石積み建築、南北五〇〇〇キロを超える道路網、広大な領土を効率的に統治するシステムなどでヨーロッパ人を驚かせたこの不思議な帝国を生み出した南米大陸の古代文明とはどのようなものだったのか。ヨーロッパ、というよりもユーラシア大陸と大きく様相の異なるその文明は、どのように生まれ、形成されていったのか。それを知る手がかりとして、ここではインカ帝国からさらに一〇〇〇年以上をさかのぼる古代アンデス文明に注目して考察していきたい。

アンデス文明を考えるには、まずアンデス地方の特異な自然環境を理解しておく必要がある。そこで、ペルーの地理学者ハビエル・プルガル・ビダルがおこなった考察と分類にしたがって中央アンデス地帯（現在のペルー共和国とボリビア共和国北部）を中心に自然環境を概観していくことにする。ただし、これは、文明文化は環境条件によってタイプが決定されるとする「環境決定説」にもとづいて考察しようという意図ではない。この地域の自然環境は世界的にも特異なものであり、それがアンデス文明の発展・展開と深く結びついていると考えられるからである。

南米大陸の西側、つまり太平洋側には六〇〇〇メートル級の高山からなるアンデス山脈が、南北約七五〇〇キロという途方もない距離にわたって続いている。この中央アンデス地帯と呼ばれる地域は、乾燥した砂漠地帯の海岸域（コスタ）、山々が連なる山岳地帯（シエラ）、その山岳地帯の東側に広がるアマゾン原流域にあたる熱帯雨林地帯（モンターニャ）の三つに大別される。

この中で、特に海岸域でありながら乾燥砂漠地帯であるコスタは、地球上でもまれな環境といえる。あえて類似例をあげれば北アフリカのサハラ砂漠がそれに近いが、コスタが乾燥地帯になっているのは、沖合を流れるペルー海流が原因である。この海流は年間を通じて低温のため水分の蒸発が少なく、その結果、海岸域を乾燥させる。これは日本列島の日本海側とまったく逆の現象である。日本海の場合、黒潮から分かれた温かな海流が対馬海流となって入ってくるため、新潟や富山など日本海側の降水量は多く、たとえば富山県の年間降水量は二〇〇〇ミリを超える。一方、海岸に面しているペルーの首都・リマの年間降水量は一〇ミリ台である。

ペルー沖はまた水産資源に恵まれており、その南東太平洋漁場は、日本周辺の北西太平洋漁場やノルウェー沖の北東大西洋などとともに世界有数の漁場となっている。

豊かな漁場の存在は文明の展開とも密接なつながりをもっており、たとえばコロンボが西インド諸島に到達する約五〇〇年も前に、バイキングがカナダに到達していたことがわかっている。これはバイキングが豊かな水産資源を求めてカナダ沖の漁場に進出していたことを

中央アンデスの主な古代遺跡

示すものだが、古代文明と漁場の関係についてはまだあまり解明されていない。ただ、ペルー沖の豊かな漁場はコスタに漁労による人々の定住化をもたらしたと考えられ、さらにコスタで獲れた魚は、そこから少し内陸部に入った丘陵地帯でも食べられていたことがわかっている。

また、この地域の自然環境でもう一つ見逃せないものに、エル・ニーニョ現象がある。赤道直下のペルー沖合では、海流の北上する力が弱まると、赤道反流が通常よりも力を強めて南下しはじめる。これにともなって水温の高い赤道反流は大量の水蒸気を発して雲をつくり、乾燥砂漠地帯に激しい豪雨をもたらすのである。それはときに洪水によって生態系が変わってしまうほどの災害をもたらし、豊富な栄養分を含んだ土を押し流し、農業生産力を低下させた。これも先史時代から続いてきた、この地域の特異な自然現象の一つといえる。

アンデス文明の特異性

海岸域から内陸に入ると、山岳地帯のシエラになるが、そこはアンデス山脈の東山系、西山系、そして中央山系の一部の三地域に分かれる。

この山岳地帯は標高による気候風土の違いが顕著で、まず沿岸部に近い標高五〇〇メートル付近でユンガと呼ばれる谷間が現れる。この谷の両側は急斜面の乾燥地帯だが、谷底では耕作が可能で、バカイ、グアバ、チェリモヤ、アボカドなどの果樹の他に、サツマイモ、マニオク、トウガラシ、さらに嗜好品のコカなども栽培されている。

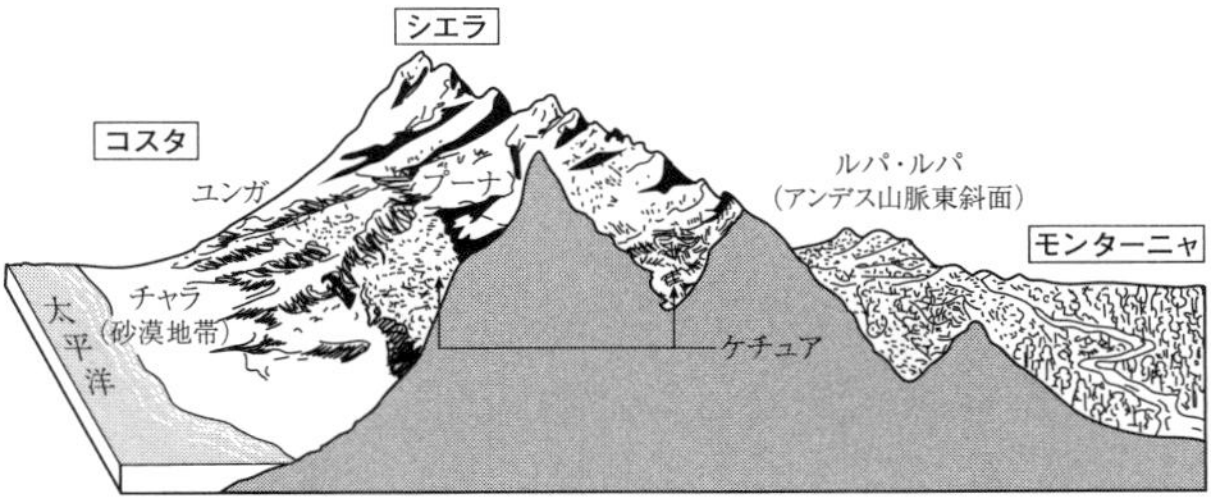

アンデスの環境区分　関雄二『世界の考古学①　アンデスの考古学』(同成社、1997年) をもとに作成

そこから高度を上げて標高二三〇〇メートル以上になると、年間降水量は二五〇〜五〇〇ミリに増え、平均気温は一一〜一五度と低くなる。この一帯はケチュア地帯と呼ばれ、現在ペルーなどではここに大都市が点在している。農作物ではアンデスでもっとも重要な作物であるトウモロコシとマメ類の栽培がさかんである。さらに高度を上げ、標高三五〇〇〜四〇〇〇メートルになると、年間降水量は八〇〇ミリ、平均気温は一〜七度とかなりの寒冷地となる。それでも高地性の根菜類やツルムラサキ科のオユコ、カタバミ科のオカなどが栽培されている。

ペルー中部から南部にかけては、標高四〇〇〇〜四八〇〇メートル地帯になだらかな高原が広がっているが、このあたりまでくると、作物は耐寒性の根菜類しか育たず、人々はラクダ科のリャマやアルパカを使役と食肉用を兼ねて飼育している。さらに、これより標高が高くなると冠雪地帯となり、人間は定住することができない。このように標高によって段階的に変化するシエラをすぎると、山脈の峰を越えてアンデスの東斜面に出る。そして、この斜面を下るとアマゾン川源流の熱帯雨林地帯であるモンターニャに至るのである。

こうした自然環境にある中央アンデス地帯では、紀元前二五〇〇年頃から農業と牧畜が本格的におこなわれるようになるが、この時期をもってアンデス文明の形成期とみることができる。

かつて、アンデス文明の始まりについては、紀元前一八〇〇年頃とされていた。これは従来、①農耕による定住、②祭祀建造物の出現、③土器の出現、の三要素をもって文明形成期であると考えられており、アンデスの場合、この三つが出揃うのが紀元前一八〇〇年頃だからである。しかし土器出現時期よりも約七〇〇年もさかのぼる紀元前二五〇〇年頃から農耕定住が始まり、同時に祭祀用建造物も出現していることが明らかとなってきた。そうしたことから、これまで半世紀以上にわたってアンデス文明を調査研究してきた東京大学古代アンデス文明調査団は、形成期の始まりを前二五〇〇年頃としており、本書でもこれを前提に話を進めることにする。

だがアンデス文明で注目すべきは、形成期の始まりが年代としてさかのぼることよりも、農耕定住と祭祀建造物の出現がほぼ同時期に起こっているという点である。

これはユーラシア大陸における文明形成のパターンとはあきらかに異なる。ユーラシア大陸の文明は、まず農耕定住が始まり、農耕の発展にともなって余剰農産物が生まれ、そののちに祭祀建造物などの宗教施設が出現している。ところがアンデス文明では、農耕定住が始まったばかりの、辛うじて食べていけるかどうかという段階で宗教施設が出現しているのである。これこそがアンデス文明最大の特徴であり、以下、このような特徴をもつ古代アンデスの遺跡を具体的にとりあげながら考察を続けていこう。

近年注目のカラル遺跡

カラル遺跡は近年大きな注目を集めている遺跡で、ペルーの首都リマの北方約二〇〇キロ、ペルー中央海岸のスーペ谷というところにある巨大遺跡である。一九四八年に発見されたが、その後、詳細な学術調査はおこなわれず、あらためて科学的な発掘調査がなされるようになったのは最近のことである。現在では放射性炭素14の測定などから、紀元前二六〇〇～前二〇〇〇年頃の遺跡であることが判明している。

紀元前二六〇〇～前二〇〇〇年という年代は、アンデス文明の時代区分では「形成期」にあたる。アンデス先史学では、かつてアメリカの研究者を中心として土器の特徴によって時代を区分する土器編年が提案された。しかしその後、土器の変遷が社会の発展や文明の展開とは必ずしも一致しないとの指摘から、それぞれの時代を総合的にとらえようとする考えが生まれた。この考えにもとづいて現在ペルーで一般に用いられているのが、石期、古期、形成期、地方発展期、ワリ期、地方王国期、インカ期という時代区分である。

一方、東京大学古代アンデス文明調査団は、それとは別に、アンデス文明の中でも、あとで述べる神殿の建て替え（「神殿更新」という）が重要な役割を担っていた時代を「形成期」とし、この時代の概念づくりに取り組んできた。それによると、形成期は紀元前二五〇〇～

カラル遺跡の祭祀用建造物　階段ピラミッド（上）と円形神殿（下）。写真提供・ユニフォトプレス

前五〇年頃までという幅をもち、早期、前期、中期、後期、末期に分類される。

同調査団の時代区分でいくと、カラル遺跡は形成期の早期から前期にかけての遺跡にあたる。ここには多くの祭祀用建造物が見つかっているが、これらの建造物が集中している区域は、約六〇ヘクタールという広さをもつ。これは一万五〇〇〇人ほどが暮らしていた、ナポリ近郊の古代都市ポンペイの城壁内の広さにほぼ匹敵する。

数多い建造物の中でもとくに大規模なのは、「大ピラミッド」と通称される、円形神殿と階段ピラミッドからなる建造物で、面積約二・五万平方メートル、高さは三〇メートルちかくもある。これ以外にも八基のピラミッドが見つかっているほか、現地で「円形闘技場」と通称されている円形神殿と祭壇からなる複合的な祭祀用建造物や住居址などもみられる。これらの大規模建造物は、形成期前期という石器時代が終わってまだまもない時期のものとしては考えられないほどの規模であり、長年現地調査に携わっている国立民族学博物館の関雄二氏は、形成期中期の社会的成熟度がないとこれほどの規模のものはできないのではないかと指摘する。

カラル遺跡からは土器が見つかっていない。アンデスで土器が製作されるようになるのは紀元前一八〇〇年以降とみられているので、この遺跡の推定年代を補強していることになる。また、土器が出土するようになる紀元前一八〇〇年以前には、武器らしき道具がまったくみられないのも注目される特徴である。

このことは、この時代には戦争や武力闘争のたぐいがなかったことを意味するが、戦争がなかったために当時の人々はエネルギーと生産のすべてを自分たちの暮らしと祭祀施設に注ぐことができたのかもしれない。だからこそ、巨大な宗教施設をつくりえたとも考えられるが、いまだに不明なことが多く、今後の調査結果をまつしかない。

農業は高地から海岸へ

前述のようにアンデス文明が栄えた地域は、農業生産にけっして恵まれた地ではなく、むしろ農業にとって、たいへん過酷な地域であったといったほうがいい。しかし、そうしたところであっても、アンデス原産の野菜や果物は少なくなく、トウモロコシやジャガイモ、サツマイモ、インゲンマメ、トウガラシ、ピーナッツなどが古くから栽培された。

これらの栽培植物に関して特徴的なのは、その多くが湿潤な高地から先に栽培が始まり、のちに乾燥した海岸地帯に広がっていることである。関雄二氏は、古代アンデスの栽培植物について高地と海岸地帯で出現時期の比較をおこなっている。それによると、トウモロコシは高地では紀元前五六〇〇年以降に出現しているのに対し、海岸地帯では前一八〇〇年と大きな開きがある。またインゲンマメに至っては、高地が前八六〇〇〜前八〇〇〇年に対して、海岸地帯では前二五〇〇〜前一八〇〇年頃。そのほか、リマビーンズやカボチャ、トウガラシなども、出現時期はそれぞれ異なるものの、高地で早くから栽培され、海岸地帯では遅い。

こうしたことからアンデス文明の揺籃の地は、海岸地帯ではなく内陸の山岳地帯であると考えられるが、植物栽培の広がりについて興味深い理論を関氏は紹介している。その理論に入る前に、これまでの農業の起源に関する考え方を簡単に見ておこう。

半世紀ほど前までは、ほぼ次のようなプロセスで農業が始まると考えられていた。まずなによりも、種子が生長して実をつけるまでの過程を認識することと、実ったものが食料となることの認識が前提となる。次に植物の実りのもとが種子にあることを認識し、播種を繰り返して人間にとって最良の実りをもたらす種子を選択し、野生種を栽培種に改良し、耕作する。以上のようなプロセスが、新石器時代に入りかなり短期間に達成されたとみなされてきた。

このプロセスを肯定する考古学者のなかから「環境決定論」が生まれ、チャイルドのように「オアシス理論」が主張された。つまり、ティグリス・ユーフラテス川のような人間、植物、動物が集まる場所をオアシスと見立てて、そのような場所では植物や動物への観察が深化し、それによって穀物の農耕が可能になり、ついで家畜の飼育が始まったと考えるのである。

その一方で、人間は氷河期においては大型哺乳動物を主な食料としていたが、徐々に小型動物と植物を「狩猟採集」するようになった。つまり「狩猟採集」による獲得食料のスペクトルを拡大したという意味で「拡大スペクトル理論」が考古学者ケント・フラナリーたちによって主張された。この拡大の傾向は現在でも肯定されているが、氷河期末期から新石器時代にかけてのいまから一万二〇〇〇年前から八〇〇〇年前までのことではなく、すでに後期旧石器時代からゆっくりと始まったことが、イスラエルのガリレア湖の南西湖岸で発見されたオハロII遺跡の発掘などで確認されつつある。

栽培植物	海岸地帯	高地
トウモロコシ	紀元前 1800 年	紀元前 5600 年以降
インゲンマメ	紀元前 2500～前 1800 年頃	紀元前 8600～前 8000 年
リマビーンズ	紀元前 3800～前 2650 年	紀元前 7400～前 6800 年
カボチャ	紀元前 3600～前 2500 年	紀元前 7400～前 6800 年
トウガラシ	紀元前 2500 年以降	紀元前 8600～前 8000 年

栽培植物の出現時期　ペルーの海岸地帯と山岳地帯の比較

そしてチャイルド以降の研究によって明らかとなりつつあることは、植物だけが野生種から栽培種に変わったのではなく、人間も植物栽培に適した生活様式に変わっていったという点である。それが「オアシス理論」に端を発する定住化であるが、現在は環境決定論としてではなく、植物栽培のために適切に変化したのは人間の生活様式という考えである。

そして、関氏が紹介するのは次のような理論である。

その理論はケント・フラナリーがメソポタミアの栽培植物について唱えたもので、異なる環境で生まれた栽培植物が人間集団のあいだで交換されることによって栽培植物が移動することになる。その結果、従来と異なる環境におかれるようになった植物がより繁茂することがある。つまり植物は、ときにダイナミックに環境が変わることによって、生育により適合した場所に出会う場合がある。それはいわば僥倖の産物であるけれども、そうした偶然から栽培植物が、生産量を増やして人間に益をもたらす。そのような出来事がメソポタミアではあったのではないかというのがフラナリーの説である。

種子の移動がもたらした発見

この説にもとづいてリンチという研究者が、アンデスの場合は作物交換ではなく、人間や動物の移動にともなって植物の種子が別の地域に偶然運ばれ、それが潜在的な栽培植物の性格を引き出す結果になったと考えた。高低差の激しいアンデスでは地域による環境の違いが大きい。それゆえに、その植物が変貌して栽培化する機会が多かったと推定されるとともに、人々は高低差のある異なる環境のあいだを移動する生活をしていた可能性がある。そうした生活の中で、彼らは植物の変化に気づき、栽培が始まったと考えられるのである。

と同時に、もう一つ見逃せないのが、家畜動物が植物栽培に果たしたであろう役割である。アンデスの高地では古くからラクダ科の動物が飼育されており、そうした家畜動物の糞によって飼育エリアの土が肥え、植物の生育環境が変わって栽培化を進めた可能性が考えられる。たとえば、もともとその地にあった野生種のジャガイモが、家畜動物の糞のおかげで急激に繁茂するようになり栽培化した、といった例が考えられよう。つまり人間の営みが自然の生態系を攪乱《かくらん》し、ある種の植物の生育環境を変えて栽培化を可能にしたことになる。

一方、アンデスでも南部ではラクダ科の動物は飼育されていないが、中央アンデスの高地でそれが可能だったのは、寒冷地に適した植物の栽培化と動物の飼育が同時におこなわれたからではないかとの指摘もある。つまり、家畜動物の糞が植物栽培を促進し、効率的に収穫されるようになった作物がまた家畜動物の飼育を進めるという相乗効果をもたらしたというのである。

とはいえ、高地であるから栽培といっても、収穫量はおのずと限界があり、平野部の農地と比べると、かなり少ない量で飽和状態になったと考えられる。しかし、そのおかげで人間と栽培植物と家畜動物の調和のとれた安定状態が長期間にわたって持続したのではないか。それは人工灌漑を推し進めたメソポタミアと比べるなら、集約度の低い農業ではあったが、安定した営みが継続したからこそ、大規模神殿をつくることができたのかもしれないのである。

コトシュ遺跡の「神殿更新」

中央アンデスの北部、山脈の東斜面の海抜一九五〇メートルに位置するコトシュ遺跡は、東京大学古代アンデス文明調査団によって一九六〇年代から調査された遺跡である。ここでは同調査団の発掘成果にもとづいてこの遺跡の特色を述べていこう。

コトシュ遺跡でまず注目されるのは、九メートル四方のほぼ正方形をした公共建造物が見つかっていることである。その壁は石を芯にした泥壁で、表面には上質の土を使った上塗りが施されている。壁の内側には大小の壁龕《へきがん》があり、床の中央部は一段低くなって、その中央に炉が切られている。さらに壁龕のある壁には手を組んだ姿のレリーフが二体見つかっており、これらの発見から、この建造物が一般の住宅ではなく、祭祀用の建物だったことは明らかである。

この「交差した手の神殿」の層位から土器はまったく出土していない。神殿の場合、しばしば入念な清掃がおこなわれ、土器類が出土しないことはある。だが、この一帯の層位から土器が見つかっていないということは、先土器時代の紀元前二五〇〇年頃にこの建造物がつくられたと見なければならない。

さらに興味深いのは、この遺跡では同様の神殿らしき建物跡がいくつも見つかっているが、一つの建物をすべて、もしくは一部を壊したうえで、まるでそれを封印するかのように内部を大量の礫《れき》と土で埋め、その上に新たにほぼ同じ構造の建物をつくっていることである。それも一定期間ごとに建物を建て直すという「神殿更新」がおこなわれているのである。

この「交差した手の神殿」の発見は、一九六〇年代前半にアメリカ合衆国でも発表され、その後、それまでアンデス最古と考えられていたチャビン文化に先行する先土器文化を浮かび上がらせた。そして他のいくつかの遺跡からも同時代の祭祀用建造物が発見されるにおよ

コトシュ遺跡の「交差した手の神殿」　右は神殿の壁面に残る交差した手のレリーフ。東京大学古代アンデス文明調査団撮影。写真提供・東京大学総合研究博物館

んで、アンデスにおける先土器文化の存在が明らかにされたのである。

この先土器時代、つまり形成期早期の祭祀用建造物の発見は、それまでの文明史観を覆すほどの重要な発見であった。なぜなら、すでに述べたようにユーラシア大陸の場合、まず農耕定住が始まって土器がつくられるようになり、やがて余剰農産物が生まれると宗教施設が出現するというのが文明推移のパターンだったからである。この推移は、現代社会に生きるわれわれにとってじつにわかりやすいモデルである。それがアンデスでは、余剰農産物の明確な備蓄施設も十分に見当たらず土器すらなかった時代にすでに宗教施設が生まれている。これは従来の唯物論的進化のイメージと真っ向から対立する文明展開といわなくてはならない。

しばしば「衣食足りて礼節を知る」というが、アンデスの場合は「礼節足りて衣食を知る」とでも言いたくなるほど、従来の文明史観とは逆転している。しか

し同時にそう感じるのは、われわれがいかにパターン化した文明史観に馴らされているかという証左でもあろう。

クントゥル・ワシ遺跡の一〇〇〇年の祭祀

クントゥル・ワシ遺跡は、ペルー北部のアンデス山脈西斜面、標高二三〇〇メートルの山中にある。遠くからは自然の丘陵に見えるところが人工テラスになっており、四方を加工した巨石で積み上げた壁で囲まれている。平坦なその頂上部は、幅一〇〇メートル、奥行き一四〇メートルほどの基壇で、そこに紀元前一〇〇〇年前後から石造建築の神殿が何度も建設され、約一〇〇〇年間にわたって祭祀活動が営まれた。

この約一〇〇〇年間は、神殿の変化などから四期に分類することができる。まず最初の神殿建設は形成期中期にさかのぼり、山を整地し、突き固めた土の上に白い土を塗り、さらにその上に薄く上塗りが施されている。この時期の神殿は、のちの時代の建物などによって破壊されたり埋められたりしているので、全容をつまびらかにすることはできない。ただ、神殿の床や壁がつくり替えられており、この段階ですでに神殿更新がおこなわれていたことがわかる。

第二期の形成期中期後半、すなわち紀元前八〇〇年頃になると、それまでの神殿は埋め尽くされ、四方に巨石を積み上げた三段の石壁を一二メートルほどの高さにめぐらし、北東面には幅一一メートルの階段がつくられる。ゆるやかな頂上部には基壇と、方形および円形の二種類の半地下式広場が設けられ、その床下には石組みの排水溝が埋設されていた。中央広場の階段にはジャガーの頭部の浮き彫りが設置され、大小の彫刻が各所に置かれている。

この中央神殿の床下には数人が埋葬されており、金製品を含む豪華な副葬品が発見されていることから、神殿建設にあたり、高位の人物が人身御供として捧げられたと考えられている。

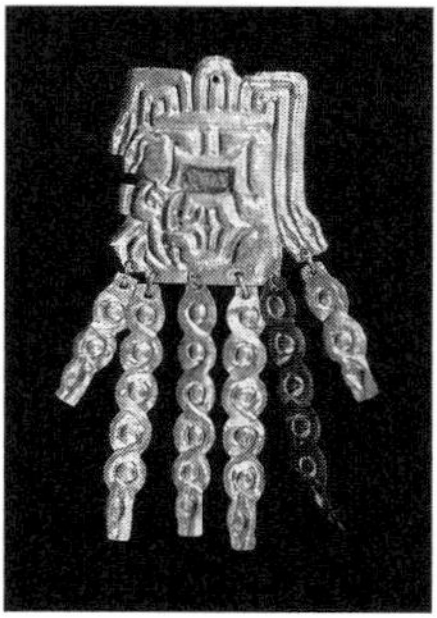

クントゥル・ワシ遺跡　上は３段の石壁を四方にめぐらした大基壇。中段は中央広場の階段に彫られたジャガーの頭部。下は出土した金製のヘビ・ジャガー耳飾り。３点とも関雄二撮影

第三期は形成期後期の紀元前五〇〇〜前二五〇年頃で、この時期は第二期の神殿を継承し

ながら、新たな神殿や広場、石階段などが設けられた。続く第四期は形成期末期の紀元前二五〇～前五〇年頃にあたる。この時期になると、神殿は大きく破壊され、更新されることなく、部分的に居住用として利用されるようになる。しかし、その後は放置され、神殿と基壇があった人工の丘は、やがて自然の丘のように風化している。

この第四期に破壊された神殿というのは、第三期につくられた神殿であるが、その下には同じ第三期に属する神殿が少なくとも二回にわたり大規模な改築の手を加えられている。その改築は、基本的に古い神殿を地中に埋め、その上に新しい神殿を築くという方法で、まさに神殿更新であったことがわかる。

一九八九年、中央基壇の下から形成期後期後半の墓が発見され、黄金製の冠や鼻飾り、耳飾りなどの装身具が出土した。いずれも大きく見事なもので、紀元前七〇〇年頃に製作されており、ペルー最古の黄金製工芸品であることが判明した。別の墓からも金の装身具が多数見つかっており、二センチたらずの精巧なジャガーの頭部を模した首飾りや、太い筒状の首飾り、耳飾り、毛抜きなど一八二点が出土している。

以上の発掘成果から、クントゥル・ワシ遺跡では、紀元前一〇〇〇年から前二五〇年頃まで神殿更新がおこなわれていたことがわかる。まだはっきりしたことはいえないが、神殿更新は第三期になると第二期までの活発さはなくなり、その一方で豪華な装身具がみられるようになる。つまり形成期中期と後期では神殿更新に変化があり、さらに末期になると、神殿更新はおこなわれなくなり、それまで続いていた形成期の文化が衰退していった様子がうかがえる。

東京大学古代アンデス文明調査団

ここまでは東京大学古代アンデス文明調査団のデータにもとづいて考察を加えてきた。開始から六〇年ほどしか経過していない同調査団の成果に拠ったのは、消極的理由と積極的理由がある。

まず消極的理由としては、アメリカの場合、南北アメリカとメソアメリカの全域でさまざまな古代文明の足跡をみることができるが、ユーラシア大陸における調査研究の蓄積とくらべて、遺跡によって調査の蓄積にばらつきがあり、同じ精度でそれらを把握することは困難といわざるをえないからである。たとえば、メソアメリカのマヤ文明では石造建築、都市、文字、暦といった、通常の古代文明の要素を満たしている。したがってメソアメリカに限っては、いつ頃石造建築が出現し、都市が生まれ、文字が普及したかなどをおよそ概観することができる。

これに対してアンデス文明は、前述のように海岸地域から標高の高い山岳地帯までにわたり、気候風土の地域差や文化的差異がひじょうに大きい。そのためマヤ文明のように、その地域全体の通史を綴るのはむずかしい。これまでにきわめて多様な遺跡や考古遺物が発見されているけれども、アンデス文明全体を貫通する歴史的層序の提示には至っていないのが現状である。

積極的理由としては、アンデス文明についての膨大な調査データの精度にばらつきが大きいため、一定以上の精度をもつ調査データに頼らざるをえないことによる。その点、東京大学調査団のデータは十分な信頼性をもっている。

もともと同調査団は、終戦からようやく立ち直ろうとしていたわが国の人文学者たちによって昭和三〇年代初めに地球的視野からの調査研究をしようという壮大な構想から生まれている。その中核的テーマは「新旧大陸における農耕文化の始まり」の究明で、中心メンバーには東洋史の江上波夫氏、文化人類学の石田英一郎氏、泉靖一氏らが名をつらねた。「新旧大陸」というのは、今日からすると少々乱暴な造語であり、海外にはこのような言葉は存在しない。しかし、造語としては秀逸で、何を研究しようとしているのか一般にもわかりやすく、社会的関心を集めることに成功した。組織的な調査研究の継続がむずかしい日本にあって、東京大学古代アンデス文明調査団が五〇年にわたって調査研究をつづけることができたのは、そうした理由によるところも大きい。

とはいえ、読者の中には、アンデス文明のさまざまな調査研究について、いまだ断片的な域を出ていないことに不満をいだく人もおられよう。しかしインカ帝国が出現するはるか以前、まだクニが成立する前段階で、しかもたいへんに厳しい自然環境の中で、なぜあのような文明が築かれたのか。そこに焦点をあてるならば、東京大学調査団がこれまで明らかにしてきたデータはひじょうに貴重である。さらに今後、これまで集積した局地的なデータから演繹《えんえき》してアンデス文明の何たるかを浮かび上がらせることも可能になるであろう。

そうしたことを踏まえて、アンデス文明についての私見を加えさせてもらうと、なぜアンデスでは余剰農産物すら手にできていないきわめて早い段階で、あのような大規模な神殿をつくりえたのであろうか。そしてなぜ、「神殿更新」を繰り返したのであろうか。

それはおそらく当時の人々にとって、彼らの生産活動と神殿すなわち精神のよりどころの有形化というものが一致した行為だったからではないだろうか。つまり、彼らの暮らしの中で、農耕と神殿建立がつねに密接な関連をもち、どちらも欠くことのできない一体化した行為だったのではないだろうか。

アンデスはたいへん厳しい自然環境の中で人口の稠密化《ちゅうみつ》がもともと難しい地域であり、また農業収穫量にも限界があった。そうしたことが、ユーラシア大陸の古代文明とは様相を異にした文明展開をみせる要因になったと思われるが、注目すべきはアンデス文明に出現した神殿の規模や豪華さ、あるいは埋葬品の豊かさは、他の古代文明と比べてけっして遜色ないことである。

つまり宗教的モニュメントの豪華さは経済的豊かさに比例するとは限らないということだが、といって、神殿ばかりに目を奪われてはならない。アンデス文明において、神殿建立と表裏をなしていたはずの生産活動も包括的にとらえなければならない。そうした観点に立つならば、ユーラシア大陸のシュメール文明やエジプト文明、インダス文明、中国の先史文明などについても、人々の生産活動と精神的よりどころの有形化というものを、もう一度トータルに考え直す必要があろう。

文化人類学の貢献

われわれはこれまで単純な一本の筋道だけで文明を考察してきた反省があるが、アンデス文明を含むアメリカ大陸の文明研究では、新しい学問である文化人類学の貢献なしにその研究史を語ることはできない。無文字文明の解明に有効性を発揮してきた文化人類学にとって、アメリカの古代文明は格好の研究フィールドであった。

フィールド・サイエンスとしての文化人類学の研究方法には、レヴィ＝ストロースがおこなったような生態観察という社会学的方法と、発掘調査による考古学的方法とがある。さらに、この二つの方法のどちらかに軸足をおきながら、もう一方の方法によって他方の成果を検証するという、いわゆる「ピア・レヴュー（同じ専門による検証・評価）」を内的刷新の原動力とする方法がある。これは文化人類学が誕生してまだ一世紀にも満たない若い学問分野であるゆえに、既存の人文科学系学問と一線を画す戦略としての検証システムともいえる。

こうした文化人類学は新たな可能性をいくつも秘めているが、その一つがダーウィンの進化論にもとづく文化人類学における進化主義であろう。これは古典的進化主義とも古典的進化論とも呼ばれるが、地球上のさまざまな社会現象や文明の推移には共通の展開過程があるという見地から調査データを収集する方法である。これが根強い支持を得ているのは、おそらくダーウィンの進化論の影響をうけている現代人の知のありかたが、文明を考える際にも進化論的な説明に親しみをもちやすいためであろう。

しかし進化論は、統合主義あるいは全体主義として文明や文化を総体的にとらえられる反面、要素還元主義や個別主義のような分析の鋭さに欠けるのは否めない。そこで、進化主義の長所を保持しつつ、短所の補強を試みる方法論も浮上した。動物生態学の方法を用いて自然環境や技術の相違に注目し、文明や文化の多様な推移を明らかにしようという方法論、あるいは人間の行動の最小要素としてエネルギー消費量に注目して、より少ない消費量で多くの成果を得ようとする技術の進化過程を明らかにしようとする方法論もある。これらは、「新進化主義」と呼ばれるが、文明展開の重要な要素である宗教などの精神活動を浮き彫りにするには限界がある。

いずれにしても、アメリカ大陸の文明解明に用いられている文化人類学のアプローチと、ユーラシア大陸の文明解明でおこなわれてきた考古学者の既存アプローチでは、方法論としても、方法にたいする認識のありかたも大きく違っている。じつは、その違いが、アンデス文明とユーラシア大陸の古代文明のそれぞれの解明結果に大きな相違をもたらしているのかもしれない。

つまりアンデス文明の研究においては、適用される方法論が大きな比重を有しているが、ユーラシア大陸の古代文明では過去の豊富なデータ蓄積がそのような方法論の適用を妨げている。個々の文明のデータ蓄積の多寡が、文明像を形成する際の違いに反映しているのかもしれない。

今後、われわれはあらためて世界各国の古代文明を併置的にすえて比較検討する作業をおこなう必要がある。そして、これまでと違うアプローチを異なるタイプの文明に適用することで、どのような文明像が浮かび上がるか大いに期待されるところであり、筆者もこの課題に取り組んでいこうと考えている。おそらくそのような試行が古代文明を究明していくうえで重要であり、新たな実像を浮かび上がらせるかもしれない。

そうした新しい認識をもたらしたという意味でも、アンデス文明は、われわれ現代人に重要な契機を与えてくれているのである。

第五章　古代地中海文明

エーゲ海の都市文明

現代文明に至る伏流

古代地中海文明と呼ばれるギリシア・ローマ文明は、メソポタミアのシュメール文明やエジプト文明に比べるなら後発の古代文明であり、ギリシアの新石器時代の農耕文化は、西アジアの、とくにレヴァント地方からの移住者たちがもたらしたものと推定され、その後の文明の形成や展開にもアナトリア、エジプト、フェニキアからの影響を明確に読み取ることができる。しかし、紀元前七世紀頃からギリシア文明独自の特徴を示すようになり、やがて古代世界ではきわめてまれな民主主義を確立すると同時に、古典美術として現在でも美術の規範とされるような様式を確立する。そして、その後の地中海世界だけでなくインドに至るまでのきわめて広い範囲に影響をおよぼしたのである。

ギリシア文明の最良の弟子ともいわれるエトルリア文明がイタリア半島中部に開花するのは紀元前七世紀の頃からであり、その影響を受けながら独自の国家体制を構築するローマは、やがてギリシア文明を彼らの繁栄の証拠、贅沢の証拠として受容し、広範な地中海世界のスタンダードな文明にまで育んでいった。ギリシア文明ほどの創造力に恵まれていたわけではないが、誰もが参画できるそのわかりやすさと普遍性によってキリスト教文明が隆昌するまで、地中海世界を支配したのである。しかもローマ文明はただたんにキリスト教文明にとって代わられたのではなく、その中に浸透し、姿を変えて生きながらえ、中世からルネサンス時代にかけて伏流が噴出するかのようにその姿を現しながら現代にまで継承されてきたといえるのである。

古代文明の中でもっとも現代文明に近い古代地中海文明をたどることによって、古代文明の特質と、現代文明の特質を考えることにしよう。

初期農耕文化

古代のギリシア世界とは、バルカン半島の最南端部と、そこからさらに南へつき出たペロポネソス半島、それに約三〇〇〇もの島々からなるエーゲ海をさし、現在はギリシア共和国の一部となっているマケドニア地方（一九九一年に独立したマケドニア共和国とは別）は時代によってギリシアの一部とみなされたり、外されたりしてきた。

この地で新石器時代が始まるのは紀元前七千年紀からで、エンマーコムギやオオムギの栽培とヤギやヒツジの飼育がほぼ同時に始まる。ギリシアにおける初期農耕の開始に関しては、レヴァント地方から移住してきた人々が農耕文化をたずさえてきたとする伝播説と、ギリシアに住む先住民族が西からの影響で農耕文化を受容したとする説の二説がある。しかし、ペロポネソス半島東北部のアルゴリス地方にあるフランクティ遺跡では、栽培種のエンマーコムギとオオムギ、それにヒツジとヤギの飼育という組み合わせによる農耕が突如として始まる。この組み合わせはレヴァント地方において何千年という長い期間にわたる試行錯誤の結果出現するものであり、伝播説を補強しているとみることができる。栽培種の耕作と家畜の飼育という組み合わせは、アルゴリス地方だけでなくテッサリア地方やマケドニア地方においてもほぼ同じ時代に出現する。

初期農耕文化がいかに早くギリシアに定着したかは、テッサリア地方で発見されている四〇〇ヵ所以上の新石器時代の集落遺跡が雄弁に物語っている。なかでもパガシティコス湾に面したヴォロス近郊にあるディミニとセスクロの遺跡が重要である。

ヴォロスの西約七キロにあるディミニは、後期新石器時代の紀元前五千年紀前半に属する集落遺跡である。のちのギリシア文明でより顕著となる小高い丘を中心とした集落づくりはすでにこの遺跡でも見ることができる。五重の同心円状の壁が小高い丘を中心としてその周囲に巡らされている。防御のための壁であるが、厚みは六〇センチから一四〇センチほどしかなく、地元で採れる石と土で積み上げただけの簡素なものであり、はたしてどれほど防御壁として機能したかは不明である。この同心円状の壁と壁の間隔は五メートルほどしかなく、住居は壁と壁のあいだの狭い場所につくられている。のちのギリシア文明では神殿などが造られるアクロポリス（街の突端という意味）に相当する丘の頂には平面長方形の建物が造られている。左右の壁が突き出た袖壁のあいだに二本の柱があり、その奥に矩形《くけい》の二つの部屋が続く。ミケーネ時代にメガロンと呼ばれる宮殿タイプの建物のもっとも初期の例とみなすことができる。

テッサリア地方は、ペネイオス、エニペウスなどの河川や、ヘロドトスの記述にもあるとおり、かつては湖沼が点在していた肥沃な平野を有しており、農耕文化が定着する条件に恵まれていた。そのような農耕に適した土地を選んでレヴァント地方からの移住者は定着したであろう。テッサリア地方から出土する土偶や彩文土器がアナトリアのものとかなり類似していることも移住者定着説、つまり伝播説を補強している。

青銅器時代とキクラデス文化

ギリシア本土のアッティカ地方とペロポネソス半島、クレタ島、ロドス島、それに現在のトルコの西海岸域である小アジアに囲まれたエーゲ海南部のほぼ中央に点在する島々が、キクラデス諸島である。イオニア人にとってアポロン崇拝の聖地であるデロス島の周囲（キクロス）に点在することからキクラデス諸島と名づけられた約三〇の島々である。そのなかでもっとも大きな面積をもつのはナクソス島だが、四三〇平方キロにすぎず、いずれも小さな島でしかない。しかし、それぞれの島がさまざまな異なる天然資源を産出するので、相互の交流を必要とすると同時に、そのことによってより大きな可能性を発揮できる島々であった。

彫刻などの美術品に適した大理石を産出したのはパロス島やナクソス島である。また、大

ギリシア、エーゲ海関係地図

理石の研磨にとって欠かすことのできない金剛砂はナクソス島で採れた。このほか、シフノス島では銀や鉛、キスノス島では銅が採れた。この時代、刃物として青銅器以上に重要な役割をはたした黒曜石はミロス島の特産物で、ギリシア本土にも早い時代から輸出された。

エーゲ海の島々で展開する文化は、その全体を包括してエーゲ海文明と称され、一九世紀後半以降の発掘調査や研究によって精緻な時代区分と編年ができあがっている。とくに紀元前三千年紀初頭からはエジプトの初期王朝時代との比較によって年代を同定することができ、紀元前二〇〇〇年頃からはより詳細な編年が可能となっている。このためエーゲ海全体を視野に入れながらのちのギリシア文明の出現を考察するのがより科学的ではあるが、本論の主な目的はギリシア文明という都市文明がいかにして出現し、どのように展開したのかをたどるのが目的であるから、エーゲ海域における典型的な文化もしくは文明を選択的にとりあげることにする。最初にとりあげるのは初期キクラデス文化、ついでミノア文明、そしてミケーネ文明であり、それらがギリシア文明とどのような関係を有しているかを考えることにしよう。

初期キクラデス文化

オリーブとブドウを傾斜地や石灰岩の荒れ地で栽培し、狭隘《きょうあい》な土地で穀物を育てたキクラデス諸島は、海上交易によって発展するしかなかった。その交易品が大理石や金銀銅の鉱物資源だったのであり、交易の対象はアナトリアやギリシア本土だった。なかでもアナトリアは、新石器時代以降、肥沃な土地で農耕と牧畜を開始し、金石併用時代から初期青銅器時代に驚くべき金属器の製造を開始していた。その一方、西のギリシア本土では、やせた土地で独自の文化を徐々に形成していた。アナトリアとギリシアという二つの文化圏の橋渡しとしての役割を担うキクラデス諸島もやがて独自の文化を育むことになる。

青銅器時代に入り、にわかに需要の高まる鉱物資源のおかげで、キクラデス諸島は活発な海上交易をおこなうようになる。この初期キクラデス文化の段階においては、エーゲ海北部のレスボス島、レムノス島、キオス島などの島々の文化、つまりトロイの文化と大きく異なることはなかった。

紀元前三二〇〇年頃に始まり紀元前二〇〇〇年頃に終わる初期キクラデス文化は、ほぼ三期に分けることができる。第Ⅰ期（紀元前三二〇〇〜前二七〇〇年頃）は、ナクソス島のラックウゼス、ミロス島のペロス、パロス島のプラスティラスなどの墓域から特徴のある遺物が発見されていることからペロス＝ラックウゼス文化とも呼ばれる。この時代は海岸に面した要害の地に簡素な小屋がけ住居による集落を営んでおり、城壁などの防御施設を設けることはなかった。したがって海からの侵入に脅かされることのない比較的平穏な時代だったと考えられる。

ケロス＝シロス文化とも呼ばれる第Ⅱ期（紀元前二七〇〇〜前二三〇〇年頃）の集落は、丘や山の頂にあり、密集した住居が城壁で囲まれていた。第Ⅰ期よりも、防御施設を必要とする社会状況が到来していた。これに続く第Ⅲ期（紀元前二三〇〇〜前二〇〇〇年頃）はフィラコピ第一市文化とも呼ばれ、集落は比較的平坦な海岸近くに営まれ、城壁をめぐらすことはなかった。

このような時代区分の可能な初期キクラデス文化をもっとも顕著に特徴づけているのはパロス島やナクソス島から出土する大理石製の偶像である。質のよい大理石を用いて丁寧に仕上げられた、現代の目からも美術品として十分に鑑賞できるほどの洗練された形態をもっている。先史美術として卓越した完成度をもち、キクラデス文化を解明するうえで重要な鍵ともいえる大理石製の偶像であるが、いまなお謎の部分が多く残されている。

キクラデスの偶像が注目されるようになったのは、一八八四年にイギリス人のセオドア・ベントがキクラデス諸島の一つアンティパロス島でおこなった発掘がきっかけである。発掘した約四〇基の墓からは大理石製の副葬品が数多く出土し、その中に偶像が含まれていた。ベントの研究はドイツのハインリヒ・シュリーマンのミケーネ発掘に触発されたものであった。後期青銅器時代に属するミケーネ文化に先行する前期青銅器文化があるはずという確信から、ベントはエーゲ海域を調査したのである。エヴァンズによるクレタ島のミノア文化などに比べてかなり早い発見であったが、その後の研究の進捗はけっして順調ではなかった。一つには、大理石製偶像があまりに洗練された造形美を持っていることから美術市場でもてはやされ、盗掘が盛んにおこなわれたためである。それでもこの半世紀ほどでかなりの部分が解明されてきた。

大理石製の偶像はいくつかのタイプに分けることができる。新石器時代から初期キクラデス文化第I期にかけて多くつくられたヴァイオリン型は、薄い大理石板をヴァイオリン型に切りとっただけの単純な形をしており、細部表現のまったくない平滑なものから浮き彫りで乳房などを表したものまでさまざまなヴァリエーションがある。しかし、基本的にはアナトリアで出土するヴァイオリン型の偶像と大きな違いがないため、アナトリアから伝播したものと推定できる。

一方、初期キクラデス文化第I期に属するプラスティラス・タイプは人体の細部を豊かに表現しており、キクラデス諸島独自の造形上の特徴を示すようになる。胸の下に置かれた両手には一本一本の指まで表現されており、乳首の突起、ヘソと性器の窪みも見ることができる。長く伸びた頸《くび》が支える頭部には目、鼻、口があり、耳の突起を伴うこともある。このような細部表現と幾何学的な人体比例はキクラデスの偶像に固有の要素である。

初期キクラデス文化第I期から第II期にかけてつくられた奏楽者タイプは、椅子に腰掛けて竪琴のような楽器を奏でる姿が表されている。これまでの偶像が真正面から見られることを前提とする平面的なつくりであったのに対して、奏楽者タイプの偶像はきわめて三次元的で立体的なつくりとなっている。キクラデスの偶像全体からするときわめて例外的であり出土例も限られている奏楽者タイプがなぜ生まれてきたかについては大きな疑問が残されたままであるが、その幾何学的に構成された人体と楽器と椅子の組み合わせは、二〇〇〇年後に隆昌するギリシア美術の出現を予期させるほどの造形性をもっている。

このような優れた形態をもつキクラデスの偶像は、その後もさまざまなタイプを生んで、

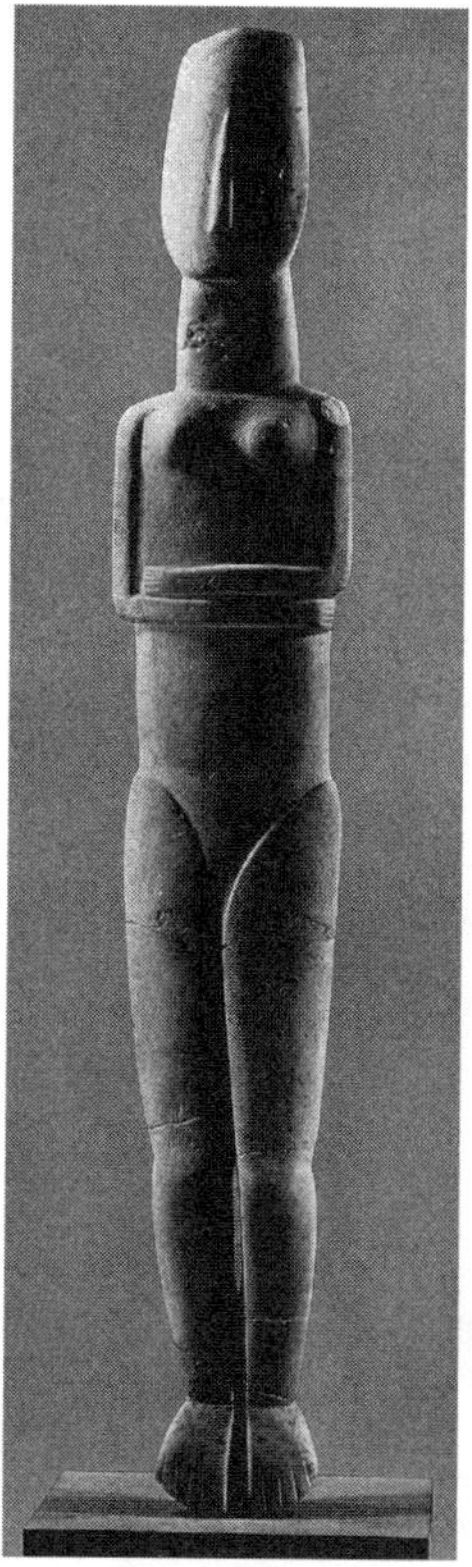

大理石製の偶像　初期キクラデス文化を特徴づける彫像で、高さ10㎝程度から1m以上のものまである。写真の偶像は約150㎝。紀元前2200～前2000年

大理石製の偶像　上は竪琴を奏でる像で、高さ21.5㎝。下は、細部の表現がないヴァイオリン型。高さ13㎝。いずれもキクラデス諸島出土

紀元前三千年紀の末に終焉をむかえる。その唐突ともいえる終焉がなぜ起こったのかについてはいまなお十分に解明されていないが、クレタ島を中心とするミノア文明の影響がキクラデスにも作用したことが主な原因と推定されている。

クレタ島のミノア文明

エーゲ海の南端をせき止めるかのように横たわるクレタ島は、東西に約二五〇キロもの長さをもつエーゲ海最大の島である。海抜二四五六メートルのイダ山をはじめとする山々が東西に走るが、その山がちな内陸部には肥沃な盆地が点在し、海岸沿いにもより広大な平野がつづく、エーゲ海の島としては農耕に適した土地をかなりの面積もっている。このクレタ島

では初期青銅器時代から独自の文化が展開するので、その一連の文化をクレタ文明ともミノア文明とも称するが、ここではより伝統的なミノア文明という名称を使うことにする。

初期青銅器時代のクレタ島ですでに独自の文化が展開していたことは、くちばし状の大きな注口部をもつ土器（ヴァシリキ様式のいわゆる「ティーポット」）がつくられたことや、紀元前二三〇〇年を過ぎた頃からギリシア本土ではそれまでの集落が消滅しキクラデス諸島で大理石の偶像を伴出する墓がなくなるといった文化の断絶が見られるのに対して、クレタ島ではそのような衰退はみられず、逆にそれまでの文化的蓄積をもとに、島の各地に宮殿のような大規模建築が出現するという繁栄期につながるのである。

ヴァシリキ様式の「ティーポット」
クレタ島出土。高さ18.3㎝。紀元前2500〜前2200年。大英博物館蔵

したがって、エーゲ海の文化を語るとき、全体としては前期、中期、後期という三区分法を用いるが、ミノア文明に関してはやはり伝統的な時代区分である前宮殿時代（紀元前四千年紀後半〜前一九〇〇年頃）、古宮殿時代（紀元前一九〇〇年頃〜前一七〇〇年頃）、新宮殿時代（紀元前一七〇〇年頃〜前一四二五年頃）、最終宮殿時代（紀元前一四二五年頃〜前一一七〇年頃。もしくはミケーネ時代）を用いることにする。

右に記したような時代区分があるものの、ミノア文明が栄えたのはほぼ紀元前二七〇〇年頃から紀元前一四五〇年頃までの約一三〇〇年間であり、その後はギリシア本土に誕生するミケーネ文明に吸収されていった。長期にわたるミノア文明の繁栄は、クレタ島がコムギや果樹の栽培に適していたことと、海上貿易に有利な地理的位置にあったからである。すでに前宮殿時代、島の東部にはいくつかの港町が出現し、キプロス、エジプト、シリア、アナトリアとの交易がおこなわれ、クレタ島でつくられた土器や工芸品が東はメソポタミア、西はイベリア半島から出土している。前宮殿時代の終わり頃から島はいくつかの地域に分割され、それぞれの地域が政治的に自立していたと推定され、その政治的支配の中心に宮殿が建設されるようになる。島の北部を支配したのはクノッソスであり、南部はファイストス、東端部はザクロスによってである。政治的なまとまりのある地域がいくつであったかはわからないが、より規模の小さな宮殿も発見されているので、かなりの数に上った可能性がある。

それらの宮殿の中で大宮殿が造られるようになるのはクノッソス、ファイストス、マリアなどである。盆地や平野を利用した農業生産がしだいに軌道に乗ると同時に林業による木材の輸出も盛んとなり、繁栄の基盤が確立されていった。また、先進地域である西アジアやエジプトとの交易もより活発となり、代表的な宮殿は紀元前二〇〇〇年を過ぎた頃からより本格的な整備がはかられていった。経済活動の活発化によって中心的な宮殿が豪華な装いを有するようになったことは、小さく分割されていた地域がより大きな政治単位として統合されていったことを物語っている。しかし、その繁栄のさなかの紀元前一七〇〇年頃、クレタ島は大きな災害に見舞われる。おそらく大規模な地震と推定されているその自然災害によって

クノッソス宮殿遺跡　上は南側入り口。写真の右に見えるのは、往時の宮殿を飾った聖牛角を復元したもの。右の写真は宮殿の北側入り口

大宮殿は甚大な被害をこうむる。

クレタ島の支配者

自然災害によって崩壊した宮殿はより豪華な建物として再建される。この再建された新宮殿の時代を新宮殿時代と称する。クレタ島のミノア文明とその勢力が最高潮に達する時代である。三つの宮殿はクレタ島の代表であることに変わりはなかったが、クノッソス宮殿が他を圧するようになり、おそらく島の大部分を支配するようになったと推定される。では宮殿の支配者、そしてクレタ島の支配者とはどのような権力を持っていたのであろうか。

宮殿の支配者がいたと思われる「玉座の間」は中央中庭の西側にあり、玉座は北側の壁に接しておかれている。また、従者たちが座るベンチはこの玉座を取り囲むように配されており、背後の壁や左右の側壁にはグリュプス（ワシの頭部と翼を持ち、ライオンの胴部を持つ怪獣）が描かれている。この怪獣を従える神は

多くの場合女性神であることから、この部屋に鎮座した支配者も女性の権力者もしくは女性の神官である可能性があるという。

事実、ミノア文明の宗教は基本的に植物神である女性の神が主神であり、男性の神々は従属的な地位にあったため、最高位の神官が女性だったことは十分考えられるのである。

宗教的な至聖所であり集会所の機能を兼ね備えていた宮殿は新宮殿時代から壁画で装飾されるようになる。主要な部屋だけでなく廊下や玄関部分に至るまで壁画で装飾された。このような装飾法はエジプトから伝播したが、その技法と表現はミノア文明独自の特徴をもっている。主題は祭祀や行進などに関する宮殿内の情景だけでなく、ユリ、バラ、アネモネ、サフランなどが咲き乱れ、小鳥や小さな動物たちの生命力に満ちた情景、あるいは海に囲まれた島にふさわしい魚など海の生物を描出している。人間だけでなく植物や動物の表現は写実的で活気に満ちており、軽快なリズム感を晴朗な色彩で表現している。これらの主題やモチーフには自然崇拝にもとづく自然主義が画面全体を支配していた。

クノッソス宮殿の玉座の間　壁面には２頭のグリュプス（グリフィン）が描かれている

都市域の発展

ミノア文明では古宮殿時代に絵文字を使用していたが、新宮殿時代に線文字Aを用いるようになり、その後の最終宮殿時代は線文字Bが使われた。これらの文字は行政上の記録を記すため書記のような専門職の者だけが用いたようで、したがって宮殿が破壊されるとその書き手である書記による記録もおこなわれなくなり、文字自体が消滅していった。

ミノア文明の最大の特徴は都市文明にあるといえよう。宮殿を中心としてその周囲に都市域が展開する場合と、宮殿とは無関係な場所に都市域が展開する場合とがある。宮殿を中心とする都市としてはマリアやザクロスなどがある。マリアは宮殿部分がすでに発掘を終えているが、都市域はいまだに調査中である。これに対して島の東海岸に位置するザクロスは港を統治する宮殿と都市域が判明しているだけでなく、二つの軸線が別々なことから、港町と

クレタ島に残された文字　上は線文字A。アギア・トリアダ出土。下はクノッソス出土の線文字B

しての都市域がまず発展し、その後に宮殿が造られたと考えられている。おそらく港を中心に自然発生的に拡大していった町が都市的規模に発達したときからその商業的重要性のゆえに行政府としての宮殿が建設されたのであろう。そのことは宮殿をともなわない第二タイプの都市を見るとより明らかである。

島の東部にあって港町として繁栄したパレカストロは東西南北に走る街路によっていくつかの街区に区分され、それぞれの街区内に数室からなる住居が一〇～二〇戸ほど密集しており、都市的空間を形成していた。これらの都市の飲料水や下水に関する社会基盤がどうなっていたのかは十分解明されていないが、かなりの稠密《ちゅうみつ》度をもつことから一定の社会基盤が構築されていたものと推測することができる。

都市文明の初期段階ともいえる状況をミノア文明の古宮殿時代という早い時代に見ることができるのはどのような条件もしくは理由があったからであろう。集住することによる長所には、生活手段を共有することによる利便性やスケールメリットの獲得、都市内住民による相互補完、外敵からの効果的な防御、繁栄の誇示などを指摘できる。しかしその一方で、集住を可能とするためにハードとしては社会基盤を整備するための初期投資が必要であり、ソフトとしては都市内の生活ルールを定めなければならなかった。そのようなハードルがあるにもかかわらずなお都市が誕生したのは、地中海式気候と海岸への緩やかな傾斜地という自然条件が作用したものと思われる。湿潤な夏であれば風通しが重要な条件であるが、地中海における乾燥した夏の場合、強い日差しを避ける日陰こそが風通しよりも大切だった。つまり密集した住宅での生活が可能だったのである。

しかし、以上のような特徴だけで都市といえるのだろうか。大規模な集落もしくは村と都市とのあいだにはどのような相違があるのだろうか。都市文明を考えるのであるからそのことをある程度明らかにしておく必要があろう。

ある一定の集住がおこなわれている場所を、集落ではなく都市とみなすには、それなりの広さを備えている必要がある。ただしこの広がりが二〇ヘクタール以上とか、あるいは三〇ヘクタール以上といった具体的な面積で示されるわけではない。周囲に展開する耕作地などの広さとの関係から生まれる相対的な広さである。また、都市とみなしうる場所、つまり都市域は建物によって埋め尽くされた市街地がかなりの部分を占めるだけでなく、都市域の中での耕作地の割合は市街地に比べて圧倒的に小さいはずである。ただし、ギリシア・ローマ時代になって散見されるように、将来の発展を見込んで城壁で囲い込んだ都市域がかなりの面積ではあっても、都市を建設した当初は市街地よりも耕作地のほうが広いこともある。

都市の周辺には耕作地が広がり、耕作地の結節点に集落が点在する。この集落は農耕牧畜という生産活動の核であると同時に、都市に依存する経済単位である。通常、都市内に農民が居住することは少ないが、都市に住居を構える農民がいる場合もないわけではない。

市街地の建物の多くは住居が占めるが、住民が共有する穀物倉庫や武器庫、神殿のような宗教建築や行政用の建物など、住居以外の用途を明らかにした建物があることも都市の特徴の一つである。また、地中海域の都市にはのちのアゴラやフォルムのような広場がかなり早い段階から設置されるようになり、広場を核として四方にのびる街路は街区と街区をつなぐネットワークの役割も担っていた。

都市をこのように考えるなら、都市空間の充実の一方で、田園にはヴィラと称されるいわば一戸建ての住居が出現するようになるクレタ島の場合、都市が存在していたことを補強しているとも考えられるのである。ヴィラは、オリーブ、ブドウ、コムギなどの栽培と農産品の加工を目的とする住居兼農作業所としての施設である。ローマ時代に地中海域全域に普及する別荘文化の先駆けともいえる都市と田園の対比が明確になるにつれ、ミノア文明はその文化としての充実をはかるのである。

しかし、新宮殿時代の末期（紀元前一四八〇～前一四二五年頃）にミノア文明は崩壊していく。おそらくギリシア本土から進出してきたミケーネ人がクレタ島を占領し、クノッソス宮殿を除くその他の宮殿を徹底的に破壊し、エーゲ海はミケーネ人によるギリシア化を始めるのである。文明の崩壊の理由として、以前はサントリーニ島の噴火が指摘された。たしかに、噴火でえぐられて馬蹄《ばてい》形の島になったサントリーニ島の現状を見れば災害の大きさが想像できる。しかし、この噴火は崩壊が始まる末期よりも以前の紀元前一六〇〇～前一四八〇年に起こっているので、文明崩壊の直接の原因ではないことが現在では判明している。

ギリシア本土の古典文明

シュリーマンとミケーネ文明

ミノア文明がクレタ島で栄えていた頃、ギリシア本土ではミノア文明とは異なる文明が興りつつあった。それがミケーネ文明である。この文明の名称はギリシアのペロポネソス半島北東部を占めるアルゴリス地方で発見されたミケーネという遺跡に由来している。

一八七三年、トロイで「プリアモスの財宝」を発見したハインリヒ・シュリーマンは、一八七四年にミケーネのアクロポリスで試掘をおこない、一八七六年から本格的な発掘を開始した。発掘地点は、城壁で囲まれ城塞となっているアクロポリスへの入り口「獅子門」を入ってすぐ右側にある円形墓域Aで、五基の竪穴墓《たてあな》から黄金の仮面をはじめとする大量の黄金製品や青銅製の武器類などの副葬品を発見した（「アガメムノンの仮面」に関しては贋物とする説もある。ただし、ミケーネで死者の顔を黄金の仮面で覆う習慣はあった）。同じ墓域で翌年、ギリシア人考古学者スタマタキスがもう一基の竪穴墓を出土させているので、合計六基の墓が見つかり、「黄金の豊かなミケーネ」と謳いあげたホメロスの言葉を証明することになった。

ミケーネが考古学上その価値を真に評価されるのは王宮やアクロポリスの下に点在する墳墓の科学的発掘をおこない『ミケーネとミケーネ文明』を刊行したギリシア人考古学者ツンダスによってである。しかし、円形墳墓Aから数多くの副葬品を発掘したシュリーマンの活躍は、さまざまな疑問点がふくまれているとはいえ、それらをすぐに公開することによって世界の注目を集め、多くの人々にミケーネ文明の存在を知らせたという功績はきわめて大きかった。シュリーマン以前、ミケーネはたんに都城のある地名に過ぎなかったが、彼の発掘によってミケーネ文明の存在が明らかにされたのである。

ミケーネ文明を担ったのは誰か

紀元前一六〇〇年頃からギリシア本土ではミノア文明に影響されながら、それとは異なる要素をもつ文明が台頭し始める。この文明を担ったのは紀元前二千年紀初頭、ギリシア本土に移住してきたインド・ヨーロッパ語族の一派であると考えられてきた。事実、ミニュアス土器という灰色土器が紀元前一九〇〇年頃からギリシア本土の中期青銅器文化の地層から発見されており、この地層のすぐ上の層位がミケーネ文明であることから、ミニュアス土器をともなう「ギリシア人」こそ、ミケーネ文化の基礎を構築した人々とみなされてきたのである。しかし、ミニュアス土器に先行する原ミニュアス土器がギリシア本土やエーゲ海の島からも発見されており、東方からのインド・ヨーロッパ語族の移住という単純な伝播説とは異なる考古学上の資料もあり、ギリシア人の到来問題はいまだに解決を見ていないのが現状である。したがって、ミケーネ文明を担ったのが「到来したギリシア人」か否かも十分解明されているわけではない。

ミケーネ文明の特徴の一つにトゥムルス墓と呼ばれる円墳がある。最近の調査研究ではミケーネの有名な円形墓域Aと同Bとも規模の大きなトゥムルス墓としてつくられ、ミケーネ時代の後期になって現在見るような円形墓域に変えられたことが判明している。

この円形墓域がトゥムルス墓だったとき、そこには断面四角形の井戸状の深い竪穴が掘り込まれた。竪穴の底の面に墓主と副葬品を安置し、その上のレベルで太い材木を水平に渡して墓室の天井をつくり、土砂で竪穴の残りの部分を埋め、その上に浮き彫りを施した墓碑や石碑を立てたのである。円形墓域にはこのような竪穴墓が六基あり、円形墓域Bには二六基の竪穴墓が掘り込まれている。

注目すべきは、トゥムルス墓のなかに竪穴墓がつくられた、ミケーネ時代としては初期の段階で、その副葬品がなぜにあれほど豪華だったかということである。シュリーマンが発見

ミケーネ文明の発見
商人から考古学者に転身したドイツ人のシュリーマン（下）は、ミケーネのアクロポリスの円形墓域A（中）で、黄金や青銅の副葬品を大量に発見した。上はシュリーマンが発見した黄金の仮面

した黄金製品だけでもギリシア本土のそれまでの副葬品や出土品と比較するなら圧倒的な物量と豪華さである。しかも黄金製以外の工芸品や装身具、それにアフリカからもたらされたダチョウの卵の加工品、バルト海からの琥珀《こはく》など広範な交易圏を物語る副葬品が出土している。ギリシア本土の初期青銅器時代以来の推移では突出した豊かさといわざるをえない。

この豊かさの理由として、クレタ島に栄えたミノア文明の中心地を攻略し、その蓄積された財宝を手に入れることができたからであるとか、エジプトに移住して勢力を拡大していたアジア系のヒュクソス人を撃退するため、ファラオの要請に応じて派遣したミケーネの傭兵がエジプトからもたらした財宝であるとする説などが唱えられている。たしかに、ミノア文明の栄えたクレタ島から一定の略奪品がもたらされた可能性はあるとしても、トゥムルス墓が造られる前段階のミニュアス土器包含層から、徐々に豊かになったミケーネ文明それ自体の充実の結果とみなすべきであろう。紀元前二千年紀中頃という時代においても、文明圏内部での生産活動の充実、周辺地域への進出、交易圏の拡大と交易そのものの充実などが重なる場合、驚異的な富が短期間に集積される例はしばしば知見されるのである。

このことを、ミケーネ人、つまりギリシア人の活動範囲から見るなら、その富の蓄積はむしろ当然な結果といえよう。たとえば、エジプトのファラオたちは歴代、ギリシアとの交易をおこなった。また、現在のトルコに強力な帝国を築いたヒッタイト人の文書にもギリシア人の国についての記述があり、彼らを対等の交易相手とみなしている。ミケーネ人ともギリシア人とも、あるいはアカイア人とも称することのできる人々は、先にも述べたように海外進出をまずギリシア本土周辺のエーゲ海から始め、最初の対象となったのがミノア文明のエーゲ海だったのである。紀元前一五世紀にクレタ島を征服することによってミケーネ人の勢いは拡大し、エーゲ海のさらに東に位置する小アジアにも触手を伸ばした。ミレトスやコロフォンを征服し、現在のシリア、レバノン、イスラエルの海岸域に定住地を建設した。

ミケーネ人はのちのフェニキア人と同じように東地中海域だけでなく、北アフリカ、シチリア、イタリア半島にも進出し、サルデニア島やイタリア半島の土踏まずに位置するターラント湾岸にも、交易のための拠点を築いた。また、青銅器をつくる原料である銅と錫《すず》のうち、錫はギリシア本土やエーゲ海では産出されなかったので、遠くグレートブリテン島にまで求めたようである。氷河によって覆われることのなかった同島南部のコーンウォール地方では地表や浅い掘削で錫鉱石を採取することが可能であった。

グレートブリテン島で採取された鉱石は、インゴットにして大陸へ運ばれ、陸路でブレンネル峠を越えてイタリア半島を南下するか、アドリア海までいくつかの中継地を経由して運ばれた。イタリア半島を南下するルートでは現在のフィレンツェ、ナポリを通過し、シチリアの北に浮かぶエオリア諸島のリパリにもたらされたようである。というのもフィレンツェ、リパリ、シチリアなどではミケーネ時代にギリシアでつくられた陶器が数多く出土しているからであり、とくにリパリにはミケーネ人の拠点があったからである。

ミケーネ人の交易活動は、クレタ島を中心とするミノア文明の人々が開拓した東地中海域のネットワークを継承すると同時に、イタリア半島、シチリア、北アフリカにもその範囲を拡大していった。同時に黒海の南岸や西岸とも接触していたことが、これらの地域から出土するミケーネ土器や装身具によって証明されている。

ミケーネ土器

ミケーネ人の活動やミケーネ文明をたどるとき、ミケーネ土器はきわめて重要な役割を果たしている。というのも土器を装飾する文様と器形によってその製作年代をかなり詳細に同定することができるからである。ミケーネ土器の様式による編年研究が確立したのは第一次世界大戦中のことであり、その後も多くの考古学者の努力によってさらに詳細な編年が利用可能となった。それがギリシア青銅器時代の編年で、ヘラディック文化編年と称されるものである。ヘラディック文化は前期、中期、後期の三分法に則っており、後期ヘラディックI期（紀元前一五五〇～前一五〇〇年頃）のミケーネ土器はクレタ島の後期初めの土器の影響を濃厚に受けている。同じく後期ヘラディックⅡA期（紀元前一五〇〇～前一四五〇年頃）のミケーネ土器もクレタ島と密接な関係を有しており、特にこの時期のミノア土器はミノア文明最盛期の豪華絢爛たる装飾を持つと同時に、金属器のようなシャープな器形を特徴とし、その影響をミケーネ土器にも見ることができる。

次の後期ヘラディックⅡB期（紀元前一四五〇～前一四〇〇年頃）はクレタ島では新宮殿が崩壊する時期で、ミケーネ土器もミノア土器の衰退とともにそれまでのような活力をなくし、変化に乏しい装飾となる。以上のような変化は、ミケーネ土器がいかにミノア土器に影響を受けていたかを物語り、エジプト文明とならんでミノア文明がミケーネ文明のさまざまな分野においての影響源であったことを証明している。

クレタ島における新宮殿の崩壊は、一方でミケーネ土器が独自の様式を確立することにもつながる。事実、次の後期ヘラディックⅢA1期（紀元前一四〇〇～前一三五〇年頃）になると、注口につながる頸部がやや傾斜し、その反対側に把手《とって》がついた水差し土器や、高坏《たかつき》のような脚部をもつキュリックス型坏などミケーネ土器独自の器形も登場するようになる。この時期の墓には青銅製の甲冑《かっちゅう》や武器の副葬品が埋葬される場合が多くなり、東地中海世界が徐々にきびしい時代に向かいつつあることを示している。

後期ヘラディックⅢA2期（紀元前一三五〇～前一三〇〇年頃）になるとギリシア本土か

ヘラディック期の土器　上は海棲動物文三耳壺。後期ヘラディックII期。高さ78.0㎝。アテネ国立博物館蔵。下は巻貝文脚付坏。後期ヘラディックIII期。高さ15.7㎝。大英博物館蔵

らエーゲ海の全域に等質な文化が普及し、ミケーネ文明がもっとも充実した時期をむかえる。これまでになかった器形が登場し、文様は標準化と簡素化の傾向を示す。後期ヘラディックⅢ期のミケーネ土器はエジプト第一八王朝のアマルナから出土している。ⅢA1期の土器はアメンヘテプ三世の在位期（紀元前一三八六〜前一三四九年、あるいは紀元前一三八八〜前一三五一年）の地層から出土し、ⅢA2期はその子イクナートンの在位期（紀元前一三五三年頃〜前一三三六年頃）の地層から出土する。このように絶対年代によって在位期がかなり判明しているエジプトのファラオとミケーネ土器を関係づけることが可能なため、ヘラディック文化の編年に絶対年代を加えることができるのである。そのことはまた、紀元前二千年紀後半の東地中海域がエジプト、シリア、小アジアなどと密接に関連しており、国際関係ともいうべきネットワークで結ばれていたためである。

しかし、ⅢA2期になるとミケーネ社会は戦争や侵略が繰り返されるようになり、宮殿の多くはより堅牢な城壁を巡らすようになる。ミケーネ、アルゴス平野のティリンスやアルゴス、フォキス地方のクリサ、アテネのアクロポリス、ボイオティア地方のグラなどはいずれも巨石を積み上げて城壁を築き、グラのようにその延長が三キロにもなる例も出現した。しかもグラは、ミケーネやティリンスのように王国の宮殿ではなく、交易のための港をまもる要塞だったと推定され、いかに激しい攻防があったかを物語っている。

したがって、ミケーネ、ティリンス、ピュロスなどの城壁に囲まれた宮殿が機能していたのはこの時期までで、その後、もしくは後期ヘラディックⅢC期（紀元前一一九〇〜前一〇六〇年）に入ると主な宮殿は大火災によって壊滅的な状況となったことが、炭化層によって確認できる。この時期はエジプト第一九王朝最後のタウスレト女王（在位紀元前一一八八〜前一一八六年）の時期に相当し、エジプトを含む東地中海世界が大混乱に陥ったときである。そして大火災の炭化層の中から当時の貴重な記録である線文字Bによる粘土板などの文書が多数出土した。多くは物資に関する記録であるが、神々の名前など精神世界を示唆する記録も残されている。

線文字Bが伝えるミケーネ社会

ミケーネ社会の構造的側面を知るための、ほとんど唯一の手がかりが線文字Bで記された粘土板である。ほとんどは戸口調査、財産目録、商品や物資の帳簿のようなものばかりである。したがって、メソポタミアの『ギルガメシュ叙事詩』のように精神世界そのものを見ることはできないが、それらを集めて一定の分析を加えることによって当時の社会の構造をある程度把握することは可能となった。線文字Bが解読される以前と以降で、われわれのミケーネ社会に関する知識は格段に違ってきたのである。

その一例がメッセニア地方のピュロスで発見された「ピュロス文書」にある統治体制に関する情報である。王国の頂点に位する支配者はウァナクスと呼ばれる王である。ウァナクスという言葉はギリシア語起源ではなく、したがってインド・ヨーロッパ語起源でもない。このウァナクスと称する王は、専制的な君主であると同時に神であり、しかも経済活動も統括するといういわば絶対的な存在だった。ウァナクスを補佐するのがラーウァーゲタス（民衆の指導者）で、大臣としての、また総司令官としての役職を兼ねていた。さらにヘクェタースと呼ばれる従者たちがおり、官僚のような役割を担っていたと推定される。また、ピュロスの王領は一六の区に分割されており、それぞれの区にコレテールという首長がいた。

ピュロス出土の粘土板には、のちに王を意味することになるバシレウスの古い形であるクァシレウスという言葉も現れる。後代の意味から推測するなら、クァシレウスは古代社会において重要な役割を担う農作物などの再分配の調整者としての首長的存在とみなしうるが、そうであるならウァナクスと役割が重複する部分がでてくる。このため、クァシレウスによって統治されていた首長的な社会が、ウァナクスという専制的支配者によって統治されるような社会に移行したとも考えられるのである。

粘土板に記された線文字Bは農地の分配に関しての情報も伝えている。王やラーウァーゲタスたちはみずからの農地（テメノス）をもち、聖域にも儀式をおこなったり祭司たちを養うための農地が割り当てられていた。また、テレスタースと称する大土地所有者もいたが、大部分は公有地で、役人が民衆に農地を割り当て、その割り当てに応じた徴税をおこなっていた。

このような統治システムにとって文字による記録は必要不可欠なものであり、また有力な武器でもあった。したがって書記のような官僚の役割はミケーネ社会において非常に重要だったのである。ただし、これらの粘土板に記された情報はミケーネ社会が混乱に陥り、宮殿が火災にあったその最末期の時点のものであることを忘れてはならない。

ミケーネをはじめとする城壁で囲まれた宮殿は、東地中海の広い範囲と西地中海の一部に影響力をおよぼす強力な勢力の象徴であった。しかも、ミノア文明の洗練された美術をはじめとする文化を継承し、文化的後進地域だったギリシア本土を短期間に東地中海域の標準的文化レベルにまでもちあげたのである。

強固な城壁によって防御された宮殿の建設や、副葬品に多く見られる武具や戦車などはミケーネ文明の軍事主義的傾向を示唆しているが、広大な交易圏の構築や、周辺国との友好的な交易活動は、軍事主義的傾向以上に、海を舞台に活躍する経済活動重視を証明している。しかし、紀元前一二〇〇年を過ぎたときから、宮殿は突然のように崩壊していくのである。「クレタ島のミノア文明」とのちに開花する「ポリスのギリシア文明」との中継の役割を果たしたミケーネ文明は、輝かしいエーゲ海文明のなかにギリシア本土を参画させるという大事業を終えて、東地中海世界から退場したのである。

文明崩壊と暗黒時代

ミケーネ文明が紀元前一二〇〇年頃に崩壊してから、アテネやスパルタなどのポリスが台頭し始めるまでの約四世紀は、「暗黒時代」と呼ばれている。この間の社会については、文字による史料もほとんど残されていない。

ギリシア本土における小王国分立の社会とミケーネ文明を崩壊にみちびき、ヒッタイト帝国やエジプトの新王国を滅ぼした紀元前一二〇〇年頃の激震とはいったい何だったのだろう。この激震がもっとも顕著に現れているのがミケーネ社会の宮殿や城塞が崩壊し、焼失したことであるから、その原因はミケーネ社会のなかに求めるべきなのであろう。

その一例として周藤芳幸氏はティリンスの発掘調査結果を指摘している。ドイツ隊が一九七〇年代後半からおこなった発掘によれば、ティリンスの宮殿は後期ヘラディックⅢB2期に崩壊する。この崩壊にともなって、住民はペロポネソス半島北部やエーゲ海島嶼《とうしょ》部などに流出したと従来は考えられていた。ところが城壁の外の集落は崩壊後の後期ヘラディックⅢC期にむしろ面積を増しているという。この調査結果に基づきドイツ隊のキリアンは宮殿の崩壊が大規模な地震によってひきおこされたという仮説を提起している。もちろん地震によってミケーネ文明自体が根底から崩されたというのではなく、地震を契機として一つの文明が消滅したと考える。

地震が契機となるような状況とはどのようなものだったのであろう。周藤氏は、そのヒントが、ティリンスの北東にある渓谷につくられたと推定される「ティリンスのダム」にあるという。ミケーネ時代後期にたびかさなった洪水をふせぐための施設であり、多大な労働力を必要とする大規模施設を生み出させるほどにこの時代の気候変動が激しかったと推定する。たしかに紀元前一二〇〇年頃に気候変動があった可能性は高いが、ミケーネ文明の組織力や統治体制からすればある程度の対応はできたはずである。にもかかわらず文明が崩壊し、集落面積が増加したとはいえ、その社会が低迷していった背景には、地震と気候変動以外の原因があったはずである。

地震に関してはかなり激しい地震であっても、文明自体が地震によって滅びるという例を筆者は知らない。周藤氏もそのことは十分理解しており、そのうえでより大きな要因への契機として作用した程度であることを明記している。ただし気候変動に関しては人為的とするか自然によるとするかは別として、大きく作用した可能性を認めている。

しかし、第二章ですでに述べたように、地球規模の寒冷化や温暖化は徐々に進むのではなく、むしろ急激な変動がたびたび訪れたことがわかっているが、紀元前一二〇〇年頃の気候変動は右に記したような大きな変動ではなく、また、洪水を防ぐためのダムの存在も、どれだけ洪水防止に機能したかというよりも、当時、洪水を起こすほど降水量が増えたことが問題なのである。そのように考えるなら、ミケーネ文明を滅ぼした紀元前一二〇〇年頃の激震は、地震や気候変動以外の要因も探す必要がある。

そのことに関して、周藤氏はドーリア人の侵入という古典学説を退け、ミケーネ文明崩壊以降、二つの文化系統が認められるとする。一つはミケーネ文明の系統であり、もう一つはギリシアの北方もしくは北部にあったヘラディック的系譜であるという。古典的学説がもっぱらだったときも、ミケーネ文明の要素はアテネなどに残っていることが指摘されており、べつに新しいことではない。一方、ヘラディック的要素は、今後の詳細な調査研究にまつしかないが、重要な要素であることは確かである。

このように見るなら、現時点でも暗黒時代の情報資料は増加しているものの、激震の原因は十分に解明されているわけではなく、それゆえにドーリア人の民族移動という古典学説も完全に否定されたわけではないと筆者は考える。小アジア、エーゲ海域、ギリシア本土という広範な地域でドーリア人の移動の痕跡が認められると同時に、アテネのあるアッティカ地方ではミケーネの文化伝統が継承されるからである。

ドーリア人の移動という古典学説

現在かつてほど積極的に支持されているわけではないが、ミケーネ文明の崩壊の理由として考古資料や言語学的な研究となお一定の整合性を有している古典学説としてのドーリア人の民族移動を簡単に記しておこう。

ミケーネ人をはじめとするギリシア人はもともとインド・ヨーロッパ語族の一員であり、中央アジアから南ロシアにかけての一帯を祖地としていたが、インド・ヨーロッパ語族の多くが西に移動を開始したとき、その一派がバルカン半島を南下し、紀元前二千年紀初頭、ギリシア本土に定住するようになった。このときの民族移動をギリシア人の第一次民族移動といい、ギリシア本土に定住した人々をアカイア人と呼ぶ。ギリシア本土に定住した最初のギリシア人ということができる。アカイア人はやがて方言の違いによってイオニア人とアイオリス人に区別されるようになる。

クレタ島でミノア文明が栄えていた紀元前一五世紀、クレタ島に侵入してミノア文明を滅ぼしたのはアカイア人の一部であるミケーネ人であり、ミノア文明の影響を受けながらミケーネ文明を確立する。しかし、紀元前一二〇〇年頃、二回目の民族移動がはじまる。ドーリア人がギリシア本土を南下し、ペロポネソス半島のアルゴリス地方、ラコニア地方、メッセニア地方、それにクレタ島やロドス島、小アジアの一部に定着した。ドーリア人は南下の際、アジアのミタンニ人やヒッタイト人が使用を開始した鉄器をたずさえていたので、かれらの定着によってギリシアも青銅器時代から鉄器時代に移行するのである。

このドーリア人の南下の際、アテネを中心とするアッティカ地方にはドーリア人が定住することはなく、以前からの文化伝統が継続されたのである。

アッティカの幾何学様式時代

ミケーネ文明が崩壊したあとのギリシア本土で、ほかの地方とは異なる文化推移を見せるのが、のちにギリシアの中核となるアッティカ地方である。この地方では後期ヘラディックⅢC期の後期、ほぼ紀元前一一〇〇年頃から前一〇五〇年頃にかけて亜ミケーネ様式と称される陶器（正確には土器というべきであるが、美術史の慣例にしたがう）が製作されていた。この様式の陶器はミケーネ時代の器形を踏襲していたが、文様はより規則的で器形の頸部、肩部、腹部といった部位を意識した構築的な装飾構成となり、ミケーネ時代のフリーハンドによる曲線は徐々に少なくなっていた。そして亜ミケーネ様式の最末期になると、コンパスや定規を用いた幾何学的な文様がアンフォラ（把手を左右にもつ壺）のような陶器のもっともふくらみのある腹部に装飾されるようになり、この様式を原幾何学様式と呼ぶ。

原幾何学様式の壺には手描きでウマがしばしば表された。戦士たちにとって欠かすことのできないウマを描いた壺は、戦士の遺骨を納める骨壺だったのである。骨壺の使用からわかるように、このころから土葬にかわって火葬の習慣が定着するようになる。火葬による墓が集まっていたのはアテネの場合、ケラメイコスという共同墓地であった。ここは亜ミケーネ様式の時代から紀元前六世紀まで墓地として使用されていたので、陶器の様式がどのように変化していったのかをくわしくたどることができ、それゆえに亜ミケーネ様式や原幾何学様式の推移を明らかにすることができたのである。

しかも、このころから骨壺に使用されるアンフォラが男性用と女性用に区別されるようになる。男性用のアンフォラは頸部に垂直方向の把手がつくタイプであり、女性用は腹部に水平方向の把手がつくタイプである。このような区別が識別されたのは、アンフォラとともに出土する副葬品が、男性の場合は剣や剃刀であり、女性の場合は糸を紡ぐための道具などだからである。アンフォラのタイプが男女によって異なるのは、男性用のタイプはブドウ酒を入れる容器として日常使用されており、女性用タイプは水瓶として使用されていたからである。このような男女間でアンフォラ・タイプが異なるようになるのは、アッティカの社会が性差をとり込んだ社会構造となっていたことを示唆している。と同時に、性差を社会内部にもうけるだけの社会全体としての枠組みが、構成員によって明確に認識されていたことも示唆しているのである。

原幾何学様式の陶器に見られたコンパス、定規などによる装飾モチーフの使用、器形のへこんだ部分やふくらんだ部分などの特徴に対応した構築的な装飾構成は、紀元前九二五年頃からより厳密かつ整然としたものになり、このときから東方化様式時代がはじまる紀元前七二五年頃までを幾何学様式の時代という。

幾何学様式の陶器を代表するのは紀元前八世紀前半のディピュロン式陶器である。ディピュロンとはアテネの城門のひとつで、門を出たすぐのところに墓地があり、そこから出土した陶器であることからこの名前がつけられた。その特徴は、メアンダー文（ギリシア雷文）、ジグザグ文、鋸歯文《きょし》、菱形文などによる水平の装飾帯を何段か描き、腹部のような陶器のもっとも目立つ部分に装飾モチーフと化した人体や動物の連続文を配した点である。自然界の形態を単純化した装飾モチーフが使用されるのはこの部分だけである。一方、この時代のもっとも典型的な装飾モチーフといえるメアンダー文は二重の線によって雷文を表現してお

アッティカの幾何学文壺　上は原幾何学様式で肩にある半円は刷毛先を何本も装着したコンパスで描かれた。下は中期幾何学様式で装飾はより複雑豊富となる。アテネ・ケラメイコス美術館蔵

り、二重線のなかには斜線が描かれている。このため、すこし距離を置いて陶器を見ると、このメアンダー文の部分が揺れ動いているかのような視覚上の錯覚を与えるのである。無機的で整然とした幾何学文中心の装飾であるにもかかわらず、生命を感じさせるのは、メアンダー文によるところが大きい。

安定と混乱の対比が生み出すもの

このような幾何学的形態を用いた装飾は、わが国の弥生時代の美術をはじめとして、世界各地の先史古代美術のある段階において認めることのできる現象である。ただたんに自然界の形態を模倣したり、呪術と結びつく象徴的な文様を使う段階から、より理性化した段階に入るころ出現する現象といえる。しかし、ギリシアの幾何学様式はそれらとは明確に一線を画している。たんに人体モチーフや動物モチーフが幾何学的であったり、装飾モチーフが幾何学的であるというだけでなく、それらの配置や構成においても均整を重んじ、かつ構築的な幾何学的構想が認められるからである。そのことはウマ、人間、ケンタウロスなどを表すテラコッタや青銅の小彫刻でも、頭部、上半身、下半身などの各部分を幾何学的形態に置き換えたあと、それらを再度組みあわせて全体を再構築するという、何段階かの過程をへて表現されている。各部分の均衡と調和によって全体を組み立てるギリシア美術固有の理念的、論理的造形表現の本質をすでにこの時代から見ることができるのである。

原幾何学様式の時代から幾何学様式の時代に、陶器に表現される装飾モチーフが図式化と抽象化をへて幾何学的装飾モチーフとなり、それらが構築的に組み合わされるという、ミケーネ土器には見られなかった造形表現へと変化したのは、そのような造形表現を生み出した社会内部の構造変化によるのである。

　ミケーネ文明が滅び暗黒時代が始まると、ギリシア本土の人口は大幅に減少し、かつて宮殿があった廃墟には小さな共同体が生まれたが、ミケーネ時代のような交易を通じての対外活動や、海を越えての軍事行動はなくなり、閉鎖的な自給自足の小社会でしかなかった。このような共同体の指導者は「バシレウス（王）」と呼ばれたが、ミケーネ時代のような専制的、軍指導者的な権力をもつ王というより、首長もしくは長老という名称がふさわしい存在であった。紀元前一一世紀から紀元前九世紀にかけてのギリシア本土はこのような共同体が林立するまさに混乱期だったのである。

ディピュロン式陶器　高さ155cmの葬儀用の大甕。アテネ国立博物館蔵

　しかし、ドーリア人の移動経路からはそれていたアッティカ地方、とくにアテネでは、ミケーネ時代の王およびその一族は暗黒時代になってもしばらくの期間命脈を保つことができた。この社会的な継続性があったか

らこそ、亜ミケーネ様式から原幾何学様式、そして幾何学様式という論理的ともいえる展開を、陶器の装飾と器形に見ることができるのである。

造形表現でこのような論理的展開がおこなわれた背景としては、アッティカ地方の比較的安定した社会状況が周辺地域の混乱状態と比較されることによって、枠組みとしてのアッティカ地方がその住民に強く認識されたからであろう。文化の展開、充実には一定の枠組みという しばりが必要であり、安定と混乱という対比が枠組みを認識させ設定させたのである。

ポリスの時代

新しい秩序とポリスの誕生

暗黒時代という混乱期の中で、しだいに新たな秩序ともいうべき状況が生まれ始めた。それは、ミケーネ時代の小王国が分立していた状況に代わって、来るべきギリシア文明を開花させるための基盤ともいえる社会秩序であった。新たな勢力の侵入を免れたアテネには、王国を滅ぼされた人々が避難民として流入してきた。そのなかにはピュロスの王族が率いる一団もおり、やがてその王族の一人がアテネの王位についたという。また、王族同士の権力闘争に敗れた者はアテネに住んでいた一部の人間をともなってイオニア地方に渡ったと伝えられている。

おそらくこの伝承は、アテネに流入した避難民によって人口が急増したのを緩和するための植民と思われるが、紀元前九世紀の終わり頃までに、ミレトス、プリエネ、エフェソス、フォカイア、キオス、サモスなど後に繁栄するイオニア地方とその対岸の島々にイオニア人によるギリシア都市の基礎が築かれたのである。また、ギリシア本土のテッサリア地方やアッティカ地方の北西に接するボイオティア地方に住んでいたアイオリス人の一部は、レスボス島やその対岸に植民し、それゆえにこの一帯をアイオリス地方と呼ぶようになる。一方、ドーリア人が定着したのは、ペロポネソス半島の南東部、クレタ島、ロードス島、それに小アジアの南西端のドーリス地方である。

新しい秩序がようやく定着し始めた紀元前八世紀になると、ごく少数の例外を除いて多くの共同体は有力者たちによる共同支配、つまり貴族たちによる支配が一般的となり、いくつかの共同体はシュノイキスモス（集住）によってさらに大きな共同体であるポリスへと発展した。このような過程をへてポリスとなった典型がアテネである。

ピュロスから移住してきた王族の一人がアテネの王位についた。コドロス王である。彼はドーリア人の侵入を防ぎアテネの防衛に成功し、その子メドン、アカストスと王位は継承されたと伝承は伝える。そしてすでにその頃から、王権は三分割されていたという。軍事権はポレマルコスが、政治の実権はアルコンが、そして祭祀に関しては従来の王が掌握したというのである。もちろんはじめの段階ではこの三役のすべてを王族が掌握し、任期も終身だったという。しかし、しだいにアッティカ地方のいくつもの共同体を指揮するバシレウスたちが配下にある者たちをともなってアテネに移住し、力をもつようになると、その分、王家一族であるメドンティダイの権力は縮小したのである。そして紀元前八世紀中頃になると、アルコンをはじめとする前記の三役は任期一〇年になったという（たんなる伝承に過ぎないとする説もある）。この段階でアテネにおける王家の支配は終わり、かつてバシレウスだったような有力者たちによる貴族の集団指導体制に移行したのである。これがアテネのシュノイキスモスによるポリスの成立である。

スパルタの成立

ペロポネソス半島南部のラコニア地方にドーリア人が移り住むようになるのは紀元前一一世紀の末である。この地方には先住民としてのギリシア人がすでに定住していた。しかも先住民の方が圧倒的に多数を占めていたので、ドーリア人はいくつもの集落をつくって先住民の集落ちかくに定住し、しだいに先住民たちを支配下に置いていった。このようにしてスパルタがほぼポリスのかたちを整えるのは紀元前八世紀中頃のことである。ただし、スパルタ型のポリスはアテネなどほかのポリスとは大きく異なる特徴をもっていた。それが劣格市民の存在である。

スパルタ人は自分たち以外のドーリア人と先住民約二万人をペリオイコイ（周辺の民）として区別し、軍事的にはスパルタ人と同等の義務を負わせながら、国政に参加することは許さなかった。また、スパルタのほぼ中央を流れるエウロタス川流域の先住民約五万人をヘイロータイと称する奴隷身分の隷農として耕作に従事させせた。つまり、スパルタは、完全市民であり戦士の約五〇〇〇人からなるスパルタ人と劣格市民のペリオイコイ、それに隷農のヘイロータイから構成されたのである。

ラコニア地方全体を支配下に置いたスパルタではあったが、耕作地の不足を解決することはできなかった。このため紀元前七三五年頃から約二〇年の年月をかけて西隣のメッセニア地方を獲得するための戦争を開始した。最終的にスパルタの目的は達成され、メッセニア地方の先住民はヘイロータイにくみ込まれ、農地不足もある程度解決されたが、十分満足のいくものではなかった。なぜなら、紀元前七〇六年に南イタリアにタラス（現在のターラント）という植民都市を建設し、スパルタ人が海外移住しているからである。

スパルタの遺跡　スパルタの王メネラオスとその妻ヘレネが祀られているメネライオン

スパルタが総力を結集して戦いぬいたメッセニア戦争はスパルタの勝利に終わったものの、戦後の土地分配は一般のスパルタ人にとって不公平感を募らせるものであった。その不満が高まったころ、メッセニア地方でもスパルタの圧政をはねのけようとヘイロータイが大規模な反乱を起こし、第二次メッセニア戦争が紀元前七世紀末に勃発した。今回も二〇年近くにわたる総力戦をスパルタは戦いぬき、隷農体制がより強固なものとなった。一般市民は名門貴族と同じように農地を配分され、ホモイオイ（平等な者）と

レオニダスの像　ペルシア戦争の英雄。スパルタ市考古学博物館蔵

呼ばれるようになる。もともとほかのポリスにくらべて名門貴族と一般市民の差は小さかったが、この第二次メッセニア戦争の頃から重装歩兵が密集して戦う戦陣がとられるようになり、一般市民の戦争における重要性がいっそう増大する状況と無関係ではなかった。

この結果、スパルタでは経済的、政治的に平等を保証するポリス民主政が紀元前六世紀前半に成立するのである。尚武の社会であったが、オリエントのようなデスポティズム（専制君主政）の社会ではなく、民主政の社会を構築するという、世界的にみてもきわめて特殊な体制を構築したのである。農地の平等性を確保した再配分や、いまだ他のポリスでは成就していない民主政の早熟性を維持するには、スパルタ社会内部において特別の配慮が必要だった。それがスパルタ的と呼ばれる生活様式だったのである。

個人や家族よりもスパルタという国を優先させる、ただその一点に的を絞った生活様式がスパルタの社会全体を統制していた。国は市民のもとに生まれた新生児を検査し、成長の危ぶまれる子供は険しいタユゲトス山中に遺棄された。検査に合格した男児は七歳で家を離れ、一八歳まで戦士としての教育を団体で受けた。一八歳で軍隊に編入されたが、二年間は見習いで、二〇歳からの一〇年間を軍隊で過ごした。三〇歳で兵営を離れるが、兵役義務は六〇歳まで続いた。

また、高額貨幣によって経済活動が活発となり不動産取引がおこなわれるようになるとホモイオイの状態に影響を及ぼすので鉄の貨幣、つまり小額の貨幣だけを使用する規制がしかれ、一種の鎖国主義によって人と物の流入も規制した。この結果、文化面での停滞は当然であるが、その一方で、ギリシア随一の軍事大国としてその存在感を誇示することに成功した。

アテネの民主政

最盛期のギリシアを代表するポリスといえばスパルタとアテネであるが、両者は不思議なほどに対照をなしている。すでに述べたとおり、スパルタは一種の鎖国主義をとり、それゆえに文化の停滞をみた。いっぽうアテネは周辺ポリスだけでなく、エーゲ海や小アジア、そして南イタリアやシチリアとも盛んに交流し、哲学、演劇、美術などさまざまな分野で目覚ましい充実ぶりを見せた。また、二つのポリスはギリシア世界を代表する軍事大国であるが、スパルタは陸の軍事力において圧倒的であるのに対し、アテネの軍事力は海上が主力だった。では統治体制はどうだったのであろうか。

王政だったアテネの体制が大きく変わるのは、紀元前六八三年、任期一年のアルコンが実権を握るようになったときからである。このころ、筆頭アルコン一名（この職に就いた人の名前でその年を表すことからアルコン・エポニュモスといった）、ディオニュソスの祭礼を

アテネの遺跡　上はパルテノン神殿。下はローマ時代の劇場、ヘロデス・アッティコス音楽堂

担当するバシレウス一名（アルコン・バシレウス）、軍の統率および外国人を管理したポレマルコス一名（アルコン・ポレマルコス）をおき、ついで紀元前六二四年頃、司法担当のテスモテタイ六名をアルコン職として設けたため、アルコン職は合計九名となった。筆頭アルコンがかつての王にかわる役職者となったが、任期は一年という短期であり、残り八人との同僚制というしばりがアルコンの権能にも制約を与えることになり、しだいにアレオパゴス評議会に国政の中心が移っていった。

　アクロポリスの北西に低地を挟んであるアレスの丘に召集されたことからこの名前があるアレオパゴス評議会は、さまざまなアルコン職を経験した貴族たちの牙城で、「法律の擁護者」として、アルコンの選任、国政の監督、裁判権の行使という国政全般に指導的役割を果たした。しかし、しだいに貴族と平民の対立が先鋭化する状況のなかで紀元前五九四年、ソロンがアルコンに選出された。

貴族と平民の双方から期待されて「調停者」の役を担うことになったソロンの改革とは、次のようなものであった。当時、貴族をはじめとする富裕な市民に隷属する農民「ヘクテモロイ（六分の一）」が増加し、アッティカの土地は少数の富裕者によって占有されるようになった。しかもヘクテモロイが規定の六分の一の利息を収穫物で支払うことができないと、彼らは家族ともども奴隷身分に落とされた。ソロンは、ヘクテモロイを解放し、借財を帳消しにするという改革をおこなった。しかも、自由な市民が困窮化によってヘクテモロイになり、さらには奴隷に転落する原因が、身体を抵当に借財するという慣行にあることを見抜き、この慣行を禁止することにした。このことによって市民が奴隷になることを防ぐことが可能となり、市民と奴隷のあいだに明確な一線を引いたのである。この結果、アテネは市民共同体のポリスという体制を確立したのである。このことは貴族政治を実質的に否定したことにもなるが、制度としては、紀元前四六二年のエフィアルテスの改革による、アレオパゴス評議会の権限剝奪と、その一方での民会、五百人評議会、民衆法廷（ヘリアイア）への委譲までまたねばならない。

東方化様式の時代

ポリスの時代への変化を、美術の面から見てみよう。

幾何学様式の中期から後期にかけて、つまり紀元前七五〇年前後に、墓標として使用されるクラテールやアンフォラにプロテシス（遺体安置）やエクフォラ（野辺の送り）の情景が

後期幾何学様式の人体表現　p.315の大甕に描かれた葬礼の様子。中央に遺体が横たわり、周囲に子供、女性などがかなり描き分けられている

表現されるようになり、狩猟、戦闘、海難などの場面も描かれるようになる。それ以前の人体であれば、上半身は正面から、頭部と下半身は側面からとらえる厳格な変動視点描法によって描かれていた。ところがこの時代になると変動視点描法の厳密さはしだいに弛緩して、あるがままの人体や動物の姿に近い表現となる。しかも複数の人間や動物を群像として表現し、狩猟場面であったり戦闘場面であったりする状況の表現にも配慮した場面が陶器を装飾するようになる。

戦闘場面では紀元前八世紀前後は、戦士がもつ楯《たて》は左右両側に半円形の切り込みがあるミケーネ時代のタイプが描かれていた。おそらくミケーネ時代を叙事詩のように回顧しながらその英雄的な戦いを描き出そうとしたのであろう。ホメロスが『イリアス』と『オデュッセイア』で謳いあげた時代への憧憬である。ギリシア語を話す者としての一体感から、ホメロスの叙事詩は全ギリシアで吟唱詩人によって謳われたのである。

ギリシアの民族的一体感を象徴するのがオリンピア競技で、紀元前七七六年にその第一回が開催されたという。まさに美術においても文学においてもミケーネ時代という過去への憧憬がギリシア人の属性を喚起させたその時代である。四年ごとの真夏に開催されるオリンピア競技の期間、一切の戦争行為は禁止され、ゼウスへの祭典が繰り広げられたのである。

この時代、ギリシア人の海外への植民活動が活発化した。南イタリアのナポリ湾をでてすぐにあるイスキア島にピテクサイというギリシア人の定住地が設けられた。イタリア中部のエトルリア（現在のトスカーナ地方にほぼ相当する）で産出する鉱物資源を入手するための交易所であった。また、シリア、エジプト、北アフリカ、シチリアなどにも植民都市が建設され、ギリシア人の世界は一挙に拡大した。紀元前七五〇年頃から陶器画に海難の場面が描かれるようになるのは、このような海外雄飛のエピソードなのかもしれない。

牧場からポリスへ

紀元前八世紀、ホメロスという天才詩人が『イリアス』と『オデュッセイア』というギリシアの国民的叙事詩をまとめあげた。そのなかでホメロスもポリスという言葉を使っている。ただし、城壁などで囲まれた「城塞」として使用しており、のちの都市という意味で用いているわけではない。あきらかにミケーネ時代の社会を頭に描きながらのポリスである。いっぽう、暗黒時代という転換期を主張する現代の研究者は、紀元前一二〇〇年から紀元前八〇〇年の間の「牧場からポリスへ」の変化こそこの時代をもっとも特徴づける現象であるという。

定住が前提である農耕の普及によってギリシアの各地で大小さまざまな共同体が出現し、その中のいくつかがシュノイキスモスによって規模を拡大し、稠密度《ちゅうみつ》をあげてポリスへと成長したり、あるいは周辺の土地を征服することによってポリスが強大化することもあった。この段階になると、その規模にふさわしい政治、社会、宗教などの諸制度を整備することになる。スパルタ型ポリスやアテネ型ポリスの出現はその一環なのである。

クレタ島やアルゴリス地方をのぞいて耕作地としては貧相な土地が多いギリシア本土およびエーゲ海の島々ではポリスの支配下にある農地だけで自給自足することはむずかしかった。それゆえに紀元前八世紀から紀元前六世紀にかけてギリシア人は海外への植民活動を繰り広げたのである。しかし、海外の植民都市にとっての母市が戦争状態になると、植民都市のあいだでも戦争状態になることがあった。ギリシア本土におけるポリス間の戦いが本質的には、食料という資源の争奪戦であったがゆえに、植民都市の建設によってその原因が解消されたかに見えたが、食料の豊かな植民都市も母市の代理として戦争状態に入っていったのである。

ポリスという都市の成立の背景には、貧弱な農業生産を集住という社会状況とそれにふさわしい社会制度によって補おうとするギリシア人の経験にもとづく卓越した知恵があったが、その結果は、分立した都市国家のあいだでの恒常化した戦争状態であり、オリンピア競技中のエケケイリア（休戦）が制度化されるのもそのようなギリシア世界の事情があったからといえよう。

都市文明としてのギリシア文明

古代文明としてはきわめて特異なポリスという都市を建設し、民主主義を実現したギリシア文明は人類にとっての貴重な政治、社会、文化の遺産ということができる。しかし、都市国家単位に分立していたため、国際化しつつあった地中海世界のなかで勢力を結集し、より強力な国家となることはできなかった。ポリスという都市国家と、アテネ型、スパルタ型の民主主義は、その可能性よりもむしろ限界に直面せざるを得なかった。したがって、紀元前五世紀のアテネは覇権主義による海洋帝国ともいうべき大アテネを実現しようとするが、結局ポリスとしての限界を打ち破ることはできなかった。むしろヘレニズム時代になって、セレウコス朝、プトレマイオス朝などが、かつてギリシア人が否定したデスポティズムによって都市国家を克服したことは、まさに歴史の皮肉としかいいようがない。

ギリシア本土、エーゲ海、シチリア、南イタリアのマグナ・グラエキア（大ギリシア）、それにシリア、エジプト、リビアなどに点在する植民都市や商業活動の拠点によってギリシア世界を構築したギリシア文明の、他の文明に対する影響は計り知れない。のちの時代にも通用する哲学、文学、演劇、美術、そして数学などを高度に結実させ、ルネサンス以降のヨーロッパの台頭と軌を一にするかのようにギリシア文明が近代ヨーロッパ社会に吸収され、近代ヨーロッパ文明の母体であるかのようなギリシア文明像がつくられていくのである。ポリス間の違いをこえたギリシア世界のなかでの普遍性が、世界を視野に入れた近代ヨーロッパ社会にとっての戦略的普遍主義と合致したからである。

エトルリアからローマへ

「ローマを研究すると迷子になる」

地中海の沿岸域を旅行すると、モロッコなど一部の国をのぞいて、いたるところでローマ時代の遺跡に遭遇する。遺跡に残る建物の多くが石造だったり、表面が煉瓦で覆われたコンクリート造りなので、遺構として残りやすいことは確かだが、それにしてもあまりの数の多さに幻惑されるほどである。ギリシア・ローマの研究者たちは「ギリシアを研究すると精神に変調をきたす」という一方で、「ローマを研究すると迷子になる」と皮肉をこめて自分たちを評することがある。碑文、文書、文献、建造物、考古資料、美術品などの資料を用いて歴史や考古学、美術史を研究する際、ギリシア関係の資料には限りがあるので、既知の資料を用いて、先人とはいかに異なる解釈をあらたに提示するか思い悩まざるをえない。このために「精神に変調をきたす」と評するのであろう。

一方ローマの場合は、碑文だけでも膨大な数に上るだけでなく、現在でも毎年かなりの碑文があらたに発見されている。そればかりかローマ人が足跡をしるしたヨーロッパ、西アジア、北アフリカには、足跡というにはあまりにも堂々とした遺跡が残っており、それらの多くを見て回るだけでも、少なくとも数年は必要であろう。文字資料とモノ資料の膨大さのゆえに「資料の森にわけいると迷子になる」ほどであり、納得せざるをえない言葉である。したがって、ローマ文明の全貌を記すには、かなりの分量を必要とするが、古代地中海世界とローマ帝国史の詳細については、本シリーズの『通商国家カルタゴ』および『地中海世界とローマ帝国』を読んでいただくとして、ここでは筆者の携わった現地調査や発掘調査を軸にしながら鬱蒼たる森のなかにわけいってみたいと思う。

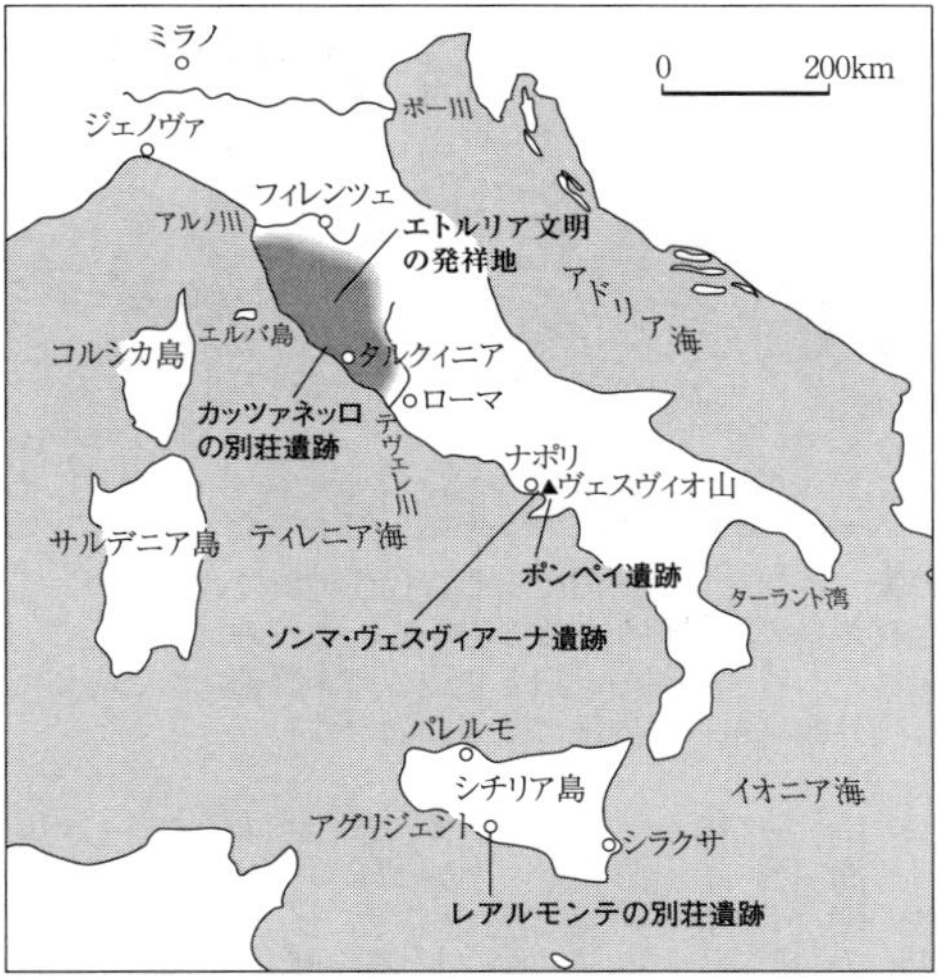

エトルリア文明の発祥地　太字は筆者が発掘に携わった遺跡

筆者にとって、地中海域での最初の現地調査は、一九六九年冬のシチリアにおいてである。ローマ大学考古学科の学生たちと車で二ヵ月ほど遺跡をめぐり回った。学生の一人は碑文学（エピグラフィー）に関心をもち、もう一人はローマ時代の陶器（ローマン・セラモグラフィー）に、そして筆者は彫刻絵画に関心をもっていたので、遺跡ごとにそれぞれが得意とする事柄を披露し、異なる意見を交わすことができたのは、のちに学際的研究をはじめるきっかけをつくってくれたともいえる。つぎの

エウローパの舟の家　ポンペイ遺跡内にある古代住宅跡で、エウローパという名が記された舟の刻線画があることから、こう呼ばれる。この発掘で、数世紀にわたる一家屋の改造と変遷の跡を詳細にたどることができた。写真は外観（左）と内部の装飾壁面（右）

現地調査は熊本大学環地中海建築遺跡調査団に参加して、トルコ、シリア、レバノン、ヨルダン、ギリシアの建築遺跡を踏査した。一九七一年の秋から冬にかけてのことで、フェニキア、ギリシア、ローマ、ビザンチンの遺跡をしらみつぶしに大型カメラで写真撮影しながらの調査旅行だった。筆者以外のメンバーは建築史もしくは建築学の専門家だったので、建築史に疎かった筆者にとってはかけがえのない貴重な時間であった。

留学を終えて東京大学文学部の助手となり、ポンペイ遺跡にある「エウローパの舟の家」の発掘調査を四年間続けた。その次に手がけたのは、シチリア南海岸のアグリジェント郊外のレアルモンテにあるローマ時代の海浜別荘である。一九八〇年から七年間、夏を中心とする約三ヵ月半を毎年シチリアで過ごした。

シチリアを終えたあと手がけたのはタルクィニアに近いカッツァネッロの、やはり海浜別荘である。

ローマの北西一〇〇キロほどにあり、ティレニア海に面している総面積五〇〇〇平方メートルほどの大規模な遺構である。紀元前一世紀後半から紀元六世紀までの別荘の変遷をたどることのできる遺跡で、この地方のローマ文化の推移を解明する資料を提供することができた。そして、二〇〇二年からはナポリの東約二〇キロにあるソンマ・ヴェスヴィアーナの「アウグストゥスの別荘」と通称されている遺跡を発掘しており、二〇一八年の現在も継続中である。

以上の現地調査や発掘調査を通じて判明したことや知見を中心にローマ文明を考えていくことにしよう。

エトルリア人の謎

ローマの北西約八〇キロに位置するタルクィニアは、エトルリア時代の紀元前七世紀末から紀元前五世紀にかけて栄えた都市であり、二〇〇基近くが発見されている壁画装飾墓から往時の繁栄をしのぶことができる。南エトルリア地方と呼ばれるこの一帯は、エトルリア時代に属する数多くの遺構・遺物が発見されており、古代エトルリアの歴史と文化に関する研究の中心的役割を担っている地域である。

しかし、エトルリア研究が盛んなゆえに、エトルリア文明が衰退する紀元前三世紀以降の、この地域におけるローマ研究は等閑視されてきたきらいがある。東京大学文学部の文化交流研究施設（当時）を中心とする調査研究チームは、そのような地域におけるローマ時代

アグリジェント郊外のレアルモンテの海浜別荘
シチリア島の南海岸に面したローマ時代の遺跡

の歴史と文化をより詳細に解明することを目的として、一九九二年からタルクィニアに近いカッツァネッロの海浜別荘を発掘調査し、二〇〇五年に一応の終止符を打った。そこで、この発掘調査によって判明したことを記すまえに、この地域を中心に栄えたエトルリア文明というローマ文明に先立つ古代文明についてその概要を記し、発掘調査の歴史的コンテクストを明らかにしておこう。

紀元前九世紀から紀元前二世紀にかけて、イタリア半島の中部を中心に活躍したエトルリア人は、「謎に満ちたエトルリア人」という言葉でしばしば紹介されてきた。しかし、第二次世界大戦後の研究によって「謎」の多くが解明されるにつれ、それらの「謎」がエトルリア人およびかれらの文明に関する誤解や偏見に起因していたことが明らかになった。

これまで最大の「謎」とされてきたのは、エトルリア人の起源に関してであり、すでに古代から二つの説があった。その一つはエトルリア人がリュディア（アナトリア西部）から渡来したとするヘロドトスの伝承であり、ホメロスの『イリアス』にトロイ側の同盟者として登場する「ペラスゴイ人」と同一視するような異説をふくめてヘレニズム時代までさまざまな説を展開することになる。

一方、イタリア半島の先住民族であるとする説はリュディア人やペラスゴイ人とは明確に一線を画す説で、おもにハリカルナッソスのディオニュシオスの考えを展開させたものである。エトルリア人が活躍していたほぼ同時代に、すでに相反する二つの説が存在しており、そのことがエトルリア人を謎の民族とする最大の理由だった。エトルリア人に関する古代の見方は近現代の研究者たちにも影響を与え、東方起源説、北方起源説、先住民説などが主張されてきた。

現代エトルリア学を構築したマッシモ・パロッティーノは、単一の起源を追い求めるその問題設定自体が不適切であると考えた。フランスの地に前後してやってきたガリア人、ローマ人、ゲルマン人などが混合、結合して現在のフランス民族が形成されたように、エトルリア人も単一の起源にさかのぼるのではなく、土着の要素や外来の要素がさまざまに混交してエトルリア文明という文化現象をもつ民族が形成されたという説を一九四七年に発表し、現在、多くの研究者がこの説に準拠している。

外から見たエトルリア人

地中海世界の歴史を早くから記述した古代のギリシア人は、エトルリア人を重要な交易の相手とする一方で、円滑な交易関係が結べないとき、エトルリア人は残虐な海賊行為に走ると非難し、民族としての残虐性、凶暴性を喧伝した。しかし、国際関係が十分に成熟していない時代においての交易は沈黙交易にちかい段階でしかなく、友好的な交易が不首尾に終わる場合、双方が海賊行為にでることはまれではなかった。このことをギリシア人が一方的に記録するなら、エトルリア人の残虐性だけが伝わることになるのである。

もちろんエトルリア人もみずからの歴史を記したことがウァロの引用などで判明しており、そこではまったくちがったエトルリア人像が披瀝《ひれき》されていたかもしれない。しかし、ローマ人が意図的にエトルリア文明を抹消したため、エトルリア人自身による歴史記述も完全に姿を消してしまったのである。ローマ人に先立つ紀元前五世紀、ティレニア海の制海権を争ったシラクサはその覇権主義ゆえにエトルリア人を徹底的に否定し、ギリシア人の倫理道徳に反する快楽主義や軟弱さをことさらに強調したのである。

もちろん、かすかな記憶をもとにエトルリア人の歴史を書き残そうと努めたローマ人がいないわけではなかった。ウェリウス・フラックスの『エトルリア人の歴史』や第四代ローマ皇帝クラウディウスによる『テュレニカ』などであるが、それらもことごとく失われてしまった。

エトルリア人の歴史と文化の再構築はすでにルネッサンス時代のトスカーナ公国ではじまった。もちろん純粋な学術研究としてではなく、教皇の都ローマに対抗するため、ローマ文明よりも早くイタリアの地で栄えたエトルリア文明の子孫であることによって優位に立とうとする政治的目的によるものであった。このため、エトルリア風の碑文などが偽造されるようなこともあり、現在でも真贋《しんがん》研究がなされているほどである。このような初期の研究が科学的方法によってなされるようになったのは第一次世界大戦以降であり、とくに第二次世界大戦後は前述のマッシモ・パロッティーノをはじめとする多くのイタリア人考古学者の活躍によって、目覚ましい進捗をみたのである。

エトルリアの鉱物資源とギリシア文明

エトルリア人が他の民族から注目を集めるようになったのは、紀元前九世紀頃からである。注目を集めた理由は、彼らが住む土地、現在のトスカーナ州とその周辺で、鉄、鉛、銅、銀、錫などさまざまな鉱物資源が採れるからであった。ギリシア人にとってとくに鉄と錫は貴重な金属であった。しかし、ギリシア本土やエーゲ海で錫は産出しなかったので、ミケーネ時代は、大西洋のグレートブリテン島のものを利用したようである。紀元前九世紀に入り、エトルリアで錫が採れるという情報に接したギリシア人は、競うようにしてその入手に努めるようになる。

エトルリアの戦士像　頂飾りのついたイオニア式兜をかぶっている。紀元前6世紀のもの。青銅製で高さは24㎝。フィレンツェ国立考古学博物館蔵

一方、エトルリアにおける鉄の最大の産地はエルバ島だった。ナポレオンが幽閉されたことで有名なこの島は、古代人が「無尽蔵の」と評するほど豊かな鉄鉱石の鉱脈があった。しかし、鉄鉱石から鉄をとりだすには大量の木炭が必要で、エルバ島にはそのための森林がなかった。鉄鉱石は粗鉱として対岸のポプローニアにある単純な溶鉱炉で銑鉄がとりだされたのである。この過程で生じた大量の鉱滓《こうし》が近代まで堆積しており、当時鉄の生産がいかに盛んであったかがわかる。第二次世界大戦中、鉄不足が深刻化したイタリアでは、この鉱滓の再利用がおこなわれた。その際、鉱滓の堆積層の下から紀元前八〜前七世紀の首長たちの墓が発見されている。

ギリシア人はエトルリアで採れるこれら貴重な金属をさらに安定して手に入れようと紀元前七八〇年頃、ナポリ湾の外に浮かぶイスキアという島に定住地を建設した。ピテクサイという定住地を基地として本国とエトルリアとの交易を中継したのである。エトルリア人は、インゴットのような塊《かたまり》となった金属を輸出する見返りとして、ギリシアの優れた陶器、貴金属製品、象牙細工などの工芸品を手に入れた。とくに、当時は、幾何学形の装飾文様で飾られた陶器類が中心で、紀元前六世紀になると黒像式のアッティカ陶器が中心になった。ギリシア本土でつくられた陶器類のほとんどがエトルリアで発見されるのは、このような交易があったからである。

両者の交易が活発になると、当然の結果として人間の交流も盛んとなり、そのことを通じてギリシアの進んだ技術や考え方も伝わって来た。たとえば、紀元前九世紀にはろくろの使用が、紀元前八世紀前半にはブドウの栽培法が、そして同世紀の後半にはオリーブの栽培法が伝わり、またたく間にエトルリア全域に普及していった。

穀物以外の農産物を貯蔵食品にかえる発達した技術をもっていなかったエトルリア人にとってブドウをブドウ酒に醸造し、オリーブの実から効率的に油を抽出することなどは、あらたな保存食品の確保を意味した。ギリシアからもたらされたこれらの加工技術やその他の農耕技術によってエトルリアの農業は大きく発展しただけでなく、紀元前七世紀後半から、余剰農産物はサルデニア島、コルシカ島、南フランスへも輸出されるようになり、エトルリアの経済基盤を拡大させ、充実させることに大きく貢献した。

エトルリアの都市文明

恵まれた鉱物資源と農業の発達によってエトルリアは紀元前七世紀後半から繁栄の時代を迎える。ギリシアから学んだ都市型の社会と文化を形成して、効率的な経済運営が可能となったためで、この時代からを真のエトルリア文明という。社会的発展はこれまでのように単純な貧富の差だけでなく一般と区別された貴族階級を出現させ、富と権力の両方を所有する人々が、それぞれの都市を支配した。貴族は権威を保つために努力し、一般人はその権威に服従した。巨大な頂飾りをもつ兜《かぶと》のような、実際の戦闘にはとても使用できない武具が出現するのは、そのような権威を象徴するためであり、誇示するためであった。

この種の武具が出土する墓からはときおり戦車が見つかることがある。二頭立てもしくは四頭立ての戦車は、丘陵や山地の多いイタリア半島での戦争には適していなかったため、凱旋式のような儀式にのみ用いられるものだった。現代でいえば乗り心地の悪いスポーツカーといったところである。

兜や戦車が出土する貴族の墓からは、豪華な金製の装身具も出土する。鉱物資源に恵まれたエトルリアではあったが、金は採れなかった。おそらくギリシア北部のマケドニアやエジプトから輸入された原料を用いてエトルリアでつくられたものである。薄い金の板にケシ粒大の小さな金の粒金を接着させて動物など東方起源の装飾文を表している。接着させる金の薄板は二〇金、粒金は一八金と純度を変えることによって、溶解温度に差をもたせて一粒一粒を溶接する気の遠くなるような細工である。金細工の技法自体はギリシアやエジプトに起源をもつが、エトルリアの貴族社会でさらに発展し、当時としては地中海域でもっとも高い水準にまで到達した。

エトルリア人が宴会を好むようになったのはこの時代からである。ブドウ酒を飲みながらの貴族の宴会には男たちだけでなく彼らの夫人たちも同席した。このことはギリシア人をひどく驚かせたようである。なぜなら、ギリシア人の宴会、つまりシンポジオンに女性が加わることは厳格に禁止されており、ヘタイラという芸者のような女性だけが酒の宴に参会することが許されていたからである。エトルリア人の夫婦が宴会に参列している場面は紀元前六世紀後半からの壁画や棺の蓋にもしばしば表されている。

紀元前七世紀後半のエトルリア美術は、ギリシア美術の影響を大きく受けている。そのことを象徴するかのように、コリントスの政治家デマラトスが画家や彫刻家をともなってエトルリアに亡命してきたと伝承に記されている。おそらく豊かな経済基盤をもち、鷹揚なパトロンのいるエトルリアをめざして多くのギリシア人美術家や工人が渡来したことを反映しているのであろう。

当時、ギリシアでもっとも栄えていたのはアテネではなくコリントスであった。シリア、アナトリア、メソポタミアなどから伝わった装飾文様を取り入れたコリントス式陶器は、地中海のさまざまな地域に輸出され、エトルリアにも多くのコリントス製の陶器が運ばれた。パルメット文、ロゼット文、ロータス文などの植物文や、グリュプス、スフィンクスなど空想上の動物文、それにライオン、ヒョウ、シカ、ウサギ、イヌなど実在する動物が陶器の表

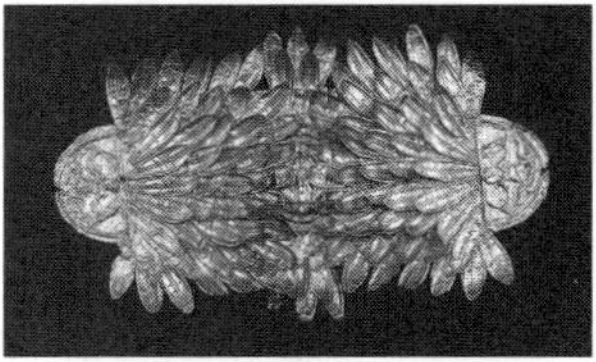

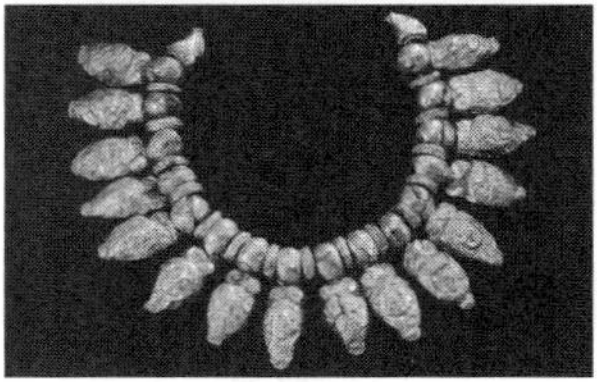

エトルリアの金属工芸　上段は青銅製の馬車。高さ120cm。メトロポリタン美術館蔵。中段は金製ディアデーマ（王冠）、下段は金製首飾り。フィレンツェ国立考古学博物館蔵

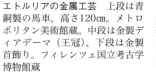

者の説が有力である。

住してきたギリシア人によって描かれたのかは、以前から多くの説があるものの、最近は後

の壁画である。このもっとも古い壁画が、エトルリア人によって描かれたのか、それとも移

に、これらの動物を描いている。東方化様式と呼ばれる時代に属する、エトルリアでは最古

エトルリア人も、この装飾文を真似た陶器をつくるだけでなく、地下に設けた墓室の壁面

面をうめ尽くし、楽園のような心地よい世界を表していた。

壁画で装飾された墓

壁画で装飾された墓は、紀元前七世紀末から、タルクィニアなど南エトルリアの海岸に近い都市でつくられるようになる。初期の壁画装飾墓は、陶器の装飾文がそのまま壁面に描かれたような小振りで単純なものであった。それが紀元前六世紀中頃から、墓室の壁面一杯に人物を描く大壁画に発展する。

この時代から紀元前四八〇年頃までの壁画の様式は、現在のトルコ西海岸に相当するイオニア地方の壁画にきわめてよく似ている。アッシリアやアカイメネス朝ペルシアの侵攻にともない、その地方に住む絵画職人たちが難を逃れてエトルリアに移住してきた結果であると考えられる。もちろん彼らに壁画技法を習ったエトルリア人職人の手によるものもあった。かれらの移住からも明らかなように、地中海世界は文化的にしだいに濃密な空間となっていった。このため、地中海世界の外からの政治的、軍事的な影響が地中海世界の周辺におよぶ

エトルリアの墓室壁画　イタリア半島の中西部で活躍したエトルリア人の美術や社会制度は、その後の地中海世界に大きな影響を残した。上は、タルクィニアのモンテロッツィ墓地にある「豹の墓」と呼ばれる墓室に描かれた宴会の様子。紀元前480〜前470年頃。写真提供・ユニフォトプレス。下もタルクィニアの墓室の壁画で、レスリングと鳥占いの図。紀元前530年頃

と、波紋が水面を広がるように地中海世界全体になんらかの影響を与えたのである。

ギリシア文化を吸収したエトルリア人ではあったが、壁画にギリシア神話が描かれることは少なく、もっとも一般的な主題は宴会の場面で、おそらく葬儀に際しての葬祭宴と考えられている。ギリシア人のように現世と死後の世界を峻別したものではなく、死んだあとも生きていたときと同じような生活を楽しむことができるとするエトルリア人の来世観を反映していた。故人を送るための宴会でありながら、明るく親しげに宴会を満喫する参会者の姿は、そのような来世観にもとづくのである。

ローマの遺跡が語るもの

エトルリア人のローマ支配

エトルリアがもっとも栄えていた紀元前六世紀、ローマはエトルリア人の王によって支配されていた。エトルリアという地域の南限はもともとテヴェレ川で、ローマはこのテヴェレ川の左岸に位置している。エトルリアとローマは古くから密接な関係にあったのである。

テヴェレ川は、フィレンツェの東に連なる山岳地帯に水源地をもつ水量豊かな川で、自然の渡河地点は少なく、ティレニア海に近いところではローマの位置するところが唯一といってもよい場所だった。エトルリア人にとって南イタリアのギリシア植民都市と交易をするうえでも、また地味豊かなカンパニア地方に進出するためにもローマという渡河地点は戦略的に重要な場所だったのである。

エトルリア人の王がローマの支配を開始した紀元前七世紀末、そこはまだ規模の大きな集落といった程度で、都市文明の段階には入ってはいなかった。しかしエトルリア人が支配するようになったときから都市としての整備が進められ、人口も増加していった。約一世紀間にわたるエトルリア人の王による統治時代を通じて、ローマは、エトルリア都市のような文化水準に到達することができた。その結果、ローマ人はタルクィニウス・スペルブスというエトルリア出身の王を追放して、ローマ人自身による国を樹立することになる。それが紀元前五〇九年のローマ共和政の成立であった。

エトルリアの衰退

ローマが共和政に移行し、エトルリア系の王を追放したときから、ローマは独自の発展を可能とする基盤を獲得したことになるが、エトルリアにとっては、南イタリアとのつながりが断ち切られることを意味していた。事実、紀元前五世紀に入るとエトルリアは徐々に衰退の傾向を示すようになる。陸上の交易路がローマの独立によって遮断され、海上交易もシラクサとの海戦に敗れて以降、むずかしいものになった。

もちろん交易路をすべて失ったわけではない。エトルリア人は当時北イタリアのポー川流域を支配していた。そこは、コムギの栽培に適した広大な農地が広がる地域で、アテネ人がしばしば食料の買いつけに訪れるところだったのである。したがって、ポー川河口に建設されたスピナという街は食料輸出港として大いに繁栄した。それでも以前に比べれば交易圏が縮小したことは事実である。しかも、紀元前五世紀の末になると、この大切な穀倉地帯も失ってしまうことになる。アルプスを越えてイタリアに南下してきたケルト人がこの地域を占領し、定住するようになったからである。

エトルリアの衰退傾向を決定的なものにしたのが、ローマのヴェイオ攻略である。一〇年の歳月をかけたこの戦いは、紀元前三九六年、ローマの勝利に終わり、エトルリアとローマの関係がこの時初めて逆転した。それ以降は、数々の戦争が繰り広げられたものの、ローマ人のエトルリア進出という大きな流れを変えることはできなかった。結局、紀元前三世紀になるとエトルリアの全域がローマの支配に屈し、やがて彼らが話していたエトルリア語自体もラテン語に取ってかわられてしまった。しかし、エトルリア人の宗教儀式や政治制度はローマ人によって受け継がれ、ローマ文明の重要な基盤の一つになったのである。

たとえばローマ共和政時代の政務官がもちいた「命令権の標識（インシグニア・インペリイ）」やかれらが着用した緋色の上着トガ・プラエテクスタ、軍の最高指揮官が鎧の上にまとった赤い布パルダメントゥムなどは、すべてエトルリア文明から借用したものである。とくに政務官が街を行列するときや政務に赴くとき、束桿《そっかん》を肩に担ぐ先導警吏（リクトル）が先に立つ習慣もエトルリアからであった。

エトルリア文明が栄えたイタリア中部は、ローマによって征服され、その領土の一部となり、そこに住む住民たちの生活様式もしだいにローマ化し、話す言葉も紀元前二世紀にはほとんどラテン語となった。しかし、ローマ化が進めば進むほど、この地方では衰退の度合いが深まっていった。その衰退の状況こそが、グラックス兄弟を改革にかき立てた原因でもあった。

兄弟のうち兄のティベリウスは、スペイン遠征に従軍した際、ローマ軍の資質がいちじるしく低下していることを体験し、その原因が、エトルリア地方で目撃したように荒廃した農地にあることを看取していた。以前の実り多い耕作地に戻すには、奴隷によってではなく、土地を所有する活力に満ちた自由農民が直接耕作する必要があった。しかし、地中海域の各地で繰り広げられる戦争に兵士としてかりだされたのは、小規模の土地を所有する自作農民だった。彼らは、戦うための武器を自ら調達したばかりか、出兵期間中は耕作すべき土地を一時的にせよ放置しなければならなかった。

しかも、ギリシアや小アジア、それに北アフリカのような遠隔地での戦争が多くなり、出兵期間も長くなった。ローマの繁栄の象徴である版図の拡大は、一般兵士に一層の負担を強いることになった。その結果、彼らは所有していた耕作地を裕福な土地所有者に手放すことになり、無産階級に没落していった。民兵の集まりであるローマ軍の、その中核を担う自作農民の多くが無産市民に没落したので、軍隊勤務の資格財産額に達する兵員を確保することがむずかしくなり、ローマ軍は急速に弱体化していったのである。

軍の弱体化がローマ社会全体の構造に深く根ざしていることを本質から理解し、根本的な社会改革の必要を唱えたのがグラックス兄弟だった。兄のティベリウスは、紀元前一三三年、護民官に就任し、農地改革を強引な方法でおし進めた。しかし、あまりに強引性急な改革であったため、グラックス兄弟の改革は失敗に終わった。

カッツァネッロのローマ時代の別荘

ローマはエトルリア地方のかつての繁栄をとりもどす方策としてさまざまな手をうっており、その一つが道路網や港湾施設の整備だった。われわれが発掘調査をおこなったカッツァネッロにもっとも近いグラウィスカエという港町も、その一環として整備された植民市の一つである。

グラウィスカエを中心としてこの地域の農業生産活動が活発になるのは紀元前一世紀に入ってからである。大土地所有制への移行が一段落し、安定した生産活動が可能となったためと考えられる。しかし、一世紀に入ると、属州の農業生産量が増大し、イタリア半島の農業は相対的に停滞する。なかでも南エトルリア地方は大土地所有制であったため、属州台頭の影響が大きく、二世紀後半から三世紀にかけて衰退期を迎え、四〇八年にはグラウィスカエがゴート族の襲来をうける。ただし、停滞と衰退がどの程度であったのか、またゴート族の襲来がこの地域全体にどの程度の混乱をもたらしたのかは十分に解明されているわけではない。

以上のような歴史的背景をもつ地域で、筆者は、一九九二年から二〇〇五年までカッツァネッロの別荘遺跡を発掘調査した。発掘した範囲は約五〇〇〇平方メートルにおよんだが、別荘の全体を発掘したわけではない。

この別荘遺跡で発見した最古の出土品は、紀元前七世紀にさかのぼるイオニア式の陶器断片である。おそらくギリシアとエトルリアとの交易でもたらされた陶器の断片であり、エトルリア時代、耕作地にすぎなかったところからもギリシア陶器が出土するほど、盛んな交易がおこなわれていたことを物語っている。一方、もっとも時代が下るのは中世初期と推定される窯《かま》跡である。ただし、最古の遺構は共和政末期の紀元前一世紀につくられた色石による嵌《は》め込みモザイクとそれをともなう壁体であるため、別荘自体紀元前一世紀から六世紀までの約七世紀間にわたって使用されたことが判明している。

カッツァネッロの海浜別荘　ローマ時代のエトルリア地方の別荘遺跡。上は空撮。下は出土したモザイク

この長大な時間のなかでとくに興味深いのは、二世紀後半から四世紀にかけての時期である。建物に大幅な改築が施され、かなり豪壮な浴場施設が建設された時代である。建設に使用された煉瓦の中にはカラカラ時代の刻印が押されているので、浴場施設は三

世紀前半に建造されたことがわかった。また、モザイクなどの装飾も豪華であったことから、別荘の所有者は皇帝一族ではないにしても元老院階級の人間であったことを十分に想定させるものである。

そこで、タルクィニアを中心とするこの地域からの出土碑文に記された元老院階級の人物を探しもとめたところ、三世紀に活躍した元老院議員としてはファビアヌス・ウェティリウス・ルキリアヌスとペトロニウス・メリオルという人物がいることがわかった。前者は皇帝アレクサンデル・セウェルスのとき予定執政官だった人物であり、後者は、三世紀前半、補欠執政官に就任している。この時代執政官に就任するのは毎年一〇名ちかくにのぼり、以前ほど重要ではなくなったとはいえ、元老院議員を代表する貴顕であったことは確かである。両者の中でもとくにペトロニウス・メリオルについては、タルクィニアとの関わりを明確に示す碑文も発見されている。

その碑文にはペトロニウス・メリオルが南エトルリアの地方長官として赴任する以前の経歴もかなりくわしく記されている。帝国各地で要職に就いた経歴を考慮するなら、南エトルリア地方の復興という重大な使命を帯びていたと推定することが可能である。おそらく都ローマに近いところで農作物の生産量を向上させる目的だったのであろう。考古学調査で、このような政治および経済に関連する具体的な固有名詞が判明するのは珍しいことで、一四年間にわたる発掘調査の大きな成果の一つといえよう。

ソンマ・ヴェスヴィアーナの「アウグストゥスの別荘」

タルクィニアの調査を続行中の二〇〇〇年、ナポリの東約二〇キロに位置するソンマ・ヴェスヴィアーナ市の通称「アウグストゥスの別荘」を発掘調査してもよいという報せが届いた。当時、ナポリ・カセルタ地区考古監督局総監は学生時代から研究仲間としてつきあってきたステファノ・デ・カーロ博士で、その数年前、最後の発掘事業としてヴェスヴィオ山周辺の別荘遺跡、たとえば「アウグストゥスの別荘」を発掘したい旨を伝えてあったからである。二〇〇一年の夏にボーリング調査をおこない、大まかな遺構の範囲を把握した上で九月、ナポリの考古監督局総監室で申請手続きの話をしていたとき、アメリカでとんでもないことが起こったというニュースが入った。あの九・一一事件の最初のニュースを総監室で聞いたことは、これからも一生忘れることのできない思い出となるであろう。

ソンマ・ヴェスヴィアーナ遺跡
向こうに見えるのがヴェスヴィオ山。松山聡撮影

翌年の二〇〇二年から本格的な発掘調査にはいったが、なぜソンマ・ヴェスヴィアーナの遺跡が「アウグストゥスの別荘」と地元では通称されるのかを簡単に紹介しておこう。

紀元一〇〇年前後に活躍したローマの伝記作家スエトニウスによれば、アウグストゥスはノラで病に伏し、父親が亡くなった同じ部屋で一四年八月一九日午後三時頃永眠、享年七五歳だったという。歴史家タキトゥスもアウグストゥスは「ノラの近く」で死んだと伝えている。二人が記すノラはナポリの東約二五キロに位置し、いまでも一〇万近い人口を擁する都市として栄えている。

スエトニウスの記述からもわかるように、アウグストゥスの一族はこの地域にかなりの土地を所有していたようである。ソンマ・ヴェスヴィアーナはこの地域のコムーネ（日本では市に相当する）の一つで、その市街地から少し離れた果樹園で一九三二年、農作業用の小屋を造ろうと基礎部分を掘り返していたところ、ローマ時代の建物のコンクリート軀体の一部が出てきた。さっそくナポリの考古監督局に届け出ると、監督局のマッテオ・デッラ・コルテという高名な考古学者が試掘にとりかかった。大きな四角い井戸を掘るような試掘であったが、堂々とした造りの連続アーチによる門が出土した。ポンペイ遺跡でも見ることのできない見事な造りから、この門はローマ帝国の初代皇帝アウグストゥスが永眠した建物の一部であるに違いないとデッラ・コルテは考え、「アウグストゥスの別荘」と命名した。ローマ帝国の栄光にあやかろうとしていたムッソリーニの時代、その発見はイタリア中をわきたたせ、多くの著名な考古学者や歴史学者が発掘現場を訪れている。デッラ・コルテの命名にも、アウグストゥスの名前によって中央政府から発掘予算を獲得しようとする政治的目的があったことは十分察することができる。

七〇平方メートルというわずかな試掘範囲にもかかわらず、遺構の壮大さや建立地点から、初代ローマ皇帝アウグストゥスが最後の日々を過ごした「ノラの近く」の邸宅であると特定するのに十分であるとみなされたものの、その後発掘範囲は拡張されることなく、一九三〇年代末まで放置されたままになった。その後、第二次世界大戦が始まり、結局、発掘された遺構は埋めもどされてしまった。

二〇〇一年の冬にイタリア文化財環境財省から正式の発掘許可がおりた。その時点で資金の目途がたっていたわけではなかったが、この発掘を通じて学際的な研究を発展させようと意気込む研究者が数多く参加してくれる見込みがたった。そこで、東京大学や東京工業大学の火山学、地理学、植物学、環境学、地球化学、情報学、考古学、歴史学、表象論などの研究者を中心に研究チームを構成し、「火山噴火罹災地の文化・自然環境復元」というテーマで学際的研究を展開し、そのなかに「アウグストゥスの別荘」発掘調査も位置づけることとした。

最初の年は一九三〇年代の試掘範囲を明らかにすることに終始したが、ひとつだけ予想を裏切る調査結果が出た。それは東大の地震研グループが明らかにしたことであるが、この遺跡が埋没したのは紀元七九年のポンペイを埋没させた噴火ではなく、それより四世紀ほど時代の下る噴火の際の土石流によるということである。七九年の噴火で埋没したのであれば、ポンペイと同じように、そこに住んでいた住民の生活が一瞬にして封印されているはずであり、そのことを物語る数々の遺物が出土するはずであった。ところがそれから四世紀もたった時代の噴火であるとするなら、すでに社会混乱の時代になっていたので、この遺跡も廃墟

ソンマ・ヴェスヴィアーナ遺跡　神殿正面の三角破風。松山聡撮影

となっていた可能性があり、遺物の出土も限定されたものになる可能性が高かった。五世紀後半の噴火の可能性をはじめて地震研の藤井敏嗣教授から聞いたとき、発掘前の構想が瓦解するような気分に一瞬とらわれたが、発掘調査にはしばしばあることなので、長く尾を引くことはなかった。

二年目の発掘は、この遺跡がいかに重要であるかを証明する画期的なシーズンとなった。ペプロスというギリシア式の衣装をまとう女性像が出土したからである。高さ一〇八センチと小振りではあるが、衣の襞《ひだ》の美しさなどから古典的様式が流行した紀元二世紀の典型的な特徴をそなえていた。また、その年と発掘三年目の二年間にわたって出土した酒の神ディオニュソスの大理石像は、若者らしいしなやかな筋肉と左腕に抱えたヒョウを愛犬のようにいつくしむやさしさを兼ねそなえた青年裸体像で、ギリシア彫刻をみるような清冽さをもった彫刻である。この二体の彫刻は、二〇〇九年の秋に国立西洋美術館で開いた「古代ローマ帝国の遺産」展に出品された。わが国はさまざまな国に海外発掘調査隊を派遣してきたが、ミュージアム・ピースと呼ぶにふさわしい美術品を発掘したのはおそらく東京大学ソンマ・ヴェスヴィアーナ発掘調査団が最初であろう。

ソンマ・ヴェスヴィアーナ出土の大理石像　右はペプロフォロス（ペプロスをまとう女性像）。ギリシア産の大理石製で、衣の襞の美しさは、古典的様式が流行した２世紀頃の典型的特徴。高さ108㎝。左は、ヒョウを抱くディオニュソス像。紀元前１～後１世紀。高さ152㎝。ノーラ考古学博物館蔵

八年目の調査を終えた二〇〇九年時点で、発掘範囲は約二〇〇〇平方メートルに広がり、興味深い遺構が出土している。とくにヴェスヴィオ山側の壁体には神殿正面を漆喰《しっくい》でかたどる三角破風《はふ》が装飾されており、ディオニュソスに関連する祭器や楽器が彩色をともなって表されている。また、北東隅からは海のニンフたちを描いた壁画で装飾された平面半円形の建物が出土した。これらの装飾から明らかなように出土した遺構はきわめて宗教色が強く、「アウグストゥスの別荘」である可能性はほとんどなく、ディオニュソスを祀る神域の可能性が大きくなりつつある。

地中海世界のなかのローマ文明

地中海世界を舞台とする文明のなかでローマ文明はもっとも遅れて登場した文明である。ミノア文明、ミケーネ文明、フェニキア文明、ギリシア文明、エトルリア文明などが開花したあと、イタリア半島に登場するが、ギリシア文明やエトルリア文明のような先行する文明との直接の接触があったにもかかわらず、文明として結実するまでにはかなりの時間を要している。紀元前七世紀からエトルリア文明と接触し、王政の時代にはエトルリア系の王によって支配されながら、エトルリア文明に吸収されることはなかった。むしろ、ヴェイオを陥落させたころから政治的にエトルリアを圧迫し、その頃からエトルリア文明のいくつかの要素を摘出しながらローマ文明を形成していった。

また、第一次、第二次ポエニ戦争でフェニキア人の国家・カルタゴに勝利してシチリアや南イタリアを併合するとき、そこで栄えていたギリシア文明と本格的に向き合い、ローマ社会全体のヘレニズム化が始まるのである。アレクサンドロス大王の東征から数えるならすでに一世紀以上を経過していたヘレニズム文明は中近東、エジプト、ギリシアの地でさまざまな文明とふれあい、混交することによって、国際化していた文明であった。ギリシアという単一民族の文明というより、ギリシア以外の民族にも受け入れることが可能な文明であった。文化的に後進国だったローマが急速に地中海世界という国際社会に参加できた最大の原因は軍事力と政治力だったが、文化的後進性を克服できたのはヘレニズム文明によってである。

「ローマはギリシアを征服したが、ギリシアは文化によってローマを征服した」とローマ人自身が述べることができたのは、かつてのギリシア文明が有していた民族性が、ヘレニズム時代には、より希薄となっていたからである。ローマ的な要素を維持しながらヘレニズム文明を取捨選択できたのである。

紀元前二世紀の東地中海域とヘレニズム文明には、過去の歴史と文化が集積されていた。その濃密な世界に参加することを躊躇していたローマも、マケドニア戦争などを通じてしだいに関与の度を強め、やがて政治的には東地中海域を支配するようになる。

発掘から見る古代文明

古代文明のもっとも雄弁な証人は遺跡や遺物である。もちろんそれぞれの文明をさらに饒舌に物語る旧約聖書や『ギルガメシュ叙事詩』のような資料もあるが、文献資料の内容は考古学によって検証する必要がある。それらは書き手に都合がいいように書かれていることがしばしばあるからである。

筆者はこれまで、ユーラシア大陸の多くの遺跡を見てきたつもりであるが、中国や旧ソ連領の中央アジアなどまったく足を踏み入れていないところもある。それでも人文学者としてはかなりの遺跡や遺物を実見してきた。そのような経験と実際に発掘作業で調査をした遺跡とではかなりの違いがある。発掘作業でもっとも重要なのは、積み重なった土の層位を見分けることであり、ある層位に含まれている土器などからその層位の年代がいつなのかを見分けることである。ある層位が紀元前一世紀後半に同定されると、直上の層位はその年代より新しく、直下の層位はより古いことになる。このような基礎的作業を続けていると、一〇〇年の年代幅に含まれるいくつかの層位を掘るのに何ヵ月も要することがある。つまり、発掘作業の中で経験する時間は、じつにゆっくりとしか進まないのである。飛行機でチュニスの空港に着陸し、タクシーでカルタゴの遺跡を訪れ、二世紀のローマ浴場と、第三次ポエニ戦争のときの火災による焦土層とを二、三時間のうちに見るのとではまったく違うのである。

発掘作業という時間の緩慢たる経緯のなかで遺跡の時代を考えることは、おそらくその時代をより身近に具体的に理解する作業でもある。したがって古代文明の推移を鋭く切り裂いて、その本質を明快に提示することはできなくとも、文明を動かしたさまざまな要因や人々の心理をある程度たどることができる。

発掘を通じて知りえたことは、古代文明が萌芽し、固有の特質をもつようになり、独自の展開をしてやがて衰退するという推移が、きわめてゆっくりと推移したということである。しかもその推移のなかにある人々は、推移の方向や特徴を把握することなく、ただ緩やかに変わりつつあることを漠然と察知するだけであったと思われる。

ところが、最盛期を過ぎて、衰退期に入ったある時点で、そのことが認識されるようになると、変化の大きさ、衰退の早さに突然のように覚醒し、必要以上の混乱にみずからを投入するようである。衰退のときも、実際には、上昇にあったときと同じような緩やかな変化であったとしても。

同じ景色でも、上昇気流に乗っている場合を眺めるときと、衰退を意識しながら眺めるときとではまったく異なるのである。そのことを、現代に生きるわれわれは十分に認識しておく必要がある。

たとえば先に紹介したように、ローマ時代が終わろうとしていた古代末期、人々はかつてあれほど輝いていた太陽がなぜ光を照らしてくれないのかと嘆いている。当時大規模な気候変動があったわけではなく、衰退しつつある時代のなかで人々の気持ちが暗く悲観的になったための慨嘆なのである。

たしかにアウグストゥスがローマ帝国を建設し、トライヤヌスが最大版図にまで帝国を拡大し、史上最強と異民族にはおそれられた国が衰退するなど、だれもがまったく予期しなかったことである。現代でいえば高速道路のような立派な道だけでも総延長約八万キロを建設し、地中海には何千隻もの船が物資を運搬し、都ローマとアレクサンドリアでも半月以内で連絡しあえる通信網が確立していたにもかかわらず、それらのネットワークが帝国内の地域や地方、そして都市や村々を緊密に結びつけたからこそ、その一部が切断されただけで、精巧なネットワークは恐慌をきたしたのである。前に述べたように、いくつかの文明の興亡をたどると、その文明を繁栄させた原因や要素こそが、同じ文明を衰退させる働きをすることがわかる。ローマ文明もまた、ローマを繁栄させたことによって衰退していったのである。

人類の発生から古代までの旅を終わろうとしている今、これまで見てきた過去の長大な時代と、われわれが生きている現代とでもっとも異なるのは、一つひとつの出来事が、それに直面した人々にとってはまったく初めて経験することであり、それゆえに、悩み、迷い、恐れ、躊躇し、そして知恵をしぼって、勇気をだし、対処したということである。その一つひとつ、瞬間瞬間に、民族全体が、社会全体が、グループ全体が、あるいは個々の人間の全人格が新たな時代や物事に対面してきたということである。その清新さをわれわれはどこに忘れてきたのであろうか。

おわりに――文明が滅びるとき

衰亡のメカニズム

古代世界のさまざまな文明を以上のように概観したとき、この地球上に生まれた文明はすべて消えていることにまず気づく。いうまでもなく、文明は必ず滅びる。永久に発展を続ける文明は存在しない。

「中国四〇〇〇年」という言い方が中国文明の長さを象徴したものであっても、中国における文明に連綿とした連続性は認められず、それぞれの時代を担ったいくつもの文明が交代するかたちで継続しているにすぎない。

一つの文明が興り、栄え、そして消えていくという文明の興亡は、ヒトを典型とする生物の生涯に似ている。誕生して成長し、ある時期に個体としてのピークを迎え、やがて衰えて一生を終える。文明の興亡もまた、このようなゆるやかなカーブを描きながら推移していく。なかにはシュメール文明のように、たいへんな隆昌をみたあと急速な衰亡に向かうというドラスティックに展開した例もある。しかし、これは灌漑《かんがい》農業という強引な生産手段がもたらした特異な推移と見るべきで、世界の古代文明のほとんどは、人間がゆっくりと時間をかけて老いていくように、ゆるやかに衰退していくのである。

では、文明が衰亡するメカニズムとはどういうものだろうか。

結論からいえば、ほとんどの場合、文明衰亡の要因は繁栄を招いた要因の中に見いだすことができる。もちろん敵国から攻められて滅びたり、政治的な勢力地図が変わって滅びることもあるが、いわゆる大文明が滅びるときは、その文明を繁栄させた要因によって衰亡をまねくパターンが多い。つまり大文明の多くは、自滅の道をたどっているのである。

ローマ帝国を例にあげよう。ローマを繁栄させた第一の要因は、当時の地中海世界が五〇〇〇万人を養うだけの豊かさをもっていたことにある。ただし、豊かな地中海世界といっても、余剰農産物を出す地域はナイル・デルタや現在のクレタ島、チュニジア、シチリアなど、ごく限られていた。そのため、ローマ帝国が興るまでの地中海世界は、余剰農産物をめぐる争奪戦争が絶えることはなかった。

そんな地中海世界を平定しようとしたのがカエサルである。彼は余剰農産物のある地域から足りない地域へ適正に再分配することで五〇〇〇万人が平和に暮らせるようになると考えた。そのために地中海世界を一つの領域国家とし、地域ごとの政治システムを中央集権的な統治体制に改めようとした。その志なかばでカエサルは暗殺されてしまうが、彼のあとを継いだアウグストゥスによってローマ帝国の礎が築かれ、以後、地中海世界は三〇〇年にわたる繁栄を続ける。

しかしローマ帝国が繁栄し、とりわけイタリア半島に住む人々が豊かになると、彼らは兵役を嫌うようになり、やがて国境警備は辺境地域の異民族たちが担うようになる。アウグストゥスは、同時に二方面で戦争をしてはいけないと遺言をしているが、国家が巨大化すると、どうしても複数の地域で紛争をかかえてしまう。その結果、軍事力が分散し、苦戦を強《し》いられることになるが、そうなったとき異民族の兵士たちの弱点が露呈する。彼らは戦闘が拮抗しているうちは働くが、少しでも劣勢になると、あっさり寝返って敵側についてしまう。ローマ帝国の兵士とは、圧倒的な戦力を誇る軍隊の兵士であり、敵に翻弄される軍隊の兵士ではなかった。

こうして軍隊が内部崩壊を起こし、ローマはしだいに衰退していくのだが、もともとローマ帝国は巧みな異民族政策によって拡大し、繁栄した国であった。異民族兵士たちのやる気を喚起するために、二五～三〇年の兵役をつとめればローマの完全な市民権を彼らは得ることができた。そのような奨励策もあって、辺境の外に住む異民族は地中海世界の中に移住し、その結果、国は拡大したが、最終的にその異民族がローマ衰退の要因になったのである。

繁栄はある臨界点まで達すると、衰退に転じる。ローマ帝国の場合、その分岐点は、二世紀初めのトライヤヌス帝（在位九八～一一七年）とハドリアヌス帝（在位一一七～一一三八年）のころにあたる。

トライヤヌスが皇帝についたとき、ローマ帝国はもう十分に拡大していたにもかかわらず、さらなる拡大を目指して、現在のルーマニア、さらにイラクあたりまで占領した。その拡大版図を引き継いだハドリアヌスは、その広大な領土に振り回されることになる。彼は皇帝在位期間の約三分の二を領土視察に費やしている。世界の権力者で、戦争を除けば、ハドリアヌスほど各地を回った人はいない。結局、ハドリアヌスは拡大から内政重視に切り替えるが、しだいに異民族のコントロールがきかなくなる。やがて、メソポタミアへ遠征した兵士が疫病をローマに持ち帰ったため、疫病が大流行し、これによってローマ帝国の人口が、五〇〇〇万人から三〇〇〇万人に減少したともいわれている。

均質社会の強さと弱さ

史上最強といわれるローマ帝国が拡大のピークを迎えていた二世紀初め、日本は弥生時代であった。さらに時代をさかのぼると、メソポタミアに栄えたアッシリア帝国が滅びた紀元前六世紀、日本はまだ縄文時代で狩猟採集の社会だった。

極東の島国の後進性といってしまえばそれまでだが、西アジアや地中海世界と比べて農耕が遅く始まったのは、狩猟採集の対象となる植物や小動物が日本列島に豊富だったためである。豊かな自然に恵まれていたため、農耕という生産活動をしなくても食べていけたのである。もし日本がもっと厳しい自然環境にあったなら、われわれの祖先はさまざまな工夫をこらして、もっと早くから農耕を始めていたであろう。それればかりでなく、社会や文化のありようも、違ったものになっていた可能性が高い。

早くから農耕が普及したメソポタミアにせよ、ヨーロッパにせよ、農耕に適した土地はそれほど広くはなかった。このため灌漑や開墾で農地を増やす努力をしなければならなかった。灌漑にしても開墾にしても、より効率的におこなおうとすれば人の力だけでは限界がある。そこで牛馬が利用されたが、一時的ではなく常時農耕に牛馬を使うようになると、動物よりもいうことをよく聞き、物覚えも早い労働力があることに気づいた。それが人間であり、奴隷の使用が開始された。

一方、土壌と気候に恵まれ、少し手をかければ比較的容易に農耕ができる日本では、使役のための動物をメソポタミアや地中海世界ほどに必要としなかった。二、三町歩の土地を利用してイネを植え、季節ごとの野菜を育て、ニワトリとブタを飼えば、一家はそれで十分食べていけた。ヨーロッパのように痩せた土地もしくは寒冷な気候で作物を育てるためには、牛馬の力を借りることになり、やがて奴隷という労働力を生んだのである。日本で奴隷が普及しなかったのは、牛馬の力を借りずとも農耕ができるだけの環境に恵まれていたからであろう。

日本人は世界的にもまれなホモジニアス（均質）な民族といわれるが、こうした日本人の特質も、恵まれた自然環境と安定的かつ小規模な農耕によって育まれたものと考えられる。アメリカや中国などの大国に比べれば、突出した金持ちもいないかわりに極貧の人々も少なく、みなほどほどに食べてはいけるが、豊かさも貧しさも極端な差がない社会を実現してきた。

この均質性は明治以降、安定的な労働力として日本の近代化の発展に大きく貢献した。明治維新のとき日本の人口は約三五〇〇万人で、現在は約一億二〇〇〇万人と三倍以上に増えている。個人所得は明治時代、世界主要国のなかでもほとんど最低レベルだったのが一時は世界一〇位以内にまで入り、国内総生産（GDP）はアメリカに次ぐ世界第二位までなったこともある。こうした明治以降の日本の発展は「世界の奇跡」といってよく、これを可能にした大きな要因の一つが日本社会特有の均質性である。

しかし、均質性がプラスに作用したのは一九八〇年代までで、いまではその均質性がむしろマイナスになりつつある。というよりも、プラスにするだけの柔軟性を日本の社会が失いつつあるのである。それによって、いま何が起きているかというと、「日本神話」の崩壊である。

たとえばかつて日本の警察は世界一といわれる検挙率の高さを誇っていたが、近年、それが急落している。これは犯罪の多様化、とくに来日外国人による犯罪が急増したことが原因の一つであるといわれている。日本人とは思考も行動パターンも異なる外国人の犯罪に対応できないのは、均質的な日本人の犯罪パターンにしか向き合ってこなかったからである。社会全体が均質だった日本では、何か異質なものがあると、それだけで突出するほど周囲が同質だった。警察が優秀だったから検挙率が高く犯人をすぐに見つけたのではなく、均質化された社会が犯人をあぶりだしてくれていたのである。ところが不均質で多様な社会になると、異質なものが目立たなくなる。異質だったものが異質でなくなってしまったために、日本の検挙率が低下したのである。警視庁の「刑法犯認知件数・検挙件数・検挙率の推移」（昭和二一年～平成一六年）によれば、ほぼ六〇パーセント台であった検挙率が、昭和六三年（一九八八）から急激に低下している。

　また均質な労働力は品質のよい製品を安く大量生産するうえで有効であるが、突出した創造的な仕事はあまり期待できない。いうまでもなく、いま産業界で求められているのは後者のほうである。こうして見ていくと、明治維新から世界第二位の経済大国になるまでの奇跡的発展を「日本文明」とするならば、その発展を実現させた均質性がこんどは低迷の一因になるという文明衰亡の法則を、わが日本にも見いだすことができるのかもしれない。

日本文明がかかえる弱点

均質社会のなかでは異質なものを排除してしまうという力がつねに働いている。それは体内から異物を排斥しようとする働きと同じである。しかし、これは多様性の否定にほかならず、ここに日本社会と日本人にとっての大きな課題の一つがあろう。

　前述のように多様性は「強さ」や「しぶとさ」を担保するものであり、それは生物としての人間にもあてはまる。およそ地球上の動物の中でもっともよく繁殖したのは人間だが、それは裏を返せば、われわれ人間がもっとも雑多で汚いものを体内に有しているからにほかならない。新種のインフルエンザや感染症に、たびたび注意が喚起されているが、ほかの生物にとって、人間ほど毒性をつぎつぎと強くする「ウイルス」はこの地球上にないと思われているのではないだろうか。

　次のような話がある。イタリアのパドヴァにあるスクロヴェーニ礼拝堂はジョットの壁画があることで知られるが、この壁画は近年劣化が進み、関係者を悩ませていた。おそらくは周囲の交通量が増えたことによる排ガスが原因であろうと考えられていたが、調査の結果、意外なことがわかった。壁画の表面を劣化させていたのは、自動車の排ガスではなく、礼拝堂を訪れる観光客の吐く息だったというのである。つまり人間が息を通して体外へ排出する雑菌やカビなどが壁画に悪い影響をおよぼしていたことが判明したのだ。

それほどにわれわれ人間の体内には汚いものが含まれており、それゆえに地球上で抜きんでた生命力を維持しているのである。

ところが世界の先進国の中には、この生命体としての本来的な強さを脆弱にしている人々がいる。ほかでもない日本人である。一九九五年二月、バリ島から帰国した日本人三〇〇人近くが、コレラ菌に感染していることが判明した。ところが、同じ時期にバリ島にいた他の国の観光客や、現地住民は感染していないことがわかった。なぜ日本人だけがかかったのか十分な究明もなくうやむやになった。ただし一般には、疫病にもっとも弱いのは、もっとも清潔な国で暮らす日本人であるとされた。ことに最近は強迫観念のような清潔信奉が広がり、公園の砂場で幼い子供を遊ばせない親も増えているという事態まで生じているという。

これは過保護を超えた愚行としかいいようがない。なぜなら幼い子にとって、砂遊びは健康体をつくるうえで欠かせないからである。生まれたばかりの幼児が最初に免疫力をつけるのは母親の母乳によってであり、そのもう一段上の免疫力をつけるために欠かせないのが砂遊びである。それを「汚い」という理由で排除してしまうのは、強い生命体になることを拒否していることに等しい。

もっとも、近年ひよわになっているのは、日本人の身体だけではない。文化もまた同様である。たとえば日本各地には伝統工芸と呼ばれるわが国の「ものづくり」の原点ともいうべき貴重な技術が残っているが、こうした工芸品づくりは職人たちの分業と協業で成り立っていることが多い。仮に神輿《みこし》をつくろうとすると、飾り職人、木地職人、漆職人、大工といった何人もの専門職がそれぞれの受け持ちで技量を発揮し、最終的に神輿が組み上げられる。漆に関してだけでも、蒔絵《まきえ》師、彩色師、金箔師などの協力が必要である。そのため、一人でも職人が欠けたら、伝統的な神輿はできなくなってしまう。

さらに日本各地の伝統工芸品は、岩手の南部鉄瓶と秋田鉄瓶がたがいに影響しあいながら完成度を高めていったように、地域的つながりをもっている。したがって、一つの工芸品が消滅すると他との有機的なつながりが切れて、製作自体が滞るだけでなく、改善改良の発展性を失ってしまう。工芸品が一つ姿を消すということは、その損失だけにとどまらず、他の工芸品にも大きなマイナスをもたらすのである。

すぐれた工芸技術を維持・発展させるには、さまざまな材料や技術があるだけでなく、意匠の集積や愛好者たちの存在が前提であり、その意味での多様性が重要である。多様性を維持しないと、日本の工芸品はまちがいなく衰退していくだろう。

いま伝統工芸の世界はどこも後継者不足で、人間国宝クラスの作家でも、その半分以上は創作のかたわら、大学の先生などをしている。工芸だけでは食べていけず、それゆえに後継者が減少しているのが現実である。早く何らかの手を打たないと、とりかえしのつかないことになる。しばしば「危機に瀕している言語」とか「危機に瀕している世界遺産」ということがいわれるが、日本の伝統工芸品もまた「危機に瀕している文化」の一つなのである。

要素還元主義の「遺産」

このように多様性は文化や文明のパワーを担保する源の一つといってよいが、一方で、われわれ人間がもつ知恵もまた、文明を維持させるうえできわめて重要である。それは文明をパワーアップさせるほどの力はないにしても、文明のゆるやかな上昇や延命、つまり文明衰退のカーブをよりゆるやかにすることは可能であろう。

そこで今後、われわれに求められる知恵について、考えてみたい。繰り返しになるが、現代文明の繁栄を築いた科学技術の進歩は、デカルトが唱えた要素還元主義によってもたらされた。この要素還元主義と反対軸にあるのがホーリズム、すなわち全体論もしくは統合主義と呼ばれるものである。要素還元主義とホーリズムを比べると、かつてはホーリズムのほうが優勢であったが、時代がたつにつれて逆転し、現在では要素還元主義が圧倒的な勢いを獲得している。本来であれば、要素還元主義の成果である科学技術のめざましい発達の一方で、それらの成果を統合して全体の調和を把握するホーリズムが機能しなければならないが、いまはそれを期待することはできない。科学技術の進展による成果を期待するあまり、個別の成果が社会全体あるいは環境にどのような影響を与えるかを検証せずに、果実のみを取り込んでいるからである。

要素還元主義が人類に大きく貢献したことはまちがいない。古くはそれによって蒸気機関という新しい動力を人類にもたらし、エッフェル塔のような美しさと構造的強度を兼ねそなえた建造物を生みだした。こうして要素還元主義から生まれた機械論的世界像、つまり機械化を進めれば人類の将来はバラ色であるという認識が一九世紀中期から後半にかけ、神話のごとく定着した。ところが、この神話を基盤とする機械論的世界像が生みだした負の側面は、「公害」と評された環境破壊であり、ロンドンの濃霧などはその典型である。さらに要素還元主義は、機械論的世界像の次に、X線やラジウムの発見に始まる原子論的世界像をつくりあげるが、これは核兵器という人類にとって取り返しのつかない負の遺産を生みだすことになった。

負の遺産の拡大は、それだけではない。科学技術の進歩の矛先は、その後ミクロの世界にも向かい、第二次世界大戦後にはDNAの二重らせん構造が発見され、このころから遺伝子論的世界像が提示された。それによって自然科学の分野では従来、要素還元主義の反対軸であるホーリズムが強かった生物学までも要素還元主義に取り込まれていくようになる。

この遺伝子論的世界像が生まれてまだ日は浅いが、やがてその行き着くところで問題になるのが、おそらく遺伝子組み換えであろう。最近では植物遺伝子を、それも同じ種だけはなく異なる種でかけ合わせたり、さらには植物と動物の遺伝子のかけ合わせまでおこなわれている。そうした行為が自然界の精緻な秩序のどこの鎖を断ち切っているのか、地球の生物にどのような影響をもたらすのか、まったく不明である。われわれは将来にきわめて深刻な危険因子を送り込んでいるといわなくてはならない。

われわれにできること

そうしたなかで、いまは環境問題が地球上でもっとも重要な課題になりつつあるが、この環境問題の難しいところは、誰が加害者で、誰が被害者であるか、つまり原因と結果が一本の単線上に見いだせないことである。加害者は同時に被害者にもなり、被害者もじつは加害者かもしれず、根本原因がどのような結果をもたらしているのか、その複雑なメカニズムの全容をつかむことが容易でないところに問題がある。

環境問題に対しても要素還元主義で解決できるとする考えもあるが、モグラ叩きさながら、そのつど表面化する現象を対症療法的に潰していっても、水面下で問題がどこにどうつながっているかわからない以上、真の有効な手段にはなりえない。

そう考えるなら、いまの環境問題はわれわれに対する要素還元主義偏重の警告といえるのである。このやっかいな問題の解決のためには、環境問題を総体としてとらえるホーリズムの復権が鍵をにぎっているのではないだろうか。そしてホーリズムにもとづいて問題をとらえ、進むべき方向性を提示する知恵が求められているのである。もちろん、ホーリズムが行き過ぎると、そこには神秘主義が待ち構えている。過去のホーリズムの衰退の原因を常に認識し、より科学的なホーリズムを再構築することが人類にとっての数少ない可能性の確保なのである。

要素還元主義はこれまでの文明史観にも影響を与えてきた。たとえば、かつての日本の学校教育における「四大文明」に対する偏重は、一九世紀に普及した機械万能主義にもとづく機械論的世界像（これは最初の要素還元主義の成果である）、つまり個々を組み上げていけば必ず進歩して社会全体が豊かになるという信仰が背景にあって認識された文明史観にもとづくものであった。

しかし、前述のように要素還元主義が公害問題や核兵器などをもたらしたあげく、環境破壊という地球レベルの問題をひきおこす事態にまで至ってしまった。その解決のためにホーリズムの復活が望まれているなかで、われわれ研究者は「四大文明」のような取捨選択した人類の足跡だけをとらえるのではなく、できるかぎりさまざまな古代文明をとらえていかなければならない。たとえば、古代アンデスの文明や、本シリーズの他の巻でさまざまにとり上げられている非農耕民の歴史、すなわち内陸アジアの半乾燥地帯を駆ける遊牧騎馬民や、海を生活の場とし、交易で栄えた民族など、さまざまな文化・文明の多様性に目を向ける必要があるだろう。そうしなければ、本当の人類の歩みを解明、もしくは認識することができないのではないかと考えるからである。

環境問題に直面しているわれわれ現代人は、できるかぎり多くの個々の文明の興亡をとらえるとともに、それらをトータルに把握して全体像を考察していくことが求められている。そうした観点からすると、人類最古の文明であるとか人類最初の都市文明であるとか、あるいは最大の古代都市であるといった、「最古」「最初」「最大」などの冠は、文明史においてほとんど何の価値も有していないことがわかる。

われわれの役割は、より複眼的に、より多価値なものを総合しながら、文明をとらえていくことである。そうすることによって初めて古代文明の考察が、現代人にとって示唆深い過去の人々の営為を浮かび上がらせることになるのではないだろうか。

懐古主義を超えて、古代遺跡で繰り広げられた過去の人類の営みと現代人を直接つなぐことがわれわれの目標であるが、その達成にはもう少し時間がかかりそうである。

学術文庫版のあとがき

二〇〇九年に出版した『人類文明の黎明と暮れ方』を学術文庫版にするため、改めて全文を読み直してみた。何ヵ所かの明らかに言葉足らずのところや、推定年代が大きく変わったところだけは手を加え、それ以外は二〇〇九年版のままにした。読み返して感じたことは一〇年にも満たない、人類の歴史からするとほんの一瞬の時の経過でしかないのに、わたくしたちが目にする社会の景色が大きく変わったということである。

二〇〇九年の時点ですでに地球規模の環境悪化、鳥インフルエンザやBSE（牛海綿状脳症）の発生、イスラム原理主義の台頭、そして富の偏在などに対する警鐘が打ち鳴らされていた。その一方で、グローバル化の急速な普及に対しての、警戒とも歓迎ともつかない戸惑いが日本社会を覆っていた。しかし、二〇一一年の東日本大震災と東京電力福島第一原発の炉心溶融はわずかに残っていた日本社会の将来に対する楽観論を完全に覆してしまった。すべてを原点から考え直そうとする動きが出てきたが、少子化、高齢化、人口減少、国家財政の悪化に「3・11」が重くのしかかり、社会的な総点検は脇に置かれてしまった。しかもこれらの負の影響は弱小地域や脆弱な組織、あるいは恵まれない人々に対して、より大きく作用している。たとえば、住民が減少したばかりでなく住民の平均年齢が高くなった集落でのさらなる人口減少は、集落自体の存続を左右する深刻な問題である。そのような問題を抱えた集落が日本の各地で増え続けており、人体にたとえるなら手足の末端が凍傷にかかり、その状態が中心部に向かってじわじわと広がっているかのようである。

福島第一原発事故では帰還困難区域が設定され、二〇一七年四月の時点でも約二万四〇〇〇人、九〇〇〇世帯近い人々が全く先の見えない避難生活を余儀なくされている。これほどの大惨事を起こし多くの人々に犠牲を強いているにもかかわらず、厳しい安全基準に適合したからという理由で、川内《せんだい》原発に続き、高浜《たかはま》原発が稼働を再開し、その後、大飯《おおい》原発、玄海《げんかい》原発が再開している。より慎重で広汎な議論が必要なはずなのに、原発再稼働に関して現時点では経済優先が選択されることになった。しかし、反対論も根強く、原子力発電の推進派と反対派の亀裂は拡大し、社会的なストレスも増大するばかりである。

地域社会や国単位の社会、あるいは国際社会で様々な対立が激しさを増し、差別や排斥が社会を動かす大きなエネルギーになっている。寛容と忍耐、あるいは節度と融和といった考えとそれに基づく行動様式が社会の中から明らかに後退している。この傾向にさらなる拍車をかけたのが、大量のシリア難民が押し寄せたヨーロッパ社会の混乱であり、アメリカ合衆国でのトランプ大統領の出現である。

第二次世界大戦が終わったとき、地球上の誰もが平和を希求し、そのことの理念構築を世界の知識人が懸命に打ち立てようとしたことを今一度想起すべきではないだろうか。

一方で、生命科学やナノテクノロジーなどの科学技術がめざましい発展を遂げ、宇宙科学も研究の対象である宇宙空間を恐ろしいほどに拡大している。しかも一年間で生成されたデジタル情報の量は、二〇一三年が四・四ゼッタバイト、二〇二〇年には四四ゼッタバイトになるという。二ペタバイトで米国の全学術研究図書館のコンテンツに相当し、その五〇〇倍が一エクサバイト、さらにその一〇〇〇倍が一ゼッタバイトであるから、まさに想像を絶する情報量である。

情報の氾濫が知識を真の知とする醸成期間を剝奪し、その結果、知の魅力を奪い、まして叡智の輝きを失くしてしまった。知の尊厳、あるいは知への憧れを失くしてしまったわが国の現代社会からはかつてのような叡智に満ちた思想が生まれる可能性はなくなり、狡知《こうち》だけが蠢《うごめ》く社会に変わりつつある。科学技術が発達すればするほど、発達した科学技術を包含する思想が必要であり、人間とは何かを考える人文学が活躍しなければならない。しかし、科学技術を包括するホーリズムとしての思想は、それが本質的に内包せざるをえない曖昧さによって人文学を含む科学者たち自身によって否定されてしまった。現状のような科学技術が進めば進むほど、総体としての人間の将来は神まかせになるというパラドックスに完全に入ってしまった。

このような世界だからこそ、今一度人類の来し方を眺めてみることがいかに重要かを、手前味噌だが今回の学術文庫版になる機会に拙著を読み直してつくづく感じた。著者にとっては、人類黎明期の文明は、現代を考える上での定置観測の場そのものなのであり、そのような場があることに安堵感さえ覚える。

二〇一八年　五月

青柳正規

Romana di Archeologia 75, 2002-03, pp. 187-244.

- Aoyagi, M. et al., "Nuovi scavi nella <Villa di Augusto> a Somma Vesuviana (NA): campagna 2002-2004", in *Rendiconti della Pontificia Accademia Romana di Archeologia*, 78, 2005-06, pp.75-109.
- Bent, T., *The Cyclades, or Life among the Insular Greeks,* London, 1885.
- Branigan, K.,*Pre-Palatial: The Foundations of Palatial Crete: A Survey of Crete in the Early Bronze Age,* Amsterdam, 1988.
- Doumas, C.,*Thera: Pompeii of the Ancient Aegean,* London,1983.
- Drews, R., *The End of the Bronze Age: Changes in Warfare and the Catastrophe ca. 1200 B. C.,* Princeton, 1993.
- Evans, A., *The Palace of Minos at Knossos,* London, 1921-35.
- *Kunst der Kykladen*（展覧会カタログ）, Karlsruhe, 1976.
- Every, D. et al. (eds.), *Knossos: A Labyrinth of History,* Oxford, 1994.
- Fields, N., *Mycenaean Citadels c. 1350-1200 BC (Fortress)*, 2004.
- James, P.,*Centuries of Darkness : A Challenge to the Conventional Chronology of Old World Archaeology,* London, 1991.

Anthropology 2, 1973, pp. 271-310.
- Lynch, T. F. ,"Harvest timing, transhumance, and the process of domestication", in American Anthropologist 75, 1973, pp. 1254-1259.
- Piperno, D.R., Weiss, E., Holst, I., Nadel, D. (2004) Starch grains on a ground stone implement document Upper Paleolithic wild cereal processing at Ohalo II, Israel, Nature.
- Rogerson, J., *Atlas of the Bible,* New York,1985.
- Shady,R., Haas, J., Creamer, W., "Dating Caral, a Preceramic Site in the Supe Valley on the Central Coast of Peru", in *Science,* 2001, 292, pp. 723-726.
- Stiner, M. C., Thirty years on the "Broad Spectrum Revolution" and paleolithic demography. *Proceedings of the National Academy of Sciences* 98(13), 2001, pp. 6993-6996.
- Vidal, J. Pulgar. *Geografia del Perú: Las Ocho Regiones Naturales del Perú, Lima,* 1981.

第5章

- 青柳正規『皇帝たちの都ローマ―都市に刻まれた権力者像』中公新書 1992年
- 青柳正規『ローマ帝国』岩波ジュニア新書　2004年
- 伊藤貞夫『古代ギリシアの歴史』講談社学術文庫　2004年
- 太田秀通『ミケーネ社会崩壊期の研究―古典古代論序説』岩波書店 1968年
- 桜井万里子・本村凌二『ギリシアとローマ』（世界の歴史５）中央公論社　1997年
- 周藤芳幸『ギリシアの考古学』（世界の考古学３）同成社　1997年
- J・チャドウィック／安村典子訳『ミュケーナイ世界』みすず書房 1983年
- W・G・フォレスト／太田秀通訳『ギリシア民主政治の出現』平凡社 1971年
- Aoyagi,M.,"Ripresa degli scavi nella villa romana di Realmonte", in *Kokalos* XXVI/XXVII, 1980/81, pp. 668-673.
- Aoyagi,M., "Il mosaico di Posidone rinvenuto a Realmonte" , in *Quaderno dell'Univ. di Messina* 3, 1988, pp. 91-103.
- Aoyagi,M. et al., "Lo scavo della villa romana in loc. Cazzanello, presso Tarquinia : Nota preliminare", in *Rendiconti della Pontificia Accademia*

放送出版協会　2000年
• Maisels, C. K., *The Emeregence of Civilization: From Hunting and Gathering to Agriculture, Cities, and the State in the Near East,* London/New York, 1990.

第4章

• 赤澤威他編『アメリカ大陸の自然誌３　新大陸文明の盛衰』岩波書店　1993年
• 小澤正人・谷豊信・西江清高『中国の考古学』（世界の考古学７）同成社　1999年
• 加藤泰建・関雄二編『文明の創造力―古代アンデスの神殿と社会』角川書店　1998年
• 辛島昇・桑山正進・小西正捷・山崎元一『インダス文明―インド文化の源流をなすもの』NHKブックス　1980年
• 後藤健「インダスとメソポタミアの間」近藤英夫他編著『NHKスペシャル四大文明 インダス』日本放送出版協会　2000年
• 徐朝龍『長江文明の発見―中国古代の謎に迫る』角川選書　1998年
• 関雄二『アンデスの考古学』（世界の考古学１）同成社　1997年
• 関雄二『古代アンデス　権力の考古学』（諸文明の起源12）京都大学学術出版会　2006年
• 鶴間和幸他編著『NHKスペシャル四大文明　中国』日本放送出版協会　2000年
• 中尾佐助『照葉樹林文化論』（中尾佐助著作集６）北海道大学出版会　2006年
• 林巳奈夫『中国文明の誕生』吉川弘文館　1995年
• 宮本一夫『神話から歴史へ』（中国の歴史01）講談社　2005年
• 村井淳志「「四大文明」は江上波夫氏が発案した造語だった！」『社会科教育』2009年４月号　明治図書出版
• Ｌ・Ｇ・ルンブレーラス／増田義郎訳『アンデス文明―石期からインカ帝国まで』岩波書店　1977年
• Breasted, James Henry, *Ancient Records of Egypt* , 5 vols, Chicago, 1906-07.
• Buck, John Lossing, *Chinese farm economy,* Chicago, 1930.
• Childe, V. G., *New Light on the Most Ancient East,* London, 1952.
• Childe, V. G., *New Light on the Most Ancient East,* New York, 1969.
• Flannery, Kent V., “The Origins of Agriculture.” in *Annual Review of*

The Fifth International Congress on the Archaeology of the Ancient Near East, Madrid, April 3-7, 2006.
- Potts, D., *Mesopotamian Civilization: The material Foundations,* London 1996.

第3章

- クリストファー・ウォーカー／大城光正訳『楔形文字』學藝書林　1995年
- レオナード・ウーリー／瀬田貞二・大塚勇三訳『ウル』（〈人間と文明の発見〉シリーズ）みすず書房　1958年
- 大貫良夫他『人類の起源と古代オリエント』（世界の歴史１）中央公論社　1998年
- H・クレンゲル／江上波夫・五味亨訳『古代バビロニアの歴史』山川出版社　1980年
- D・D・コーサンビー／山崎利男訳『インド古代史』岩波書店　1966年
- L・コットレル／酒井傳六訳『古代エジプト人』法政大学出版局　1973年
- 近藤二郎『エジプトの考古学』（世界の考古学４）同成社　1997年
- セルジュ・ソヌロン／鈴木まどか訳『エジプト学』（文庫クセジュ）白水社　1976年
- 高宮いづみ『エジプト文明の誕生』（世界の考古学14）同成社　2003年
- 月本昭男訳『ギルガメシュ叙事詩』岩波書店　1996年
- ロザリー・デイヴィッド／近藤二郎訳『古代エジプト人―その神々と生活』筑摩書房　1986年
- J・ボテロ／松島英子訳『メソポタミア―文字・理性・神々』法政大学出版局　1998年
- クライブ・ポンティング／石弘之訳『緑の世界史』上・下　朝日選書　1994年
- 前川和也「『都市革命』あるいは都市社会の成立―古代メソポタミアにおける」山田慶兒・阪上孝編『人文学のアナトミー――現代日本における学問の可能性』岩波書店　1995年
- 屋形禎亮編『古代エジプトの歴史と社会』同成社　2003年
- 山崎元一『古代インドの文明と社会』（世界の歴史３）中央公論社　1997年
- 吉村作治・後藤健他編著『NHKスペシャル四大文明　エジプト』日本

- 埴原和郎『人類の進化史―20世紀の総括』講談社学術文庫　2004年
- 馬場悠男編『考古学と人類学』同成社　1998年
- リチャード・リーキー／馬場悠男訳『ヒトはいつから人間になったか』草思社　1996年
- Auffermann, B., and Orschiedt, J., *Die Neandertaler – Auf dem Weg zum modernen Menschen.* Theiss, Stuttgart, 2006.
- Guthrie, R. Dale. *The Nature of Paleolithic Art.* Chicago, 2006.

第2章

- 青柳正規『原史美術』（名宝日本の美術１）小学館　1982年
- 岡村秀典「中国文明の起源」鶴間和幸他編著『NHKスペシャル四大文明　中国』日本放送出版協会　2000年
- 岡村道雄『縄文の生活誌』（日本の歴史01）講談社学術文庫　2008年
- G・チャイルド／ねずまさし訳『文明の起源』上・下　岩波新書　1951年
- 西秋良宏編『遺丘と女神―メソポタミア原始農村の黎明』東京大学総合研究博物館　2008年
- 西秋良宏・仲田大人・青木美千子・須藤寛史・米田穣・近藤修・赤澤威「シリア、デデリエ洞窟における2005年度の発掘調査」『高知工科大学紀要』3号　2006年
- ブライアン・フェイガン／東郷えりか訳『古代文明と気候大変動―人類の運命を変えた二万年史』河出書房新社　2005年
- ウィリアム・ライアン、ウォルター・ピットマン／戸田裕之訳『ノアの洪水』集英社　2003年
- コーリン・レンフルー／大貫良夫訳『文明の誕生』岩波現代選書　1979年
- Aksu, Ali E., Hiscott, Richard N., Mudie, Peta J., Rochon, André., Kaminski, Michael A., Abrajano, Teofilo., Yaşar, Doğan., “Persistent Holocene Outflow from the Black Sea to the Eastern Mediterranean Contradicts Noah’s Flood Hypothesis”, in *GSA Today,* vol.12, Issue 5, 2002. pp. 4-10.
- Childe, V. G., The Urban Revolution, in *Town Planning Review* 21, 1950.
- Jarrige, J. François., *Mehrgarh, Pakistan : les Tombes des premiers agriculteurs-éleveurs du Sous-continent indien,* Paris 1986.
- Nishiaki, Y., S. Muhesen, and T. Akazawa (2006) The Natufian occupations at the Dederiyeh cave, Afrin, northwest Syria. Abstracts of

参考文献

本書のテーマ全般

- 『朝日＝タイムズ　世界考古学地図』朝日新聞社　1991年
- 青柳正規他編『世界美術大全集　西洋編』１～５　小学館　1994～97年
- テリー・イーグルトン／大橋洋一訳『文化とは何か』松柏社　2006年
- 大場秀章『植物分類学・植物地理生態学』（大場秀章著作選Ⅱ）八坂書房　2006年
- ジャレド・ダイアモンド／楡井浩一訳『文明崩壊』上・下　草思社　2005年
- サミュエル・ハンチントン／鈴木主税訳『文明の衝突』集英社　1998年
- J・M・ロバーツ／青柳正規監修／東眞理子訳『「歴史の始まり」と古代文明』（図説世界の歴史１）　創元社　2002年
- Benveniste, É., *Civilization. Contribution à l'histoire du mot,* Paris, 1954.
- Diamond, S., *Culture in history,* New York, 1960.
- Zimmerman, R., *Zivilisation als Fortsetzung der Evolution. Die Entwicklung der Erdbevölkerung zum System Menschheit.,* Berlin 2008.

第１章

- 赤澤威『ネアンデルタール・ミッション』岩波書店　2000年
- 赤澤威編著『ネアンデルタール人の正体』朝日選書　2005年
- 赤澤威・大塚柳太郎他編『モンゴロイドの地球』全５巻　東京大学出版会　1995年
- フランス・ドゥ・ヴァール／藤井留美訳『あなたのなかのサル―霊長類学者が明かす「人間らしさ」の起源』早川書房　2005年
- 木村資生『生物進化を考える』岩波新書　1988年
- 木村有紀『人類誕生の考古学』（世界の考古学15）同成社　2001年
- ドナルド・C・ジョハンソン、マイトランド・A・エディ／渡辺毅訳『ルーシー―謎の女性と人類の進化』どうぶつ社　1986年
- ドナルド・C・ジョハンスン、ジェイムズ・シュリーヴ／堀内静子訳『ルーシーの子供たち』早川書房　1993年
- 諏訪元・洪恒夫編『アフリカの骨、縄文の骨―遥かラミダスを望む』東京大学総合研究博物館　2006年

西暦	おもなできごと
前900年頃	イタリア、ラツィオで青銅器時代から鉄器時代へ
9世紀～前2世紀	イタリア中部、エトルリア文明が栄える
753年	伝説上のロムルスによるローマの建設
600年頃	ローマの都市化のはじまり
600～480年頃	ギリシア、アルカイック時代
594年	アテネでソロンの改革
509年	ローマ、エトルリア王を追放、ローマ共和政の成立
前5世紀～後3世紀	日本、水田稲作農耕の弥生時代
前480年頃～前323年	ギリシア、クラシック時代
396年	ローマがヴェイオ攻略、エトルリアとローマの関係が逆転
323年	アレクサンドロス大王の死、ヘレニズム時代の開始
272年	ローマ、イタリア半島を制圧
188年	アパメアの和約、ローマが東地中海に覇権確立
133年	ローマ、グラックス兄弟の改革
45年	カエサル、終身独裁官となる。翌年暗殺
30年	エジプトがローマ属州となる、ヘレニズム時代の終わり
27年	オクタウィアヌスがアウグストゥスの称号を受ける
後2世紀	トライヤヌス帝（在位後98～117年）、ハドリアヌス帝（在位後117～138年）時代にローマ帝国最大の版図

執筆：芳賀満（東北大学教授）

西暦	おもなできごと
前2600〜2000年頃	古代アンデス文明カラル遺跡
2500年頃〜	古代アンデス文明の形成期、農耕定住開始、祭祀建造物の建造(先土器文明コトシュ遺跡「交差した手の神殿」) 長江文明の良渚文化衰退へ
3千年紀中頃	エジプト、サッカラのピラミッド複合体、ギザの大ピラミッド
2400年頃	アッカド王サルゴンが統一国家をなし、シュメールの都市を陥落させメソポタミアのほぼ全域を支配下に
2350〜2170年頃	メソポタミア、アッカド王国期
2300〜2000年頃	古代地中海文明、初期キクラデス文化第Ⅲ期（フィラコピ第一市文化)
2110〜2000年頃	メソポタミアで新シュメール時代。ウル第三王朝が統一国家を樹立し、ウル・ナンム法典編纂
2000年以降	シュメール文明、徐々に凋落衰退。『ギルガメシュ叙事詩』の成立
2千年紀初め	古代バビロニア王国のハンムラビ王、ハンムラビ法典編纂
2千年紀初頭	ギリシア人の第１次民族移動、インド・ヨーロッパ語族の一派がギリシア本土に移住
1900〜1700年頃	ミノア文明、古宮殿時代
1800年以降	アンデスで土器製作開始
1700〜1425年頃	ミノア文明、新宮殿時代。線文字Aを使用
1550〜1300年頃	クレタ島の土器の影響を受けたミケーネ土器が発達
1480〜1425年頃	ミケーネ人がクレタ島占領、ミノア文明崩壊
1425〜1170年頃	ミノア文明、最終宮殿時代。線文字Bを使用
1200年頃	ギリシア人の第２次民族移動。ドーリア人がギリシア本土を南下、ミケーネ文明が崩壊。青銅器時代から鉄器時代に移行
1000〜紀元前後	古代アンデス文明、クントゥル・ワシ遺跡、石造建築の神殿
1100〜1050年頃	ギリシア、アッティカ地方における亜ミケーネ様式
1050〜925年頃	ギリシア、アッティカ地方における原幾何学様式時代
11世紀末	ギリシア、ペロポネソス半島南部、ラコニア地方にドーリア人移住
925〜725年頃	ギリシア、アッティカ地方における幾何学様式時代
725〜600年頃	ギリシア、東方化様式時代

西暦	おもなできこと
前5千年紀	メソポタミア中核部で灌漑施設による農耕が開始
5千年紀前半	ギリシア、テッサリア地方、新石器時代の集落
4000〜3100年頃	メソポタミア文明ウルク期、南メソポタミア地方に10以上の都市が出現
4千年紀初頭	長江流域に水田が出現
4千年紀	アメリカ大陸で土器製作開始
3500年頃	ヨーロッパのほぼ全域に農耕が普及
3400年頃	イングランド南西部、エイヴベリーの墳丘墓
3200〜1500年頃	グレートブリテン島やフランスにストーンサークルなどの巨石モニュメント
4千年紀後半〜1900年頃	ミノア文明、前宮殿時代
4千年紀後半〜2000年頃	シュメール文明（初期メソポタミア文明。人類最古の都市文明）
3500年頃	シュメール文明で楔形文字が登場
3200年頃	エジプトで初期王朝成立
3300〜2200年頃	長江文明最盛期。長江下流域に良渚文化が栄える
3200〜2700年頃	古代地中海文明、初期キクラデス文化第Ⅰ期（ペロス=ラックウゼス文化）
3000年頃	シュメール文明で楔形文字が文字として確立
	インダス川流域でかなりの規模の集落の誕生
	長江流域で水田をもつ集落の大規模化
3000〜2500年頃	長江中流域に屈家嶺文化が栄える
3000〜2000年頃	黄河文明後期。山東龍山文化
2900〜2350年頃	メソポタミア文明初期王朝時代。南メソポタミアの都市は都市国家の形態を持ち始める
	北メソポタミアのアッカド地方に都市形成、キシュの台頭
2700〜2300年頃	古代地中海文明、初期キクラデス文化第Ⅱ期（ケロス=シロス文化）
2600年頃	シュメール文明ウルクにギルガメシュ王
	エラム王国首都スーサがシュメール都市キシュによって攻められ陥落
	イラン東南部に都市アラッタ建造、トランス・エラム文明を形成
2600〜1800年頃	インダス文明（モヘンジョ・ダロなど）

西暦	おもなできごと
1万2000年以上前～2300年前	縄文時代（世界最古の土器製作。日本型新石器文化。本格的農耕・牧畜を持たない食料採集民文化）
1万1000年前	新石器時代が始まる。西アジア、ヨーロッパにおいて打製石器から磨製石器への進歩
	西アジアで農耕・牧畜の開始、紡織技術の発明、地域間格差の拡大
前9000年頃～4千年紀	イスラエル、イェリコ遺跡で集落が形成される
9千年紀後半～	トルコ中部アナトリアに多くの初期農耕集落が出現。チャタル・ヒュユク遺跡（前7000年～前5500年頃）など
8000年頃	アナトリア南部でヒツジとヤギの家畜化、さらに南レヴァントやメソポタミアに普及
7000年頃	西アジアで土器製作開始
	インダス川流域で農耕と家畜の飼育の開始
	中米で農耕の開始
7千年紀初頭～	インド亜大陸パキスタン西部カッチ平原メヘルガル遺跡で初期農耕文化（南アジア最古の先土器新石器文化）
7千年紀～	ギリシア世界で新石器時代開始、エンマーコムギ、オオムギ栽培とヤギやヒツジ飼育の開始
	ヨーロッパで土器製作開始
6500年頃	アナトリアの農耕文化がバルカン半島に伝播、ヨーロッパの農耕の端緒となる
6200年頃	農耕文化がバルカン半島から南イタリアとシチリアに伝播
6200～5000年頃	内モンゴルの興隆窪文化（興隆窪遺跡。遼河文明の基準遺跡）
6000年頃	北アフリカとエーゲ海域でウシの家畜化
	メソポタミア文明ウバイド期に行政組織が成立し人工灌漑による組織的な農耕
	メヘルガル遺跡で土器製作開始
6000～5000年頃	長江下流域の河姆渡遺跡で稲作が開始され、高床式住宅などがつくられる（長江文明）
5000年頃	長江の中下流域にイネの栽培種が存在
5000～3000年頃	黄河文明前期。仰韶文化
5000年頃	シュメールの都市文明エリドゥの始まり

年　表

本書でとり上げたおもな事柄を中心に、おおよその流れがつかめるようにした。

西暦	おもなできごと
600万年前	人類の祖先が、ゴリラ、チンパンジーの祖先と訣別、直立二足歩行への移行
250万～20万年前	前期旧石器時代
250万～120万年前	オルドヴァイ文化。ヒト最古の石器文化
180万年前	ホモ・エレクトゥス（「直立したヒト」、原人）の出現
100万年以上前	ホモ・エレクトゥスの「アウト・オブ・アフリカ」、ユーラシア大陸へ
20万年前	旧人の一種ネアンデルタールの出現
20万～4万年前	ヨーロッパ、西アジアで中期旧石器時代
10万～4万年前	ホモ・サピエンス（新人）の「アウト・オブ・アフリカ」、ユーラシア大陸など各地へ拡散
4万年前	後期旧石器時代の開始
3万3000年前	ホモ・サピエンスの一集団クロマニョンの出現
4万～3万年前	ネアンデルタールが絶滅
	日本列島にヒトが渡来、後期旧石器時代の開始
2万7000年前	コスケール洞窟壁画第１グループが描かれる
2万年前	最後の氷期のピーク、その後は基本的に温暖化
1万8500年前	コスケール洞窟壁画第２グループが描かれる
1万8500～1万4000年前	後期旧石器洞窟美術、アルタミラ洞窟壁画
1万8000年前	オールデストドリアス期となり、急激な寒冷期に入る
1万5500年前	後期旧石器洞窟美術、ラスコー洞窟壁画
1万5000年前～	オールダードリアス期、氷期が最終段階に入りやがて終結へ
	東南アジアの熱帯雨林での根栽農業、最古の農業の開始？
1万3000年前	西アジアのレヴァント地方で旧石器時代狩猟採集民ナトゥーフ人、洞窟内の竪穴住居を営む
	この頃まで、インドネシアのフロレス島にホモ・サピエンスとは別種のヒト、ホモ・フロレシエンシスが生息していたとされる
1万2000年前	ヤンガードリアス期となり、急激に寒冷化。その後、氷期終了、安定状態に。地球上の地形も現代とほぼ同じになり安定。南極大陸以外の４大陸に人類が定住

世紀の多色モザイクなどをともなうさまざまな部屋、周柱廊、浴場、トイレなどが検出された。放棄後の中世初期には壁体を利用して窯やアンフォラに入れられた幼児の墓場として再利用された。ローマ時代のエトルリア地方、特にラツィオ地方北部の歴史の解明に大きな成果をもたらした。また「層位学的発掘単位」による極めて層位学的な発掘が行われたことも特記される。

ソンマ・ヴェスヴィアーナ　イタリア、ナポリの東約20km、ヴェスヴィオ山の北、ソンマ・ヴェスヴィアーナ市に位置する「アウグストゥスの別荘」と通称されるローマ時代の壮大な遺構。1932年に偶然発見され、このムッソリーニ時代の試掘成果と古代文献史料から、ローマ帝国初代皇帝アウグストゥスが紀元後14年にそこで逝去した別荘ではないかとされた。2002年から東京大学や東京工業大学を中心として発掘が開始され、2018年現在も継続中。別荘はおそらく紀元後５世紀後半の噴火によって土石流がもたらした８mもの堆積物の下に埋没したが、保存状態は良好である。堂々とした連続アーチや神殿正面の三角破風が装飾されたモニュメンタルな壁体、大理石製円柱、コリントス式柱頭、モザイク仕上げの床面などからなるその遺構からは、アウグストゥス時代（前27〜後14年）の一流のギリシア人彫刻家によるヒョウを抱く酒神ディオニュソス像、紀元後２世紀のペプロスをまとった女性像（ペプロフォロス）などのミュージアム・ピースが出土した。火山噴火罹災後の文化環境・自然環境の復元を目指す各国からの多彩な分野の研究者による大規模で多角的・先端的な文理融合研究であることも特徴。

執筆：芳賀満（東北大学教授）

中部で最大の河であるテヴェレ川は初期鉄器時代から材木や農産物の輸送に利用されたが、そのティレニア海河口から20kmほどさかのぼった位置にある渡河点の左岸に、テヴェレ川による東西と、渡河点として先進文明のエトルリア地方と南イタリアのギリシア植民都市を繋ぐ南北の交通の十字路の戦略的要所としての大集落が出現したのである。ただし都市化の開始は、伝承によれば紀元前753年にロムルスによるが、考古学的には紀元前600年頃からとされる。王政期はエトルリア化による都市化の時代であったが、紀元前509年の共和政の樹立によりローマはエトルリアの政治的、経済的支配から離脱するにいたる。その後、帝政期の繁栄において総人口100万人を超え権力と栄光の中心となる。中世には人口２万人ほどに衰退するも存続し、ルネサンス文化の中心、バロックの都として復活し、リソルジメント（イタリア統一運動）では中心都市であり、1871年にイタリア王国の首都となり、第二次世界大戦では無防備都市宣言により戦火を免れ、連綿と西洋文明を代表する歴史都市として現在にいたる。

ポンペイ　イタリア、カンパニア州ナポリ県、ヴェスヴィオ山の南に位置する古代ローマ都市遺跡。前７世紀にオスキ人による集落が形成され、前526年にはエトルリア人支配下に入り前474年のクマエの海戦でそれを脱するも、前424年にはサムニウム人に征服され栄える。カンパニア諸都市とローマとの間の同盟市戦争において反ローマ側につくが、前89年にローマの支配下に入り、以後ナポリ湾南部の主要ローマの商業都市として栄え、人口は２万人近くあったとされる。しかし後79年にヴェスヴィオ山の噴火により完全に埋もれ、中世には忘れられ、18世紀中頃に再発見された。爾来発掘調査が続き、当時の世界をほぼそのままに包括的に今日に伝える。都市はほぼ卵形の1200×720mの大きさで、城壁の中には街路が整備されている。フォルム、バシリカ、神殿、劇場、浴場、闘技場などを備えた典型的なローマ地方都市がそのまま残るが、特筆すべきは多くの壁画やモザイクに飾られ、落書き、パンまでもが残る家々であり、当時の日常生活をも含めた包括的な歴史空間を復元できることである。

カッツァネッロ　イタリア、ラツィオ州ヴィテルボ県タルクィニア市の西の海辺にあるローマ時代の海浜別荘遺跡。1992年から2005年まで東京大学文学部文化交流研究施設（当時）を中心とした日本隊によって発掘された。別荘は紀元前１世紀から紀元後６世紀まで、そのプランを多様に変化させながら連綿と継続した。カンタロスから生え出ずる生命の樹を表した紀元後75～150年の黒白モザイク、狩猟図、漁労図を表した紀元後４～５

によって、社会階層底辺に属する村人が歴史文化と遺跡を保護し、アイデンティティを確立するにいたった。

クノッソス　ギリシア、クレタ島中央北部のイラクリオン郊外のミノア文明の宮殿遺構。伝説の王ミノスの居城とされる。紀元前2000年頃に建造が開始されるが、紀元前1700年頃に地震によって崩壊するも、再建される。現存遺構の大部分は、この再建後の新宮殿時代に属し、島内のファイストス、マリア、ザクロスを加えて四大宮殿と呼ぶ。全体は150×100mほどで、中央に露天の50×28mほどの庭があり、その西に玉座の間などの祭儀・政治などに関わる公的空間が、東に王や貴族の居住空間が配置される。宮殿は、政治、宗教の中心であるだけでなく、農産物を収集・再分配する経済の中心でもあった。左右非対称のプランで、２階から４階の高さの異なる建築物の集合体からなる宮殿の構成は、後の狭義のギリシア文明の論理的・構築的建築理念と異なる。権威主義的な城門や、城壁などの防御施設を有しない。なお、祭祀の中心は宮殿にあり、ミノア文明では別に神殿建築をつくることはなかった。紀元前1400年頃からギリシア本土のミケーネ文明の支配下に入り衰退する。1900年からイギリスの考古学者アーサー・エヴァンズが発掘しかつ遺跡の復元を行った。

ミケーネ　ギリシア、ペロポネソス半島アルゴリス平野北西端の遺跡。アテネの南西135kmほどに位置し、アルゴリス平野を一望し、南北通路を抑える標高280mの戦略的位置にある。青銅器時代後期の紀元前17世紀末に最盛期を迎え、後期ヘラディック時代の代表的遺跡なので、この時代をミケーネ時代と別称する。城壁に囲まれ、権威主義的な獅子門、「アガメムノンの仮面」などが出土した円形墓域、家、宮殿、メガロン（後のギリシア神殿の原型とされる）などからなる城塞都市である。幾何学様式時代には衰退するも、復興し紀元前７世紀末にミケーネ時代の王宮跡にアテネ神殿が建立される。紀元前480年の後にアルゴスによって破壊されるが、少数ではあるが紀元後３世紀まで定住は続いた。ハインリヒ・シュリーマンが1876年から発掘した。同じくシュリーマンによって発掘されたティリンスとともに世界遺産に登録。

ローマ（都市）　テヴェレ川に近いいくつかの丘の上に青銅器時代末期の紀元前15世紀頃に集落が形成され、初期鉄器時代の紀元前９世紀末までこの状況はほぼ変化しない。しかし紀元前８世紀第２四半期から農業技術の改良とシュノイキスモス（集住）による人口増加がみられる。イタリア戦争の痕跡も武器も検出されておらず、土器の使用も認められない。大河の辺りにも位置しない。文明とその技術の進歩に関する大きな問題を提起する遺跡である。

コトシュ　中央アンデスの北部、ペルー中央高地の山脈の東斜面のワナコ市の西５km、ワヤガ川上流イゲーラス川の右岸の段丘上の直径100mほどのマウンド遺跡。標高2000m。東京大学古代アンデス文明調査団が1960年代から発掘。従来アンデス文明の始まりとされたチャビン文化より古い文明の存在を示した。すなわち、最古の無土器層である紀元前2500年頃のミト期の層では、中央アンデスで最古の神殿のひとつである「交差した手の神殿」（９mの正方形、高さ２m）、「小ニッチの神殿」、「白い神殿」が出土した。神殿は完成後のある時に埋められ、その上に新しい神殿がつくられることが繰り返された（「神殿更新」）。集約農耕が成立するよりも早く、つまり余剰農産物どころか土器すらなかった時代に、神殿がたびたび更新建設されていたのであり、祭儀施設を中心とした恒久的な共同体における体系的宗教の発生により、閉鎖的な農民共同体を越える広汎で大規模な社会協力・統合体制が、宗教の統合力によって可能となったとされる。古代アンデス文明の起源に関する定説の変更だけでなく、ひろく文明の進歩を考える上で大きな成果をもたらした。なお、ミト期の上にワイラヒルカ期、コトシュ期、チャビン期、サハラバタ期、イゲーラス期と続くが、紀元後に文化は停滞。

クントゥル・ワシ　ペルー、北部海岸のトルヒーヨ町の北東約110kmの標高2300mの山中に位置する、巨石を積み上げた壁で１haほどの頂上部の人工テラスの四方が支えられているアンデス文明の神殿遺跡。1946年からフーリオ・テーヨ等により発掘された。1988年から東京大学古代アンデス文明調査団が発掘調査を行った。紀元前1000年前後から1000年間にわたって同じ場所に石造神殿が何度も建設され、紀元後まで祭祀活動が営まれていたことが判明した。４期に分けることができる文化層のうちの最初期のイドロ期（紀元前1000〜前800年）においてすでに神殿更新が行われていた。続くクントゥル・ワシ期（紀元前800〜前500年）には大規模な神殿がつくられまた豪華な金冠なども埋葬された。ペルー最古の金製品であり、かつ学術発掘による貴重な史料である。コパ期（紀元前500〜前250年）には神殿が２つの区域に分離する。最後のソテーラ期（紀元前250〜紀元前後）は衰退の時期である。1994年に現地の貧村に出土遺物を展示する博物館が建設された。この現代の「神殿」のもたらす統合力右岸に位置するインダス文明の代表的都市遺跡。アーリア人侵入前の文化を示す。1911年に発見されて以降、インド総督府考古局長であった英国人インド考古学者ジョン・マーシャルなどにより発掘調査が進んだが、1960年代以降は新たな発掘はない。紀元前2600年頃に創成される。100haを超える規模であり、政治・宗教機能を有した城塞と、格子状街路計画に従った一般家屋による市街地からなる。城塞には権力者の儀式用と考えられる大沐浴場がある。多くの焼成煉瓦が使用され、家々の出入り口は路地に面し、道路には排水溝が通じる。貴金属、印章、彩文土器、青銅器などが出土。

河姆渡遺跡　中国、浙江省余《よ》姚《よう》市の杭州湾南岸の余姚江に突き出た岬の先端の低湿地帯の河姆渡《かぼと》村にある新石器時代初期の遺跡。紀元前6000年頃から紀元前3000年頃までの文化層が４期に分かれる。1973年に発見され1978年まで発掘。干欄式建築（草葺きの高床式住居）が出土し、煮炊き具、農耕具、木工具、紡織具、狩猟具、漆器などとともに大量の稲籾の集積層も検出。長江下流域にも、黄河流域で行われていた畑作農耕と同時期に、稲作栽培文化が存在していたことが判明した。DNA鑑定により、稲作文明の起源は雲南・アッサム地方ではなく、長江流域であるとされた。

良渚遺跡群　中国、浙江省杭州市にある、新石器時代晩期の良渚《りょうしょ》文化（紀元前3300～前2200年頃）の標識遺跡群。1936年に発掘調査が始まり、巨大な祭壇遺構をもつ莫角山《ばつかくざん》遺跡を中心に、反山《はんざん》遺跡、瑶山《ようざん》遺跡など多くの集落跡や墳丘墓などから、精巧な玉器が大量に出土している。また、2007年には、浙江省文物考古研究所などの調査で、大型の古城跡が確認された。古城は東西1500～1700m、南北1800～1900mの矩形プランで総面積は約290ha。城壁は基礎に石を敷いた上に黄土をつき固めた版築工法で、幅は40～60m。古城の規模が最大級で、出土した玉器の質は高く、中国新石器時代における良渚文化の重要度を示す。

カラル　ペルー、リマの北方約200km、ペルー中央海岸のスーペ谷の巨大遺跡。1948年に発見。2001年からペルー・アメリカ合同調査隊が発掘調査。C-14年代測定法により紀元前2600～前2000年頃の「都市遺跡」とした。アンデス文明形成期の早期から前期にあたり、エジプトのギザのピラミッド群とほぼ同時代である。石が用いられた「大ピラミッド」とその他に８基のピラミッド、円形神殿などの多くの祭祀用建造物や住居址が60haほどの区域に集中している。布、土製偶像、人骨なども出土した。

ミアの都市で、シュメール文明のなかで極めて重要な都市国家。『旧約聖書』のエレクと現代名は古名を伝える。19世紀半ばに発見されて、第一次世界大戦直前にドイツ・オリエント学会隊が発掘を開始し、1928年から継続的に発掘調査を実施。紀元前５千年紀から居住され、ウバイド期の紀元前４千年紀前半に都市が形成され、以後紀元前２千年紀中頃にいたる、ウルク第１王朝から第６王朝にいたるまで重要都市として繁栄した。この都市は大女神イナンナ（セム語名イシュタール）信仰の中心で、その石灰石神殿は壮大であった。後の神殿建築の基本がここですでに示されている。後に『ギルガメシュ叙事詩』の英雄となるギルガメシュが築いたとされる城壁が発掘された。城壁は長径３km、短径2.1kmの楕円形で長さ9.5km、高さ６m、厚さ５mで、800から950の塔が設けられていた。煉瓦の特徴から初期王朝ウルク第１王朝（紀元前2600年頃）と年代決定されている。シュメール都市同士の抗争の激化ゆえに建造されたと考えられる。紀元前11世紀頃から特にインドとバビロニアを結ぶ地方中心都市として再興し、アカイメネス朝ペルシア、アレクサンドロス大王、セレウコス朝、アルサケス朝パルティアの支配下でもメソポタミア南部の重要都市として繁栄した。オリエントにおけるヘレニズムの研究対象としても重要である。楔形文字の最古形である絵文字が発見された都市であるだけでなく、最初期からヘレニズム時代末期にいたるまでの多くの楔形文字による粘土板文書が発見されている。

ウル　イラク南部、ナーシリーヤ市近郊のテル・エル・ムカイヤル遺跡。シュメール文明の都市国家。『旧約聖書』には「カルデアのウル」とあり、アブラハムの故郷とされる。紀元前５千年紀中頃から居住され、ウバイド期の紀元前４千年紀前半に本格的に都市が形成されたが、大洪水によって破壊された。ウル第３王朝を創始し、ウル・ナンム法典を定めたウル・ナンムが築いたウルのジグラトは現存する最大規模のもの。３層（現存２層、高さ21m）からなり、内部に日干し煉瓦、外装に焼成煉瓦が用いられ、都市神である月神ナンナ（セム語名シン）の神殿が頂上にあった。ユーフラテス川に通ずる港を有する都市は紀元前2004年にエラム軍によって陥落し第３王朝は滅亡するが、新バビロニア時代にネブカドネザル２世（在位紀元前604～前562）によって再興され繁栄する。アカイメネス朝ペルシア時代には地方都市として存続するが、紀元前４世紀には廃墟となる。

モヘンジョ・ダロ　パキスタン、シンド州ラルカーナの南方、インダス川ヒツジ、ヤギ、ウシを飼う初期農耕・牧畜社会成立の証拠とされる。農耕による食糧生産力が高い平原部と木材や石材などの天然資源に恵まれた丘陵地帯の間に位置し、かつ水に恵まれているゆえに、以後も定住は連綿と続く。インド亜大陸北西部における文化の発展過程を一遺跡においてたどることができる遺跡である。初期の農耕生活から次第に発展して、紀元前6000年以降には社会的垂直化、水平分業が進んだことを示す権力の存在と専門家の所在を示す遺構・遺物が認められる。また土器製作も開始され、周辺地域に向けた土器製作センターへと発展していく。紀元前4500～前4000年頃の新石器時代から金石（石器と銅器）併用時代への過渡期には、特徴的な彩文土器や女性土偶が多く出土し、農耕社会の成熟を示す。紀元前3500年頃からは印章が出現し、交易に用いられる物であること、造形的にイラン高原の影響が認められることなどから、より広域な交易圏に組み込まれ社会が高度に発展しつつあったことがわかる。紀元前3000～前2700年頃には発展がさらに加速化し、インド大陸北西部の緊密な地域間交流とイラン高原との広域交易が進むことにより前2600年頃からのインダス文明成立の基盤が形成されるので、この時代を初期ハラッパー文化あるいは初期ハラッパー期と呼ぶ。その後、一時期放棄されたのち、前2000年を過ぎた頃に住民の墓地となる。

エリドゥ　古代メソポタミアの都市で、シュメール文明のなかで極めて重要な都市国家。古代にはユーフラテス河口近くのペルシア湾に近かったが、現在は離れている。シュメールの有力都市の年代記を整理した「シュメール王名表―覇権を握った都市と支配者との年代記」の冒頭に載り、「王権が天から降った時」地上に最初に王朝を樹立したのがエリドゥであるとされる。1885年以来、おもに英国隊によって断続的に発掘され、第二次世界大戦後はおもにイラク古代遺産総局によって調査された。紀元前５千年紀に最初の村落が形成された。以後、紀元前2900年までに都市を形成したが、大勢力を誇ることはなく、紀元前2050年頃までに都市は衰退していく。ウル第３王朝時代（紀元前22世紀末～前21世紀）にはジグラトが造営された。紀元前４千年紀前半のウバイド期の地層から神殿址が検出され、エリドゥの歴史時代の守護神で水神・文化神・大地の神であるエン・キ（アッカド神話のエア）を祀る神殿址へと1000年以上にわたり連続することが考古学的に確認された。従来は断絶していると考えられていた、ウバイド期とウルク期の連続性の証拠となった。

ウルク　イラク南部、サマーワの現代名ワルカにある遺跡。古代メソポタヤギ、シカ、厚毛サイ、人間や、幾何学模様、顔料を吹きつけて跡をつけた手形などが表されている。アルタミラ洞窟壁画とともにフランコ・カンタブリア地方のヨーロッパの後期旧石器時代美術に属する。入場者の呼気により劣化が進んだために1963年から一般公開されていない。ヴェゼール渓谷装飾洞窟群は1979年に世界遺産に登録された。

イェリコ　イスラエル占領下のパレスティナ自治区、死海北西、ヨルダン川西岸地区にある中石器時代から青銅器時代の紀元前9000年頃から紀元前４千年紀までの集落遺跡。『旧約聖書』によれば、紀元前14世紀にヨシュアに率いられたイスラエル人によって攻撃占領された。1868年に調査が行われ、以後ドイツ、イギリスなどの考古学者が断続的に発掘調査。ヨルダン川に近い戦略的位置にあり、泉に恵まれていたので古くから人々が居住し、ナトゥーフ文化以降の遺構が検出されている。４haほどの集落には溝がめぐらされ、その内側に石造城壁を500mもめぐらせ、防御と監視のための高さ９mほどの塔もあった。家の床下には頭蓋骨が埋められており、粘土が被せられ、目に貝が嵌めてあるものもあった。死海周辺の塩、硫黄《いおう》、瀝青《れきせい》（天然アスファルト）、シナイ半島のトルコ石、紅海の宝貝、アナトリア高原の黒曜石、緑石などが検出され、遠隔地との交易とそれを可能とする交通網があったことがわかる。

チャタル・ヒュユク　トルコ、アナトリア高原中部のコンヤ平原に位置する新石器時代（紀元前7000～前5500年頃）の大規模集落の遺跡。初期農耕村落文化を高度に発達させ、広さは13haほどにもおよぶ。肥沃な耕作地を有し、また近くの産出地からの黒曜石の中継地として交易で栄えた。日干し煉瓦と木材による住居は厚い壁でつながっていき、廊下や通路がなく密集した家屋群を形成し、その間に道路はなく、屋上の出入り口から梯を伝って出入りした。宗教目的の建物の白い漆喰を塗られた壁面には、女性像、ヒツジ、ヤギの他に本物の角が嵌め込まれたウシの頭があった。豊満な肉体の多産豊饒の女神の像など多くの女性土偶も出土した。

メヘルガル　パキスタン西部、バロチスタン州北部のクエッタ市から南東へ、バロチスタン丘陵域からボラン川に沿って、インダス川へと続くカッチ平原へと下る峠の出口に位置する初期農耕集落の遺跡。1974～85年にフランス隊によって発掘調査された。紀元前７千年紀にさかのぼる南アジア最古の先土器新石器文化で、石製の鎌が出土しており、これが最初の、かつイラン高原とは独自の、ムギ作農耕の証拠であり、それを中心として

オルドヴァイ峡谷　タンザニア北西部、ヴィクトリア湖とキリマンジャロ火山の間を走る大地溝帯中の、全長40kmほどの峡谷で、旧石器時代初期の化石人骨が出土している。250万年前の湖の汀線に堆積した遺物が湖成沈殿物と周期的降灰とともに堆積し、湖が干上がり、河川が浸食し、堆積層が露出したのである。２種類の初期人類アウストラロピテクス・ボイセイとホモ・ハビリスの最初の化石発見地である。1913年にドイツのハンス・レックが現在ではオルドヴァイ人と呼ばれる化石人骨を発見した。イギリスの人類学者ルイス・リーキー、メリー・リーキー夫妻が1959年に最深層から、180万年前の猿人化石でアウストラロピテクスの一種であるアウストラロピテクス・ボイセイ（発見当初はジンジャントロプス・ボイセイ）の頭蓋骨を発掘した。続いて1964年にホモ属の一種であるホモ・ハビリスの化石が発見され、同一層からは粗製の礫石器も検出された。他にも多くの石器、獣骨、ホモ属の化石が発見されている。

アルタミラ洞窟　スペイン北部、カンタブリア州サンティリャナ・デル・マール近郊にある洞窟。1万8500年前から1万4000年前までのソリュトレ期末期からマドレーヌ期前期にかけての旧石器時代末期の壁画が残る。その後はクマが冬眠に使用する以外は洞窟は未踏であった。1879年に地元の弁護士のマルセリノ・サンス・デ・サウトゥオラが偶然発見し、旧石器時代のものと主張したが学界に受け入れられず、他の事例も報告されるようになり、やっと1902年になって旧石器時代の絵と認識された。100以上のバイソン、ウマ、イノシシ、シカ、野生ヤギ、マンモス（スペイン唯一の事例）および記号などが複数の色彩によって、壁面の自然の凹凸を利用しつつ表されている。きわめて創造的な才能による強い呪術的宗教精神の発露である。洞窟の重要性が確認されて以来、研究、保存措置、公開が進み、1924年には国家モニュメントに指定されるなどし、1955年には年間５万人が入窟し、次第に保存状態の劣化が進んだ。また石灰岩質のカルスト地形としての浸食が進んでおり、崩壊する危険もある。研究保存と処置の実施のために、洞窟は現在では一般公開はされていないが、現地とマドリードの博物館にレプリカがある。他の同時代の洞窟壁画とともに、スペイン北部の旧石器洞窟美術として世界遺産に登録されている。

ラスコー洞窟　フランス西南部のドルドーニュ県モンティニャック村近郊のヴェゼール渓谷にある洞窟。後期旧石器時代終末期であるマドレーヌ文化段階（C-14年代測定法で１万5517±900年前）の洞窟壁画が残る。1940年に村の子供たちによって偶然発見された。バイソン、ウマ、野生

主要遺跡解説

古代文明を考察するにあたり、重要な遺跡は無数にあるが、ここでは、本書で言及したおもな遺跡を中心に、基本的な事柄を整理した。

周口店　中国、北京市房山区の龍骨山の周口店《しゅうこうてん》に点在する更新世中頃以降の石灰岩洞窟にある遺跡群で、北京原人（ホモ・エレクトゥス・ペキネンシス。かつてはシナントロプス・ペキネンシスとも呼ばれた）が発掘された。1923年にスウェーデン人地質学者ユハン・アンデショーンが歯を発見し、1927年にカナダのD・ブラックがそれらの歯に対して北京原人と命名した。1929年には中国人考古学者裴文中《はいぶんちゅう》が頭蓋骨を発見した。しかし1941年の日米開戦の際に頭蓋骨は行方不明となる。紛失前の、ドイツ生まれのユダヤ人でアメリカに亡命した北京協和医学院解剖学教授フランツ・ワイデンライヒによる詳細な記録が研究資料となった。現代人の起源は多地域にあり北京原人は現生のアジア人の祖先であるとする説があったが、現在では否定されている。炉端において肉を焼くなどの意図的な火の使用が最初に提唱された遺跡である。なお近年、厚い灰の堆積は自然発火によるものであり、洞窟環境と骨の検出状況から洞窟に原人は棲んでおらず、遺体は肉食獣が持ち込んで食べ残した残骸だとする説も提起されている。石灰の産地であるので毛沢東時代に工業が盛んとなり遺跡破壊が進んだが、1986年以降保護が進み、世界遺産に登録された。近年も発掘が行われており、遺物は北京猿人展覧館（中国語では原人は猿人となる）で公開されている。

シャニダール洞窟　イラク北部のザグロス山脈中の複合洞窟遺跡で、ネアンデルタールの遺体が発見された。1953〜57年にアメリカ人考古学者ラルフ・ソレッキが発掘。上層は農耕直前の原新石器文化層と中石器文化層、次に後期旧石器文化層で、最下層の中期旧石器文化層で人骨が９体検出された。特に１号男性は頭部に大怪我をして、右腕を欠き、左目を失明するも40歳ほどの天寿を全うした老人の遺体であり、当時の生活手段である狩猟採集が不可能であり集団にとって負担となる個体であったが、集団全体で彼を支えたと考えられる。さらに４号男性遺体の土から大量の花粉粒が発見され、死者に対して花を手向けて埋葬した物証であるとされた。ただしこの解釈には近年異論も出されている。

〈ヤ行〉

〈ラ行〉

〈ワ行〉

〈マ行〉

〈サ行〉

〈カ行〉

索 引

頻出する用語は省略するか、主要な記述のあるページのみを示した。
＊を付した語は巻末の「主要遺跡解説」に項目がある。

〈ア行〉

本書の原本は、二〇〇九年一一月、「興亡の世界史」第00巻として
小社より刊行されました。

青柳正規（あおやぎ　まさのり）
1944年生まれ。東京大学文学部卒。文学博士。古典考古学，美術史を専攻。東京大学教授，国立西洋美術館館長，独立行政法人国立美術館理事長，文化庁長官などを歴任し，現在，東京大学名誉教授，山梨県立美術館館長，日本学士院会員。おもな著書に『エウローパの舟の家』（地中海学会賞）『古代都市ローマ』（マルコ・ポーロ賞，濱田青陵賞）『皇帝たちの都ローマ』（毎日出版文化賞）『逸楽と飽食の古代ローマ』『文化立国論』など。

講談社学術文庫
定価はカバーに表示してあります。

興亡の世界史
人類文明《じんるいぶんめい》の黎明《れいめい》と暮《く》れ方《かた》
青柳正規《あおやぎまさのり》

2018年６月11日　第１刷発行

発行者　渡瀬昌彦
発行所　株式会社講談社
東京都文京区音羽2-12-21　〒112-8001
電話　編集（03）5395-3512
販売（03）5395-4415
業務（03）5395-3615
装　幀　蟹江征治
印　刷　大日本印刷株式会社
製　本　株式会社国宝社

ISBN978-4-06-511643-2

「講談社学術文庫」の刊行に当たって

これは、学術をポケットに入れることをモットーとして生まれた文庫である。学術は少年の心を養い、成年の心を満たす。その学術がポケットにはいる形で、万人のものになることは、生涯教育をうたう現代の理想である。

こうした考え方は、学術を巨大な城のように見る世間の常識に反するかもしれない。また、一部の人たちからは、学術の権威をおとすものと非難されるかもしれない。しかし、それはいずれも学術の新しい在り方を解しないものといわざるをえない。

学術は、まず魔術への挑戦から始まった。やがて、いわゆる常識をつぎつぎに改めていった。学術の権威は、幾百年、幾千年にわたる、苦しい戦いの成果である。こうしてきずきあげられた城が、一見して近づきがたいものにうつるのは、そのためである。しかし、学術の権威を、その形の上だけで判断してはならない。その生成のあとをかえりみれば、その根は常に人々の生活の中にあった。学術が大きな力たりうるのはそのためであって、生活をはなれた学術は、どこにもない。

開かれた社会といわれる現代にとって、これはまったく自明である。生活と学術との間に、もし距離があるとすれば、何をおいてもこれを埋めねばならない。もしこの距離が形の上の迷信からきているとすれば、その迷信をうち破らねばならぬ。

学術文庫は、内外の迷信を打破し、学術のために新しい天地をひらく意図をもって生まれた。文庫という小さい形と、学術という壮大な城とが、完全に両立するためには、なおいくらかの時を必要とするであろう。しかし、学術をポケットにした社会が、人間の生活にとってより豊かな社会であることは、たしかである。そうした社会の実現のために、文庫の世界に新しいジャンルを加えることができれば幸いである。

一九七六年六月

野間省一

外国の歴史・地理

土肥恒之著
興亡の世界史 ロシア・ロマノフ王朝の大地

欧州とアジアの間で、皇帝たちは揺れ続けた。民衆の期待に応えて「よきツァーリ」たらんとしたロマノフ家の群像と、その継承国家・ソ連邦の七十四年間を描く。暗殺と謀略、テロと革命に彩られた権力のドラマ。

2386

栗田伸子・佐藤育子著
興亡の世界史 通商国家カルタゴ

前二千年紀、東地中海沿岸に次々と商業都市を建設したフェニキア人は、北アフリカにカルタゴを建国する。ローマが最も恐れた古代地中海の覇者は、歴史に何を残したか？ 日本人研究者による、初の本格的通史。

2387

小杉 泰著
興亡の世界史 イスラーム帝国のジハード

七世紀のムハンマド以来、イスラーム共同体は後継者たちの大征服でアラビア半島の外に拡大、わずか一世紀で広大な帝国を築く。多民族、多人種、多文化の人々を包摂、宗教も融和する知恵が実現した歴史の奇跡。

2388

原 聖著
興亡の世界史 ケルトの水脈

ローマ文明やキリスト教に覆われる以前、ヨーロッパ文化の基層をなしたケルト人は、どこへ消えたのか？巨石遺跡からアーサー王伝説、フリーメーソン、ナチス、現代の「ケルト復興」まで「幻の民」の伝承を追う。

2389

林 俊雄著
興亡の世界史 スキタイと匈奴 遊牧の文明

前七世紀前半、カフカス・黒海北方に現れたスキタイ。前三世紀末、モンゴル高原に興った匈奴。ユーラシアの東西で草原に国家を築き、独自の文明を創出した騎馬遊牧民は、定住農耕社会にとって常に脅威だった！

2390

氣《け》賀《が》澤《さわ》保規《やすのり》著（解説・上野 誠）
則天武后

猛女、烈女、女傑、姦婦、悪女……。その女性は何者か？ 大唐帝国繁栄の礎を築いた、中国史上唯一の女帝、その冷徹にして情熱的な生涯と激動の時代を、学術的知見に基づいて平明かつ鮮やかに描き出す快著。

2395

《講談社学術文庫　既刊より》